JIAN SHE KE YUAN XUE ZHE WEN KU

福建社科院学者文库

区域发展的探索与思考

魏世恩自选集

魏世恩 著

江苏大学出版社

镇江

图书在版编目（CIP）数据

区域发展的探索与思考：魏世恩自选集／魏世恩著
. —镇江：江苏大学出版社，2019.12
ISBN 978-7-5684-1260-5

Ⅰ.①区… Ⅱ.①魏… Ⅲ.①区域经济发展－研究－
中国 Ⅳ.①F127

中国版本图书馆 CIP 数据核字（2019）第 277901 号

区域发展的探索与思考：魏世恩自选集
Quyu Fazhan de Tansuo yu Sikao：Wei Shien Zixuanji

著　者／魏世恩
责任编辑／张　平
出版发行／江苏大学出版社
地　　址／江苏省镇江市梦溪园巷 30 号（邮编：212003）
电　　话／0511-84446464（传真）
网　　址／http：∥press.ujs.edu.cn
排　　版／镇江文苑制版印刷有限责任公司
印　　刷／扬州皓宇图文印刷有限公司
开　　本／718 mm×1 000 mm　1/16
印　　张／22
字　　数／380 千字
版　　次／2019 年 12 月第 1 版　2019 年 12 月第 1 次印刷
书　　号／ISBN 978-7-5684-1260-5
定　　价／56.00 元

如有印装质量问题请与本社营销部联系（电话：0511-84440882）

出 版 说 明

　　《福建社会科学院学者文库》（以下简称《学者文库》）旨在集中展示我院具有一定代表性的学者的科研成果。作者范围包括政治学、经济学、社会学、法学、文学、历史学、哲学、图书馆·情报与文献学等诸多研究领域。为了尊重作品发表的原貌与时代背景，《学者文库》收录文章时，对其内容基本保持原貌。目前，我院正在积极探索推进哲学社会科学创新，编辑出版《学者文库》系列丛书是创新工程的一个组成部分。我们期待，《学者文库》能够为读者提供更多更好的研究成果。

《福建社会科学院学者文库》编委会

2019 年 11 月 19 日

序

　　本书收录 1978 年至 1995 年的文稿 30 余篇，内容涉及经济学、社会学、科学技术、生态文明及某些交叉学科。笔者原来所学专业是农业经济学，后因工作需要，不得不半路出家，学习别的学科知识。

　　1983 年 3 月，全国哲学社会科学"六五"期间重点项目规划确定"中国草原畜牧业经济研究"列入重点项目。规划会议确定此项目由王路和笔者二人负责组织人员开展课题研究工作。后将王路整理的研究初稿上报。其中，《草甸—干旱草原—荒漠草原过渡地带畜牧业发展的道路》是笔者完成的报告。

　　1984 年，笔者在兰州大学内调至校内西北开发综合研究所，参加了"8412"课题。这是西北五省（自治区）和西安市成立的科学合作委员会，根据中央关于经济建设必须依靠科学技术、科学技术必须面对经济建设的方针，倡议协作开展的"西北地区 2000 年科学技术发展战略与对策"项目研究。这个项目后来列入国家科委软科学研究项目。立项始于 1984 年12 月，简称"8412"项目。负责人是甘肃省科委的一位负责人。兰州大学校长胡之德任课题组组组长。课题组日常工作委托西北开发综合研究所负责。胡校长当时兼任该所所长；笔者作为副所长兼任课题组组长助理和总报告组组长。1984 年至 1987 年，我们全力投入整整三年完成了任务。

　　笔者之前虽曾到校外学过农业技术经济学，后又参加过"星火计划"课题，但作为课题组一员，仅有这丁点儿基础是远不够的。笔者在撰写总报告过程中，边学边写，三易其稿。后来，笔者抓住主要部分，其他部分组织人力，终于完成。1986 年 6 月，项目通过了国家科委主持的评审。

　　本书的一部分涉及生态文明建设。对笔者来说，这也是棘手的。古代西北地区一些地方曾草木茂盛，后因地形地貌起伏变动，逐渐形成干旱、半干旱气候。再加上人为原因，西北地区生态破坏十分严重。甘肃中部地区的 18 个县是全省最困难地区。甘肃省委决定从 1984 年 1 月开始，用三年时间千方百计停止铲草皮、烧山火、乱砍树、滥垦荒、扩大过牧等行为，再用五年时间解决温饱问题。甘肃省先派出人马下乡调查。笔者闻讯也参与其中，到通渭县做调查，随后与孙民等同志一起负责资料汇编。

1979年初春，甘肃省草原工作队女畜牧师王素香主持为期十年的"甘肃省中部地区种草养蓄农牧结合研究"课题，先期在通渭县申家山村蹲点。两年后，笔者加入了这一行列，分工做经济效益调查。本书所收数篇材料即出于当时笔者执笔的《重视研究畜牧业经济　加速发展畜牧业》一文，该文发表于中国社科院的《经济研究》杂志。

以上各项研究中，笔者最早参加的是"中国草原畜牧业经济研究"和"三年停止破坏"调研项目；项目快结束时参加了"种草养蓄"课题；"种草养蓄"课题做了一半，笔者接到了"8412"项目任务，并将全部精力投入其中，当时，笔者请了一位同志替代笔者做"种草养蓄"课题直到结束。回首往昔，可谓马不停蹄。

1989年秋，笔者调到福建社科院。环境变迁给了笔者新的求知机会。不久，院方分配笔者为中、日合作研究福建省经济发展现状与前景课题的中方负责人。据介绍，该课题前身始于1984年。当时，经在福建社科院工作的一位日籍专家介绍，日本鹿儿岛国际经济研究会代表团首访福建社科院，揭开了双方交往的帷幕。同年，福建社科院做了回访。后来双方为了巩固和扩大学术交流成果，确定以福建经济发展为主题进行调研。1992年，项目正式启动，双方各4人参加。经过两次互访交流，双方议定了题目与分工。笔者作为《经济转轨与区域发展》中方主编，承担了第一章"改革、发展与稳定"、第六章"构建区域开发新格局"、第九章"吸引与利用外资"的研究、撰写任务。通过这次较深入、多角度的研究，笔者对福建的现在和未来有了较明确的认识。

20世纪90年代中期，西方的"梯度发展理论"传入国内。笔者结合中国国情，对东、中、西部发展的相互关系与演变，以及海峡两岸经贸关系做了新的探索，连续写出《论经济技术梯度转移》《部门投资倾斜与地区投资适度倾斜相结合》《海峡两岸共用第二亚欧大陆桥探索》《拓展跨世纪海峡两岸经贸关系战略》《论闽赣粤毗邻地区的联合》等报告。

如今，福建社科院拟将耄耋之年的昔日探索者的文稿付梓留存，谨此表示衷心的感谢！

魏世恩

2016年6月

目　　录

农村经济与集镇建设

种草养畜、农牧结合与生态经济

畜牧业与草原畜牧业

科学技术与技术经济

梯度发展理论与现实

西北区域经济 ■

西北地区经济发展战略构思①

　　西北地区的开发战略是全国经济社会发展战略的组成部分。制定西北开发战略，必须正确理解全国经济发展总战略，东西合作，互利互惠。

　　现阶段我国生产布局重点放在东部。这个布局，是根据我国具体情况并经过几个五年计划的实践所形成的事实，恕不赘述。需要讨论的是，对外开放重点为什么放在沿海地区。

　　首先，要立足国内，放眼世界，要有全球战略思想。第二次世界大战后，亚太地区以资源富饶、物产丰盛、人口众多、市场广阔、政治局势相对稳定等优势，为经济技术的突进创造了良好的条件，成为世界上经济崛起的地区。许多亚太国家的经济始终保持着较快的增长速度。亚太地区的市场在迅速扩大，1983 年它在世界贸易总额中的比重占 17.7%。美国对这一地区的贸易总额已经超过其对欧洲的贸易总额。1980 年，日本对亚太地区的出口额占其贸易总额的 62%。美日两国在亚太地区的投资也大大增加。在技术抗衡中，日本在微电子、机器人、光纤通信等领域大有领先之势。值得注意的是，当时苏联的资源开发也在明显东移，这将有力地推进亚太地区经济技术交流的发展。总之，亚太地区已经成为世界经济技术发展的一个重心地区。

　　我国作为西太平洋沿岸最大的发展中的社会主义国家，为了国内经济的发展和亚太地区，以及世界的繁荣与和平，为了新的东方文明时代的到来，理所应当在亚太地区发挥更大的作用。

　　面对这一形势，我们首先要开放沿海地区。沿海地区与亚太各地之间交通便利，历史上就有过广泛的联系；工农业基础好，商品经济发达，可

---

　　① 本文为 1986 年国家文科博士点基金重点研究项目研究报告之一。

以取得较大经济效益；科技文化发达，基础设施完备，能够更快引进、消化、创新、转移新技术。总之，开放沿海地区势在必行。由沿海向内陆地区、从东部向西部逐步开放也是必然趋势。

然而，西部经济必须和东部及其沿海地区经济同时起步，协调发展，互利互惠。虽然西部经济和东部及其沿海地区经济不在一个水平线上起步，但却可以在不同出发点上同时起步。协调发展不等于同步发展，同步发展要求大体上按同样速度前进，这是不现实的。西部要根据资源的优势，开发资源，以支援东部；东部则以资金、技术、人才帮助西部。东西合作，互利互惠。

国家把重点放在沿海，放在东部，并不是可以放松西北的发展。按照国民经济有计划按比例发展规律的要求，东西部的地区之间及部门、行业、企业之间都存在着多渠道、多网络、多环节、多因子的联系。这些联系只能发展，不能割断。特别是西部的资源优势，对东部经济的发展至关重要。西北工业原料资源十分丰富，矿种多，品位高。如青海的钾盐等十多种矿产资源居全国之冠；新疆以铁矿和多种有色金属矿闻名全国；甘肃的镍、铂等有色金属储量也居全国首位。同时，能源资源充足，储有大量的石油、煤炭、水力、太阳能等能源。仅新疆某地原油预测储量就在 200 亿吨以上。西部农业资源也很丰富，如西北的天然草原有 15.6 亿亩，是我国最大的草原畜牧业区，许多畜产品是重要的轻工业原料。这些资源都是东部经济发展不可缺少的物质基础。这些资源开发了，东部经济才能更快发展。

西北地区人民物质文化生活水平的提高，也要求本地区经济较快发展。特别是西部是多民族聚居地区，西北少数民族人口占西北五省总人口的 17.68%。由于历史上形成的原因，过去少数民族和汉族之间、各少数民族之间的经济文化发展很不平衡，有些方面的差距甚至越来越大，如不注意解决，不仅拖住西北，也必将拖住东部的"后腿"。我们要充分认识这种情况，认真分析各民族地区经济文化发展中的问题，寻找解决之途径，采取具体的措施尽快改变其落后贫困的面貌。

经济发展要有个良好的环境。生态环境是一个整体，如果光注意东部经济的发展而忽视生态环境，尤其是西北生态环境的治理和保护，必将影响东部的发展。黄河下游的河患，主要原因是上游的水土流失，以致下游每年淤积沙土 16 亿吨。蒙冀边界内蒙古一侧沙漠南侵和草原沙化，风沙一度迫近北京城。所以，必须注意西北地区生态环境的保护和治理，应相应投入足够的资金、技术和人力。

西北应经常了解沿海地区的动向，学习他们的经验，取彼之长，补己之短。但也不必亦步亦趋，要根据本地区的特点，走自己的道路。

西北应做好大规模开发的前期工作，进一步勘测资源，研究开发战略，制订发展规划，在资金、技术、人才及开放地区等方面做好必要和可能的准备；还要展开宣传攻势，让人家了解西北、认识西北，使西北成为举世瞩目的地方。

西北经济发展战略构思

党的十三大为我国国民经济的第二步发展制定了注重经济效益、提高质量、协调发展、稳定增长的战略，反映了国民经济发展的客观要求。它以提高经济效益为核心，以提高产品质量为标准，把价值和使用价值统一起来，全面反映了商品二重性的要求，为有计划地对商品经济进行宏观控制提出了各种经济因素的协调发展，并从动态上要求国民经济稳定增长。我们必须贯彻执行这一战略，同时，还要根据本地区实际情况制定本地区的战略。

自 1985 年夏中国西部地区经济发展问题讨论会召开以来，学术界做了广泛深入的研究，先后提出：结构战略，着重产业结构的调整，以最佳的比例保证经济协调发展；环节战略，在生产、分配、交换、消费诸环节中，先突破一个环节，牵动全局；层次战略，在全民国营、地方国营、集体、个体等层次经济中，强化一个层次，如把乡镇企业作为突破口；要素战略，在生产力诸要素中，把资金积累、科技进步、人才培养中的一项作为关键来抓；空间战略，以东济西，以西支东，东西互惠；量态战略，强调产量和产值的增长速度；时态战略，提出经济赶超目标；质态战略，把经济效益、产品质量的提高作为前提；准备战略，大力做好开发前的准备工作；造血战略，把输血型变成造血型，扭转企业亏损财政失衡；跳跃战略，直接从国内外引进先进技术，跳跃发展；梯度战略，先由沿海引进、吸收、消化国内先进技术，再转移到中西部，梯度发展与强化西北经济技术中心的作用相结合；外向型战略，变西北部分地区封闭型为外向型经济；改革战略，通过经济体制改革，调节经济运行机制作用，增强活力；

资源战略，以丰富的自然资源为主体，吸引外地资金、技术、人才，深度加工，推出系列产品，增加收益；西进战略，修通亚欧大陆桥，向西寻找贸易伙伴和市场……

综观上述战略，都是从不同角度、不同领域提出来的。但是社会经济是一个复杂的系统，单独提出一条战略是难以奏效的。我们应当根据本地区经济发展的内部条件和外部条件，提出综合的发展战略。

要以深化经济体制改革总揽经济发展的全局。要从速度型转向效益型，不要机械地和其他地区比动态指标，比增长速度，要把着力点放在提高资源开发利用的经济效益上。经济效益是一个综合效应指标，反映一个国家一个地区的经济素质。有了经济效益，就会推动经济的增长。经济建设要紧紧依靠科技进步。如果说在经济增长速度上不得不承认东西差距在拉大的话，那么在技术水平上西部地区则要与东部沿海地区保持有限的差距。因为没有较高的技术水平，提高经济效益将是一句空话。应该实行全方位开放方针，积极向东西两侧开放。现代丝绸之路即将接通，它是亚欧两洲大陆桥，具有重大战略意义。下面我们谈若干具体思路，希望能引起讨论。

（一）资源双向转换

西北地区工业原料资源和能源资源十分丰富，发挥资源优势应是顺理成章的。在布局和结构上，要建设好水电、煤炭、石油基地和交通通信等基础设施，有步骤有重点地开发利用各种工业原料资源，把潜在的资源优势转化为商品经济优势。

30多年来，西北的工业原料大部分调拨区外，西北成为国家重要的原料基地。为了更充分地发挥原材料的作用，加快经济发展步伐，有必要调整原材料的流向，采用"资源双向转换"战略。应通过联合开发等形式，把一部分原材料继续输出区外，换回资金和技术；留下一部分原材料在本地区深度加工，将产品打入国内外市场。

实施这个战略的可能性在于：第一，西北已经建立了具有相当规模的加工工业体系，有能力搞深度加工；第二，今后沿海地区所需部分原材料若由国外进口，即使打个折扣进口一半，也能给西北留下更多原材料进行加工。沿海进口原材料如遇困难，西北还可分担风险。

（二）集约经营，质量为主

西北经济应走集约经营、提高质量为主的道路。在经济效益与增长速度上，以提高效益为主；在企业内涵与外延发展上，以内涵为主；在依靠科技和依靠劳动力上，以依靠科技为主。理由是：第一，国家投资倾斜于沿海地区，从西北有限资金的使用效果看，与其追求数量，不如狠抓质量；第二，单纯追求数量，必然是粗放经营，而在提高质量中求增长，则属于集约经营；第三，提高质量可以储备科学技术力量，一旦有了资金，则能释放出更多能量，为开发做好准备；第四，人民和政府都需要从提高经济效益中得到更多实惠。

目前，西北地区经济效益低于全国平均水平。"六五"期间，单位资金投入创造的国民收入比例，全国是1.4，西北则是1.237。1985年，独立核算工业企业每百元资金实现利税，全国平均24.02元，西北地区平均12.92元；每百元产值占用的定额流动资金，全国平均26.85元，西北地区平均37.69元。西北经济效益低的原因是多方面的。其一是国家调拨出去的原材料价格十分低廉，给了调入区获得较大利润的机会，影响了产地的经济效益。其二与西北地区产业结构有关。西北原有工业基础十分薄弱，加之国民经济的恢复和发展对原材料需要的增长，国家对西北的工业投资只能集中在原材料及其初级产品生产方面，从而形成了重型结构。1985年，全国轻重工业比重是0.87∶1，而西北地区是0.60∶1。轻工业经济效益本来高于重工业，但西北地区轻工业比重小，直接影响了经济效益。其三，国家投资偏少。1985年，全国基建投资446.49亿元，平均每个省区市15.38亿元，而西北五省平均才8.26亿元。1985年，全国工业更新改造资金351.05亿元，平均每个省区市12.105亿元，而西北五省平均才4.424亿元，直接影响生产力和经济效益的提高。其四，从主观上说，西北地区劳动力的文化技术素质差，生产管理水平低，也影响了经济效益。这些问题有待于今后逐渐解决。

（三）量力而行，适当速度

西北地区和全国相比较，社会总产值增长速度："三五"时期，全国6.4%，西北4.4%；"五五"时期，全国8.3%，西北5.2%；"六五"时期，全国11.0%，西北7.6%。"七五"以来，差距又拉大了。国家建设重点既已放在沿海地区，其经济增长速度大大快于西北便是必然的。对于速度，西北地区既不要片面追求，也不要人为放慢，应当量力而行，适当增长。应该根据本地区的各种生产要素和制约条件，寻找一个最佳组合方案，科学地确定增长速度。方案确定后，千方百计付诸实现。

（四）调整产业结构

我们要针对国内外经济变动趋势，抓紧进行产业结构和生产力布局的调整工作，以保证提高效益和增长速度的需要。鉴于西北地区自然条件差，农业生产力水平低，首先要调整农业产业结构，使国民经济建立在稳固的基础上，要从偏重种植业的畸形结构转向全面发展多种经营的结构。充分发挥广阔草原优势，发挥绿洲玉米和黄土高原紫花苜蓿、红豆草的优势，大力发展畜牧业。

能源建设要与其他部门建设相协调，以电为龙头。近期水火并重，中期水电应占较大比重，以电节煤，以煤促电，电煤油并举。同时，大力发展交通运输业，五种交通工具协调发展，提高运输能力。

西北地区工业是重型结构，今后轻工业应有较大发展。应大力发展消费品工业生产，把食品、纺织、耐用消费品列入重点发展部门。重工业比重虽略有变动，但它在整个工业产业结构中仍举足轻重。本地区原材料工业已具有相当规模，但和丰富的工业原料资源相比较，还处于早期建设阶段，还不能满足本地区原材料加工业的需要。要加快原材料工业的发展，把资源勘探、开采、加工（不包括输往区外的原料）协调起来，提高原材料的综合利用率。

（五）调整生产力布局

在生产力布局方面，以铁路、河流与资源集中分布点为依托和轴线，建立纵横交错的产业带，形成生产力布局的骨骼系统。搞好城市郊区、绿洲和西北地区的黄土高原、秦巴山区、青藏高原的农牧业生产基地建设。强化和提高中枢神经区——西安、兰州、乌鲁木齐、银川、西宁的综合经济功能。中心城市必须抓紧产业结构调整，积极发展具有突出优势的部门或行业，发展深度加工的系列工业群体。加强城市基础设施，改善投资环境。同时，适当发展次级中心城市，积极发展小城市，合理发展小城镇。大中城市要通过经济体制改革将各级所属企业的经济利益协调起来，解决二元结构的局面。建立企业集团、投资入股、各种生产要素协作等形式，可能是调整各方利益的较好形式。

（六）调整产品结构

注意调整初级产品与深度加工产品的关系。目前，初级产品多、深度加工产品少的问题十分突出。虽然本地区加工工业已有一定的发展，有些加工工业在全国有一定地位，但总体来看，深度加工工业发育不良。首先，要大力发展各类日用品工业，抓好各类名优土特产品的开发；其次，努力提高区内部分金属、化工原材料的加工深度，大力发展工业品和民用机电产品和电子产品；再次，在发展各类加工工业时应选好产品方向，力争搞出较有特色的拳头产品和系列产品。

从生产要素密度看，西北地区劳动密集型产品主要是由乡镇、街道、地方企业生产的，产品类别多属于工业品和消费品。西北地区劳动力资源丰富、工资低廉，是发展这类产品的优越条件。考虑到投资少、生产成本低、劳动就业广等因素，今后仍需大力发展这一类产品。劳动密集与技术密集相结合的产品，多属中央企业，部分属于省属企业及个别私人企业，这类产品主要是原材料及其加工品、轻纺工业品等。这些产品不仅满足国内市场的需要，有些也是创汇产品。今后发展中应逐步增加技术密集程度，以提高产品的市场竞争力，少量技术密集产品如集成电路、新材料等，随着新兴产业的兴起将呈现无限生命力。

（七）在全方位对外开放中，向东和向西开放都应给予高度重视

本地区对外开放不宜采取沿海地区全线平面式开放的地域格局，宜实行多元化高散点式集中的开放格局。对于引进的项目，应尽量安排在经济比较发达的大城市或交通便利、基础设施较好的经济中心。

在对外开放的地域格局与方向上，必须以沿海地区为依托，扩大同沿海地区的经济技术交流，联合开发，协作生产，使沿海地区与西北地区的经济优势能够互相补充和促进。同时，应积极向西与中东、欧洲、南亚等国家和地区建立关系。1990年，一座欧亚大陆桥将崛起在地平线上。有的同志说这条铁路的两头都是经济不发达地区，西北开放的重点应是向东，其实这些同志没有看到这条大陆桥可能延伸到远方的发达地区。借助苏联铁路网通向荷兰的阿姆斯特丹港口城市，比从连云港走海路运费减少20％，运期缩短一半；比通过非洲南端好望角去欧洲的另一条海路经济效益也更高一些。

（原载于魏世恩主编：《中国西北地区经济发展探索》兰州大学出版社，1988年，第13－20页）

论我国西部开发战略

我国西部包括十一个省、自治区。本文以陕、甘、宁、青、新五省区组成的西北地区为重点，探讨西部开拓发展战略。全文分三部分：第一，东西协调发展；第二，西部开发设想；第三，智力开发是关键。

一

西部地区的开发战略，是全国经济社会发展战略的组成部分。制定西部开发战略，必须正确理解全国经济发展总战略，东西合作，互利互惠。

现阶段我国生产布局的重点放在东部。这个布局，是根据我国具体情况，并经过几个五年计划的实践所形成的事实，恕不赘述。需要讨论的是对外开放的重点为什么放在沿海地区。

讨论这个问题，要立足国内，放眼世界，要有全球战略思想。第二次世界大战后，亚太地区以资源富饶、物产丰盛、人口众多、市场广阔、政治局势相对稳定等优势，为经济技术的突进创造了良好的条件，成为经济崛起地区。许多亚太国家的经济始终保持着较快的增长速度。亚太地区的市场迅速扩大，1983 年它在世界贸易总额中的比重为 17.7%。美国对亚太地区的贸易总额已经超过其对欧洲的贸易总额。1980 年，日本对亚太地区的出口额则占其贸易总额的 62%。美日两国在亚太地区的投资也大大增加。在技术抗衡中，日本在微电子、机器人、光纤通信等领域大有领先之势。值得注意的是，当时苏联的资源开发也在明显东移，这将有力地推进亚太地区经济技术交流的发展。总之，亚太地区已经成为世界经济技术发展的重心地区之一。

我国作为西太平洋沿岸最大的发展中社会主义国家，为了国内经济的发展、亚太地区及世界的繁荣与和平，为了新的东方文明时代的到来，理所应当在这个地区发挥更大的作用。

面对这一形势，我们首先要开放沿海地区。我国沿海地区，与亚太各地之间交通便利，历史上就有过广泛的联系；工农业基础好，商品经济发达，可以取得较大经济效益；科学文化发达，基础设施完备，能够更快引进、消化、创新、转移新技术。总之，开放沿海地区势在必行。由沿海向内陆地区、从东部向西部逐步开放也是必然趋势。

然而，西部经济必须和东部及其沿海地区经济同时起步，协调发展，互利互惠。虽然西部经济不是和东部及其沿海地区在一个水平线上起步，但却可以在不同出发点上同时起步。协调发展不等于同步发展，同步发展要求大体上按同样速度前进，这是不现实的。西部要根据资源的优势，开发资源，以支援东部；东部则以资金、技术、人才帮助西部。东西合作，互利互惠。

国家把重点放在沿海，放在东部，并不是可以放松西部的发展。按照国民经济有计划按比例发展规律的要求，东西部在地区之间及部门、行业、企业之间都存在着多渠道、多网络、多环节、多因子的联系。这些联系只能发展，不能割断。特别是西部的资源优势，对东部经济的发展至关重要。西部工业原料资源十分丰富，矿种多，品位高。如青海的钾盐等十多种矿产资源居全国之冠；新疆以铁矿和多种有色金属矿闻名全国；甘肃的镍、铂等有色金属储量也居全国首位。同时，西部能源资源充足，储有大量的石油、煤炭、水力、太阳能等能源。仅新疆某地原油预测储量就在200亿吨以上。西部农业资源也很丰富，如西北的天然草原有15.6亿亩，是我国最大的草原畜牧业区，许多畜产品是重要的轻工原料。这些资源都是东部经济发展不可缺少的物质基础。这些资源开发了，东部经济才能更快发展。

西部地区人民物质文化生活水平的提高，也要求本地区经济较快发展。特别是西部是多民族聚居地区，少数民族人口就占西北五省区总人口的17.68%。由于历史上形成的原因，过去少数民族和汉族之间、各少数民族之间的经济文化发展很不平衡。有些方面的差距甚至愈来愈大，如不注意解决，不仅拖住西部，也必将拖住东部的"后腿"。我们要充分认识这种情况，认真分析各民族地区经济文化发展中的问题，寻找解决之途径，采取具体的措施，尽快改变其落后贫困的面貌。

经济发展要有个良好的环境。东西部的生态环境是一个整体，如果光注意东部经济的发展而忽视生态环境，尤其是西部生态环境的治理和保护，必将影响东部的发展。黄河下游的河患，主要原因是上游的水土流失，以致下游每年淤积沙土16亿吨。蒙冀边界内蒙古一侧的沙漠南侵和草原沙化，使风沙一度迫近北京城。所以，必须注意西部生态环境的保护和治理，要相应投入足够的资金、技术和人力。

西部应经常了解沿海地区的动向。学习他们的经验，取彼之长，补己之短。但也不必亦步亦趋，要根据本地区的特点，走自己的道路。

西部应做好大规模开发的前期工作，进一步勘测资源，研究开发战略，制订发展规划，在资金、技术、人才及开放地区等方面做好必要和可能的准备；还要展开宣传攻势，让人家了解西部、认识西部，使西部成为举世瞩目的地方。

二

西部怎样发展，涉及面很广。这里仅就几个主要问题，略谈梗概。

（一）要重视农业这个基础，发展生态农业

农业是国民经济的基础，同样也是西部经济的基础，这一点不能动摇。有些同志谈论西北经济发展时，还是重、轻、农老一套，只讲重工业，不讲农业，认为农业产值甚微，不屑一顾。其实不然，产值的大小，并不能说明一个生产部门在国民经济中的地位。况且，随着经济发展，产值比重还会有所变化。特别是西北的农业基础还很薄弱，这些年每年还要调进粮食几十亿斤。农业基础不稳定，势必影响整个经济的发展。

发展农业，须侧重生态农业。生态农业是世界农业发展的趋势，也是西北农业发展的方向。长期以来形成的生态环境恶化，是西北面临的严峻问题。黄土高原的水土流失、北部沙漠的南移、草原的沙化、林木的砍伐、耕地的盐碱化等，更是变本加厉地破坏着本来就很脆弱的生态环境。所以，西北农业，发展的根本出发点，要和解决生态失调问题相联系。种草种树、发展畜牧，灌区兴修水利，旱区旱作农业，等等，都是建立生态农业的战略措施。

草原畜牧业是西北经济的一大特色。历史上，西北曾以畜牧业闻名于世，主要指草原畜牧业。西北草场广阔，有我国最大的纯牧业区，有品种多、质量好的牲畜，发展草原畜牧业条件良好。关键在于提高经营管理水平，改良草场，控制畜牧头数，提高牲畜质量。

（二）在尚未大规模开发以前，西部工业要解决好横向联合和加工增值问题

资源丰富的西北，工农业总产值小，经济效益低。究其原因有三：一是地方企业和乡镇企业太薄弱；二是大工业深加工综合利用不够；三是企业经营管理水平低。现在许多地方都把地方和乡镇企业当作突破口来抓，这是正确的。根据沿海地区发展乡镇企业的经验，企业必须有技术力量。1978年以后，江苏省农村来了一批城市里的技术人员，不少人原籍就在城市附近的农村，是从城市退休后回原籍的。西北情况则不同。骨干企业的老技术人员大多是20世纪五六十年代从东部内迁的，退休后，很少有人能到西北农村去。另外，西北农村的乡镇里几乎没有什么技术装备，要发展乡镇企业，这同样是个难题。

然而，大西北却有一批大企业，集中了一批技术人员，设备也比较先进齐全。能不能充分利用大企业的这个优势以带动地方和乡镇企业？各地的实践正在回答这个问题。过去由于管理体制统得太死，企业的自主权很少，因而吃大锅饭和平均主义现象相当严重，企业生产就是为了完成上面的指令性指标，企业基本上处于半封闭状态。再加上"大而全"，企业办社会，摊子铺得太大，企业被捆得死死的。随着城市经济体制的改革，城市工业已经松绑，开始有组织有步骤地向农村扩散，与乡镇企业结合，走横向联合的道路，以大支小，以小促大，相互促进，共同富裕。城市工业在这方面的潜力是很大的。据悉，在兰州的17家中央、省属企业每年约有4.8亿元的原料加工、产品包装等业务可向地方企业扩散。其中，兰州炼油厂每年可向地方企业扩散的零部件、原辅材料的生产价值就达7000万～8000万元。如果把这些部分扩散到地方，再给予一定的技术指导和简单的装备，就能搞活一大批小企业。

当然，对大企业来说，还要解决好深精加工和提高经营管理水平的问题。特别是石油化工深精加工，可以说潜力无限，每进行一次加工，就会增大一次价值。虽然加工增值是一般理论，但对资源产地却有特殊意义。

（三）建议以西安、兰州、乌鲁木齐为轴心，成立五省（区）经济技术协作机构，联络点设在兰州

开发西部，要有一个中心城市。考虑到目前西北经济文化还很落后，地域辽阔，又是多民族聚居地区，因而中心城市问题要积极筹备。从目前状况看，可以陇海线西段的西（安）—兰（州）线和兰（州）—新（疆）线为西北地区的轴线。以这根轴线两端的西安、乌鲁木齐和支点上的兰州作为轴心。这三个轴心中，西安是西北第一大城市，人口200多万，工业基础好，又是东部与西部、大西北和大西南的联结处；兰州是西北铁路交通的枢纽，现代工业已有相当规模；乌鲁木齐是祖国的西大门，又是许多少数民族聚居的中心。把这三个轴心联结起来，就能更好地发挥大城市的作用。在组织形式方面，建议建立五省（区）经济技术协作机构，以兰州为联络点。

（四）大西北将来首批开放的地区可以考虑西安—宝鸡、兰州—天水、乌鲁木齐—乌苏、西宁—德令哈—格尔木、银川—大武口等

西部目前虽还未建立对外开放经济区，但应争取早日开放，做好开放前的准备工作。大西北将来首批开放的可以考虑：西安—宝鸡地区，这里是产业带，纺织、飞机制造、电器工业星罗棋布，又是闻名世界的旅游胜地；兰州—天水地区，集中有石油化工、炼油、有色金属、石油机械、电器、毛纺等工业，是西北地区的心脏；乌鲁木齐—乌苏地区，这里是炼油、电力、毛纺、农产品加工等工业基地，是新疆的精华所在；西宁—德令哈—格尔木，西宁是青海的首府，德令哈和格尔木是蕴藏着大量矿产资源的柴达木地区的两个中心城市，应作为青海首批开放的三个点；银川—大武口地区是煤炭、炼焦、洗煤、毛纺和未来的石油化工等工业基地。目前，各地可结合制订经济社会发展规划和其他规划，进一步进行可行性论证。

（五）建设一条现代陆海丝绸之路：陆路经阿拉山口通往中亚、中东，海路以连云港为出海口

古代丝绸之路西出长安后皆走陆路，后来海上交通发达起来了，又新辟一条海上丝绸之路。现在能不能把两条丝绸之路联结起来，建立一条现代丝绸之路？回答是可能的。为此，要做好两件事。一是使兰新铁路和中苏边界的阿拉山口附近的苏联铁路接轨；二是要寻找一个出海口。从乌鲁木齐到中苏边界的阿拉山口共 470 公里，其中乌鲁木齐—乌苏段铁路长 240 公里，现已动工，计划于 1987 年通车。从乌苏至阿拉山口尚有 230 公里，这一段铁路是否修建，还在进行可行性研究。

大西北没有一个出海口，出口物资均绕道天津、上海、广州出口，路远而费宏。从最佳运筹效益看，可借陇海铁路之利，以连云港为出海口：从连云港出口同从天津出口对比，可缩短铁路里程 200 公里，每吨货物可节省运杂费 2 元。同时，连云港至日本、新加坡、马来西亚及香港地区等近洋航程均较天津为短。西北各省区已联合与连云港建立联系，可在连云港修建储运仓库，将来可建立近洋、远洋商船队，通往世界各港。

大西北交通要以铁路为骨干，并须建设公路网络。此外，为了缩短空间距离，加强空运诚属良策。应兴办地方民航，新辟航线，增添航班，以适应经济发展的需要。

（六）要有一个良好的投资环境

西北地区百业待兴，需要大量建设资金。一个时期以来，各省区虽已向国内外做出姿态表示欢迎投资，但成效甚微。如 1980 年至 1984 年上半年，甘肃吸收国外资金仅 2138.7 万元。究其原因，有个投资环境问题。

十一届三中全会以来，我国政局稳定，为引进资金创造了一个良好的条件。但尚需其他条件。一是要保证投资者获得相当的利润。每与外商洽谈，必须对经济效益做出预测，保证对方有利可图，至少不低于一般水平。1981 年美国海外直接投资收益为总投资的 14.3%，1982 年降到 10.3%；同期美国在西欧的投资收益从 11.5% 降到 9.2%。在亚太地区，利润率较高的日本向西太平洋地区的私人直接投资一般可获利 22% ~ 25%，而在欧美和日本国内的投资利润率只不过 12% ~ 14%。因此，西北引进资金应经常掌握投资效益行情，做到心中有数。

二是要有特殊优惠政策。我国对沿海开放地区已有减免税收等具体优惠规定。如对中外合资经营企业、中外合作经营企业和客商独资企业，试行按现行税率打八折征收所得税等。西北地区尚未建立对外开放区，应考虑另行制定灵活政策以吸引投资。1984 年 5 月，甘肃公布了对外实行开放的 12 条优惠政策，规定：客户独资办企业利润可全部归客户；合资企业可单独由客户管理，利润分成适当照顾客户利益；客户从事技术改造、新增生产力的利润可以大头归客户；等等。这些规定效果如何，可在实践中检验。

三是要有较大的市场容量。内外联营企业一部分产品要在本地区销售，为此，要有一定的市场容量才能实现双方利益。要经常对市场容量做出分析和预测。

四是基础设施要具备。生活、交通、通信等基础设施是客户经营活动与生活的必要保证。西北深处内陆地区，为了克服不利条件，生活、交通、通信等设施应特别重视。

五是开展保险业务，对客户安全、风险等方面的保险予以承担。

六是管理体制与管理水平。这两个方面直接影响企业的经营成果。随着经济体制改革的进行，管理水平亦应不断提高。

七是劳动工资与工人技术水平。工资水平与生产成本直接相关，是投资者重视的因素之一，但投资者更注重工人的技术水平。不要老以为我们劳动力资源丰富，工资水平又低，可以吸引外商，要知道现在的基本趋势是发展技术密集型而不是劳动密集型企业，这样才能在竞争中战胜对手。

八是要掌握不同国家的不同资金投向。美国在亚太地区的投资在 100 亿美元以上（占其全部投资的三分之一），主要分布在石油和采矿业中。近年来，美国对我国沿海和南疆的石油兴趣越来越大。法国对能源部门的投资，在 20 世纪 60 年代后期曾占到其对外直接投资总额的一半，但到 20 世纪 80 年代初已大幅度下降，1980 年仅占 20%，更多地投到了制造业和服务业中。法国对农业部门的投资从来未超过其对外直接投资总额的 1%。

九是加强宣传，介绍情况，让外商了解西部投资环境。西部地处内陆地区，至今尚未引起国外的广泛注意。从历史上看，国外投资者最感兴趣的是沿海地区。但一旦他们了解西北后，便会增加对西北的兴趣。所以，要加强宣传介绍，让投资者了解西北。消除历史上形成的习惯认识是一项重要任务。

十是参加洽商人员要了解国外投资政策。当今各国在对外投资方面都制定了相关政策，如鼓励政策、财政援助、税收政策、各种风险保护措施、管理措施、限制政策等。对此我们应有所了解，采取相应对策。

（七）西部经济力量薄弱，技术进步刻不容缓，要从东部、沿海和国外引进新技术，引进技术要特别注意经济效益

沿海地区开放后，担负着引进、吸收、消化、创新、转移技术的任务，以推动全国的技术进步。从总体看，我国技术发展将从沿海向内陆地区、由东向西推进。大西北工业基础弱、技术装备差，应从实际出发，把引进东部及其沿海地区的技术作为加速经济发展的战略措施。最近，青海接受了湖北（武汉）、辽宁（沈阳）的对口支援。沈阳帮助青海对机械行业企业实行技术改造，并帮助其提高纺织、制革、食品、农机等工业的生产技术。湖北将在水泥、造纸、纺织、化工、食品加工等方面与青海合作。甘肃从 1982 年到 1984 年上半年，已同京、津、沪等 23 个省市和一个公司建立了经济技术协作关系，引进技术 348 项，派出学习人员 1452 人，请来技术指导人员 208 人。

由沿海向西部转移技术，不能理解为西部就不可以由国外直接引进新技术，也不能以为西部的任何技术均落后于沿海，更不能理解为由沿海按照梯度形式一级一级地向内地转移。

直接从国外引进新技术是符合综合技术进步规律的。从技术发展史看，技术总是由低级向高级、由落后向先进逐步发展的。但是，从一国一地看，技术落后地区可以吸引先进的技术而突飞猛进地进步。尤其是电子工业、光导纤维等领域的技术进步更是如此。又如引进良种，则不必经过外地试验，最好直接在引进地区试验。

我国前三个五年计划期间，在西北安排了许多大型建设项目，经过二三十年生产，现在面临着技术老化、亟待更新等尖锐问题。这些项目中，一部分是早期从苏联及东欧国家引进的，现在要更新这些技术，除了依靠自己的力量外，还可以考虑从上述国家继续引进技术改造的力量。

同时，西北的一些技术曾经比较先进或现在仍然比较先进。如 20 世纪五六十年代初甘肃、新疆的采油、炼油、石油化工、石油机械等技术当时在全国是先进的，60 年代初才被引入东部。直到现在，有色冶金、勘测、水电、飞机制造、毛纺等技术在全国可能还是居前的。所以，西部地区就个别技术来讲，也有一个向东部转移的问题。

还有些技术则是沿海地区没有的，如草原生态、高原生态、旱作农业的技术等。

总之，在技术进步方面，要实事求是，需要什么，引进什么；哪里有先进技术，就从哪里引进。当然，对于引进技术的经济效益，也应重视。

（八）重视小集镇建设，沟通城乡之间的桥梁

城市经济体制改革后出现的活力和威力必然向四周辐射。要向农村辐射，一定要通过集镇。集镇是农村的政治、经济、文化中心，又是城乡结合的桥梁。城市扩散到农村的原料加工、产品包装等，一般集中在集镇进行。工业品下乡，农产品进城，工农业产品的批发、储运也要在集镇进行。城市需要的经济信息，大量来自农村；信息集中起来后，往往也是通过集镇传递给农村的。

西北地域辽阔，大中城市却寥寥无几，迫切需要建立许多集镇，作为城乡之间的桥梁。

1982 年，全国设镇建制和未设镇建制的县城共 3196 个，其中设镇的 2664 个。平均每个镇人口 2.33 万人，平均每平方公里有镇 0.00033 个。在瑞士，41288 平方公里的面积上，就有镇 3050 个，平均每平方公里有镇 0.076 个，密度比我国大得多。

要查清楚西北现有集镇的分布情况及其作用，在此基础上，立即着手进行集镇布局与建设的规划工作。对于集镇建设，应遵循全面、有重点，建、管、利三统一，发挥集镇的经济、环境、社会综合效益等原则。

三

实现上述战略，关键在于人的智力开发。

智力开发建议一，要提高人的素质。多出人才，快出人才，是西北开发的基本战略。西部文化、教育落后。以青海为例，全国受过小学教育的人口比例为 93%，青海只有 25.6%；全国受过初中教育的人口比例为 68.3%，青海只有 13.9%；全国受过高中教育的人口比例达 50% 左右，青海只占 5.1%；受过大专教育的人口比例青海虽高于全国平均水平，但青海一部分学生升学录取线大大低于全国水平；青海的文盲竟占全省人口的 46.72%。由于文化教育落后，人的智能技能素质差，因此相当一部分人不能胜任现代化的需要。

这几年，虽然西部教育工作有所发展，但人才培养与实际需要仍有尖锐矛盾。但奇怪的是，一边喊人才不够，一边却忽视人才。1985 年 4 月，西安交大邀请各地用人单位洽商应届毕业生的使用问题，没想到，人才很

缺的西北各地与会者寥寥无几，而沿海地区用人单位却踊跃出席。今年元月在厦门召开的全国应届研究生分配会议上也有类似情况。看来，根本原因在领导。不少地方，教育工作仍未被重视。在一些同志看来，工农业生产是硬任务，教育工作是软任务；在任职期间，完不成总产值，交不了账，下不了台，而教育工作，维持维持现状，也出不了什么乱子。在财政信贷、物资供应、基本建设、干部配备等方面总不能令人满意，这就关系到怎样评价任职期间工作成绩问题了。现在各级班子不断革命化、专业化、年轻化，许多新上任的同志出于革命事业心，都想在任职期内多做贡献，这是党的事业兴旺发达的景象。但是，究竟怎样衡量一个班子任职期内的成绩？我以为，既要看任职期内的成绩，也要看任职期满后的成绩。因为有些工作可以在任职期内体现出来，而有些工作则因其周期性长或连续性强的特点，其效果只能在一个时期后才能看出来，特别是教育、文化、环境保护之类的工作，周期性则更长。如果我们只重视任职期满时的成绩，就会忽视那些带有长远战略意义的工作。所以，一个班子的工作要"瞻前顾后"、统筹安排，绝不能只顾眼前、不顾未来，更不要在任职期内拔苗助长，只加快工农业总产值增长速度，而置经济效益于不顾。

智力开发建议二，要稳定现有人才。一个时期以来，外地来西北的一些专业技术人员都在向东部流动，"孔雀东南飞""一江春水向东流"就是这种现象的生动比喻。

要有较优厚的待遇。西北工作条件很苦，青海、新疆的一些高寒、边远地区的工资待遇尤应从优。西北地区的工资待遇与东部地区本来就保持一定差别，今后无论实行哪一种工资改革方案，均不应人为地消除这些差别。还可试行递增补贴工资制，即在西北工作一年，按原工资的一定百分比给予补贴，以资鼓励。

要有合理的人才流动办法。首先要考虑怎样才能让东部人才到西部来。在这上头，放弃思想政治工作，只讲经济利益是欠妥的。政治思想动员要生动，要切合年轻人的特点。有一位20世纪50年代由上海去新疆工作的女同志说，当年就是听到"我们新疆好地方"这首歌曲才去新疆的。如果说过去我们能靠思想宣传工作吸引一大批年轻人到西北来，80年代的今天，只要思想政治动员工作做活了，仍会有一大批人到西北来。不久前北京应届业生200多人报名来西北工作，就是明证。

还有一点，就是要解决好少数人才的流动问题。过去来西北的人才，有的已经工作多年了，现在这些同志中间，有的因有困难要求回去，我以为可以同意。当然，流动人数应该有个比例，由领导掌握。单纯靠行政手段阻挡并非上策，这样不仅影响这些同志的积极性，而且影响东部人才的流入。现在有些同志所以要走，原因是多方面的，领导要多找他们谈心，留人要留心嘛。即使留不住，也一定要迎进送出，把西部人民的温暖带到东部去，在东部扩大西部的影响，让更多的人才到西部来。

智力开发建议三，必须打破小生产者传统观念。小生产者囿于小小天地，不善经营，缺乏市场观、价值观、效益观。这与日益商品化、市场化和经营型、开放型、高效型的要求格格不入。小生产者满足于小而全的生产，不关心社会分工，鄙薄新的行业，宁愿闲居散住，也不愿从事那些修鞋、补锅、木工、打石、裁衣、保育等劳务，结果每年数以亿元计的资金流向东部。小生产者不可能有长远的战略胸怀，就是想做点事，充其量不过是小打小闹、修修补补。所以，要发挥千万群众干部的积极性，必须要用最大气力，教育他们与传统观念决裂。

总之，现阶段我国经济发展的重点虽在东部，但西部也要同时起步，协调发展，东西支持，互惠互利。西部开发要立足于本地区实际，扬长避短，继往开来，既不夜郎自大，又不妄自菲薄。在人与物的发展关系中，要强调发挥人的作用。在人的问题上，要突出人才的培养和安排，摆脱一些旧的传统观念的束缚。

（原载于甘肃省社会科学联合会、甘肃省社会科学院、甘肃省中青年社会科学作者协会、兰州大学西北综合开发研究所合编：《中国西部开发研究论文集》，1985 年，第 62－68 页）

青海省社会发展战略与对策

一、保持稳定的建设环境

"中国的问题，压倒一切的是需要稳定。"青海的社会主义建设压倒一切的同样是保持稳定的建设环境。因此，维护和巩固稳定的社会政治环境是青海省顺利进行社会主义经济建设的基本保证。为了巩固安定团结的政治局面，青海科技、经济、社会今后的发展中务必要清除一切不利于稳定的因素。首先，要在党的十三届四中和五中全会精神的指导下，坚定不移地贯彻执行"一个中心，两个基本点"的方针，防止干扰，维护安定团结这个大局。要按照中央要求保持现行政策的相对稳定性和连续性，纠正坚持四项基本原则不够一贯的失误。其次，要把改革开放搞得更稳更快更好。对于当前全国和青海省面临的一些新的问题，既要提倡顾全大局，同时也要充分地考虑到群众的切身利益，多关心群众的生活。青海是偏远省份，无论是改革还是发展，总是滞后于全国。因此，对于全国出现的不安定团结因素波及青海的可能性应予以有效预防。青海是一个多民族的省份，气候条件差，自然灾害较重，因此要加强各民族人民的和睦团结，预防自然灾害所导致的经济政治不安定因素。青海地处青藏高原的东部，四周均为各少数民族聚居地区，因此要搞好毗邻省区和各民族的关系，确保整个地区的安定团结局面。

二、提高人口素质，控制人口增长

在当今人口爆炸的时代，青海人口少是一个有利条件，但人口科学文化素质低，无论对于就业和经济发展都是一个影响大而且时效性长的问题。因此，必须提高人口素质，严格实行计划生育，有计划地增长人口。

第一，提高全省各族人民的科学文化素质。首先，要端正指导思想，更新观念，树立全民办教育的思想，树立青海的建设必须依靠具有良好科学文化素质的青海各族人民才能成功的指导思想。提高各族人民科学文化素质，首先要提高文化素质。我们面临的严峻任务是扫盲和基础教育，而最迫切的是减少新文盲的出现。所以，要从资金、师资等各方面加强对扫盲和基础教育的投资，通过国家、集体、个人、单位和教育部门，多渠道、多种方式强化扫盲教育和基础教育工作。其次，把优先发展教育的方针真正落实，办好青海省的教育事业。

第二，有计划地控制人口增长。遵照人口增长与经济社会和生态环境协调发展的原则，青海省必须严格控制人口的增长，必须坚定不移地认真实行"大力提倡一胎，严格控制两胎，坚决杜绝三胎"的生育政策。杜绝多胎和计划外生育，应在宣传教育、计划生育工具、组织机构等方面采取具体措施，使全省人口年平均增长率控制在15‰以下。严格控制外省一般劳动力的自然流入和省外移民。对进入青海省进行资源开发项目的亦应尽量控制人口迁入，最大限度地减少省外人口的机械迁移。宜实行非科技人口内迁的政策，减轻工厂办社会的负担。

三、发展劳务市场，提供广泛的就业机会

1987年，全省20多万人向林牧副、乡镇企业、个体工商、城镇家庭服务和采金等劳务输出转移。目前，青海省城市待业人口约5万人，农村剩余劳动力40余万人。事实说明，青海省城乡隐性失业较严重。由于企业结构调整、关停并转和生产下滑等原因，因而还有一定数量的编余职工。可见，就业问题是影响青海省安定团结和经济发展的重要问题之一。

为了解决就业问题，在工业中，要开发资源，发展小型矿床和矿点采矿业，积极发展初级产品加工业；在农业中，以开发型农业代替平面垦殖型农业，向林业、渔业、副业和土地开发转移。以"离土不离乡"，走向城乡的双向开放，实现农村工业化，以及城市和农业现代化的目标，同时还要相应加快第三产业的发展速度，敞开就业门路。

要建立和发展劳务市场。发展劳务市场必须与经济、政治改革配套进

行。全民所有制、集体和个体企业分别按经济发展需要，确定计划调节和市场调节的比例。要解决劳动用工制度和户籍管理制度的改革，建立职业保险与社会职业保险制度。在发展的过程中，要不断完善劳务市场，使其由就业型向以行业或产业为基础的结构型劳务市场、由体力型向技术智力型劳务市场的方向发展。

要发展劳务输出。根据国内劳动力分布和青海省劳动力的素质等特征，青海劳务输出的主要方向是开拓国际市场，实行"双西策略"，主要通过西藏西部进入尼泊尔、印度市场，同时使商业与劳务输出紧密结合起来；通过欧亚大陆桥向西进入原苏联地区、阿拉伯地区、欧洲和中东市场。为了实施劳务输出的"双西策略"，目前主要是做好准备工作、选择好劳务服务的项目和进行针对性的培训。在青海省要选择建筑工程、森林采伐、矿山开采和高寒地区作业等项目。技术培训要具有明确的针对性，同时还要培训相应的技术与管理人员。青海省对劳务输出亦应有相应的组织管理机构，应积极地从资金、政策上鼓励和支持部门、行业和民间的劳务输出。

四、提高生活水平，改善生活质量

不断提高人民的物质文化生活水平是社会生产的根本目的，按照2000年青海省人均1654元的国民总产值预计，人均消费水平可达到813元，全省人民可基本达到小康水平。为了不断提高人民的生活水平，必须逐步调整消费结构，制定相应的消费政策，同时要不断地改善人民生活的质量，建立有高原特色、民族特色的消费结构和文化体育与卫生保健体系，要保护好环境，不断发展医疗卫生保健事业。当前要做好稳定物价和市场的工作，安排好人民的生活。

在提高人民生活水平和改善人民生活质量方面，要充分考虑到地区特点和民族特点。青海高原缺氧、干燥寒冷、地域广阔，各民族传统生活方式和生活习俗多种多样，因此在衣、食、住、行、生活服务、商品供应、医疗设施与医疗队伍配备、保健措施等各个方面均应考虑到地区和各民族的需要。要大力发展当地人民和各族人民需要的产品，发展高原医学，配备适合高原的各项体育设施，开展体育活动，以保障高原人民的健康。

要提高青海省的人口文化素质，建设高度的精神文明，必须发展青海的文化事业。要按照地区和民族特点，针对省情大力发展文学艺术、广播、电视、电影、新闻、出版和群众文化事业等。要大力宣传青海在西部边疆地区的重要政治战略地位和丰富的资源，让国内外人民更加了解青海，支持青海的发展。要大力宣传民族团结，促进各民族和睦相处。要教育全省人民共同努力，共同奋斗，振兴青海。

为改善人民的生活质量，在当前，特别要做好物价和市场的稳定工作，特别是人民基本生活必需品的价格稳定。要整顿好价格秩序，搞好市场管理，千方百计地搞活流通，保证市场供应。

青海省地域广阔，生态环境恶劣，自然灾害频繁，西宁市和东部地区工业污染严重。因此，要有效控制生态环境的破坏和污染，正确处理好开发与保护的关系，逐渐地走向生态良性循环，改善人民的生活质量。要把生态环境保护纳入国民经济计划之中，制定环境保护法规，坚持走防治结合、预防为主、综合治理的道路。实行"谁污染谁治理，谁开发谁保护"的原则。要特别注意西宁地区、青海湖区、柴达木地区和黄河上游水电坝区的环境保护，严格控制高污染产业的发展。

五、优先发展教育

教育是兴国之本。十年树木，百年树人。教育是一项周期性很长的工作，要从早抓起。没有比较发达的教育基础，科技的发展必将缺乏持久的推动力，因此教育和科技兴省已成为振兴青海的历史需要。青海省教育发展的低起点、巨大的发展差距和多民族广地域的环境，决定了发展教育的迫切性和艰巨性。为此，要端正指导思想、更新教育观念、调整教育结构、提高教育效益和加强民族教育，建设具有地方特色、民族特色和适应社会、经济发展的教育体系。

（一）端正指导思想，更新教育观念

根据科技经济社会发展与我国40年社会主义建设的历史经验对教育提出的新要求，以及青海教育发展的基础和环境的特殊性，青海教育发展首先要解决教育的指导思想和观念认识问题。按照我国40年社会主义建设的历史经验，要坚持教育为社会主义建设服务的方针，要坚持教育与生产劳动相结合，要加强国情教育和革命传统教育，大力提高人才的政治素质。当前，特别是要加强各类学校的思想政治教育，维护安定团结的政治局面。按照现代化事业对教育的要求，我们必须破除轻视教育、单纯靠国家办教育、忽视终身教育、封闭式教育和重学历等旧的教育观念和人才观点。树立教育为本、教育是智力开发投资、教育是全局性工作、全社会办学、开放式办学、终身教育等新教育观念，以及重素质、重真才实学、重开拓型应用型的新的人才观念。

在这些指导思想和新观念中，最重要的是，教育是最大的智力投资和最大的基础建设。青海教育欠账太多，因此要提高教育投资比例，开展全民办教育，真正地把中央优先发展教育的方针从口头落到实处，切实地改善办学条件，增强物质基础和更新教育观念一起抓，实现教育的超前发展，为青海省今后的发展打下一个坚实的人才基础。

（二）调整教育结构

青海省的普通教育、职业教育、成人教育、基础教育及民族教育各个系统的内部与系统之间的结构不协调十分突出，均需进行调整。地区教育的发展基础和水平十分不平衡。特别是各类教育普遍的落后状况，使得有限的投入难以多方顾及。从青海省教育体系的整个结构来看，加强基础教育和职业技术教育必须放在首位。高等教育中的院校和专业设置必须进行调整，才能增强其对经济社会发展的适应性。保证重点教育的结构系统得到加强的同时，要有计划地分期分批集中力量对其余系统进行调整。要调动社会各界和企事业单位办学的积极性，走多层次的办学道路。要继续挖掘教育的现有潜力，逐步建立起适应青海社会发展和经济建设结构的教育体系，例如继续将部分普通中学转为职业中学等。

（三）提高教育效益

在青海省各类教育中，教育的社会效益和经济效益需要进一步提高。为此，一要加强对各类学校的管理，使人力、物力能够有效地发挥应有的作用，如改变高校单班制招生、扩大学校规模、减少分散性等。二要提高教育质量，要培养经济和社会发展需要的人才。要下定决心建设好师资队伍，加强师资力量，加强师资培训，剔除不合格教师，改善教师的物质和工作条件，建设一支高质量的教师队伍。

（四）加强民族教育

青海省是一个多民族聚居区，因此特别要加强民族教育，提高少数民族的人口素质和培养少数民族的人才。一要加强民族地区初等教育和扫盲工作；二要广开渠道继续改善民族教育的办学条件，特别是争取中央和国际上对民族教育的支持；三要继续走多形式的办学道路，使民族学校、预科班、民族班等多种办学形式相结合；四要大力加强民族地区社会教育，宣传学科学、用科学、信科学，反对封建迷信；五要制定培养民族人才的优惠政策，大力培养少数民族人才。

六、加强社会主义精神文明建设

党的十三届六中全会《关于社会主义精神文明建设指导方针的决议》是社会主义精神文明建设的理论指导方针。社会主义不仅要实现经济繁荣，而且要实现社会的全面进步。坚持社会主义物质文明和精神文明一起抓是我们的基本方针。精神文明建设，说到底是要提高全民族的素质，培养有理想、有道德、有文化、有纪律的社会主义新人。为了搞好精神文明建设，第一，必须坚持物质文明建设和精神文明建设一起抓的基本方针。坚决地改变精神文明一手软的状况，抓好精神文明建设，使物质文明建设有坚定不移的正确的政治方向，有强大的精神动力和发展后劲。第二，大力发展教育、科学、文化和艺术事业，全面提高全省人民的素质。提高科学文化教育基础水平，把德育教育放在第一位，培养既有社会主义理想、信念、觉悟又有科学文化知识的新型劳动者，培养"四有"社会主义新人。第三，要坚持共产主义理论、民族精神和革命传统教育，坚持"一个中心，两个基本点"的基本路线，以及爱国主义、集体主义、民族精神、革命传统、共产主义理想等一系列思想教育。继承和发扬我们中华民族和我们党进行社会主义革命和建设的优良传统和美德。第四，要加强党对社会主义精神文明建设的领导。要加强各级、各部门对精神文明建设的领导，要切实加强对宣传、理论、教育、新闻和文艺领域内工作的领导。

七、增强民族团结

　　青海是一个多民族的省份。新中国成立40年来，党和政府十分重视民族工作，并取得了重大成就，不断巩固和发展了平等、团结、互助、友爱的社会主义民族关系。各民族人民为建设青海、振兴青海做出了巨大的贡献。当前和今后我们都要坚决贯彻执行省政府《关于进一步加强民族工作的决定》，进一步加强青海省的民族工作。第一，要进一步巩固和发展社会主义的新型民族关系。要坚持民族平等、民族团结和各民族共同繁荣，在各民族之间形成互相学习、互相帮助、取长补短、团结和睦的精神。汉族要尊重少数民族的风俗习惯，不干涉少数民族的宗教和信仰，同时要反对民族分裂主义，严厉打击个别民族分裂分子。各民族都要增强民族团结，保持稳定的社会环境，为国家繁荣富强而努力奋斗。第二，大力加强民族教育工作。少数民族地区科技、经济、社会的发展，同样必须依靠教育的发展和科学技术的进步。为了实现少数民族人民科学文化素质的提高，首先要加强少数民族地区的文化教育，包括扫盲教育、基础教育和科技教育。要在资金投入、师资力量等各方面采取有力措施加强教育工作。要继续大力培养少数民族的领导干部、管理干部和科技专门人才，特别是要大力加强科技人才培养，为各民族地区科技经济社会发展提供人才条件。第三，大力加强民族地区的经济发展。青海省少数民族居住区地域广阔，努力发展民族经济、实现各民族的共同繁荣是一项长期的任务。要充分重视少数民族和民族自治区的特殊性，坚决贯彻执行国家和省政府对发展民族经济的优惠政策。坚决落实少数民族贫困地区的扶贫措施。在财力允许下，应大力对少数民族地区的牧业、采矿业、乡镇企业给予扶植。少数民族地区要重视科学、反对迷信，解放思想、广开门路，拓宽经济发展的路子，不断发展民族经济。

　　（原载于《青海省科技经济社会发展研究》，兰州大学出版社，1992年）

福建区域经济发展■

改革、发展与稳定①

——中日合作：福建经济发展研究

改革开放 17 年来，福建省在邓小平同志有中国特色社会主义理论和党中央的路线、方针、政策指引下，在改革、发展、稳定方面有了巨大的收获。在迈向 21 世纪的今天，回顾改革、发展、稳定的历程，进一步学习、领会有中国特色社会主义理论，既是对计划经济体制向市场经济体制转变初期的区域经济发展问题进行阶段性的研究，也是跨世纪征途中持续发展的重要借鉴。

一、国民经济和社会发展的指导方针

社会主义的根本任务是发展生产力，党和国家的工作重点是经济建设。这一思想，是以社会主义社会的本质和现阶段社会的主要矛盾为依据的。邓小平同志指出，社会主义的本质是解放生产力，发展生产力，消灭剥削，消除两极分化，最终达到共同富裕。从现阶段社会主义的根本任务来看，我国所要解决的主要矛盾，是人民日益增长的物质文化需要同落后的社会生产力之间的矛盾。党和国家的工作重点是经济建设。只有把经济建设好了，才能不断满足人民群众日益增长的需要，才能使我们国家在国际竞争中处于主动地位。邓小平同志指出"发展是硬道理"，一语道出了千真万确的真理。

发展需要改革，通过改革才能消除束缚生产力发展的体制障碍。发展

① 本文是福建社会科学院与日本鹿儿岛国际经济研究会合作研究成果《经济转轨与区域发展——福建经济发展研究》的第一章，由笔者执笔。

生产力是解决社会生产方式的一个方面的问题，但是社会生产方式还有另一方面的问题，即生产关系的问题。生产力与生产关系、上层建筑与经济基础的矛盾是社会的基本矛盾，生产关系与上层建筑是制约生产力发展的重要因素，也是经济社会发展的强大动力，它可以起推动生产力发展的作用，也可以起阻碍生产力发展的作用。社会主义生产关系可以通过自我调整、自我完善的方式，消除生产关系中的障碍性因素以适应生产力发展的要求。此外，还要消除上层建筑中不适应经济基础发展的因素。为此，必须进行生产关系的改革和上层建筑的改革。在经济体制改革中，要坚持两条根本原则：一是以社会主义公有制经济为主体，二是共同富裕。

发展和改革要求社会、政治和经济的稳定，没有稳定，什么事也做不成。换言之，稳定是发展与改革的前提，它不仅体现在发展与改革的全过程中，也体现在发展的结果上。发展与改革的过程需要稳定的环境，而发展与改革的进程必然会在更高层次上保持社会的稳定。一个贫穷落后的社会不可能有持久的稳定，一个陈旧僵化的经济体制也不可能成为维持社会稳定的基础。所以，稳定、发展和改革有着密切的关系。

总之，改革、发展、稳定三者在社会主义现代化建设总体关系中，是互为条件、相互促进的关系。我们必须把这三者看成一个整体，用辩证的动态的观点，深刻认识和主动把握它们之间的关系。三者处理得当，就能总揽全局，保持经济社会的顺利发展；处理不当，就会吃苦头，付出代价。

1996年八届人大四次会议通过的《中华人民共和国国民经济和社会发展"九五"计划和2010年远景目标纲要》中提出的牢牢把握"抓住机遇、深化改革、扩大开放、促进发展、保持稳定"的大局，是今后必须长期坚持的基本方针，这一继往开来的方针的核心就是要正确处理改革、发展、稳定三者的关系。在基本方针下面，纲要还提出9条重要方针，其中综合性的1条（坚持物质文明和精神文明共同进步）、发展方面的5条（保持国民经济持续、快速、健康发展；实施科教兴国战略，促进科技、教育与经济紧密结合；把加强农业放在国民经济的首位；积极推进经济增长方式的转变；坚持区域经济协调发展）、改革方面的3条（把国有企业改革作为经济体制改革的中心环节；坚定不移地实行对外开放；实现市场机制和宏观调控的有机结合）。1条基本方针和9条重要方针涵盖了现阶段经济工作领域的基本环节和主要领域，反映出我国经济社会发展的路子更加成熟和稳妥。

贯彻上述指导方针，实现国民经济持续、快速、健康发展的关键是实现两个根本性的转变，即经济体制从传统的计划经济体制向社会主义市场经济体制转变和经济增长方式从粗放型向集约型转变。实现两个转变具有重要和深刻的意义。

（一）从经济体制转变来看

第一，社会主义市场经济体制和传统计划经济体制有着根本性的区别。从经济体制转变来看，改革开放前的30年，实行集中统一的计划经济体制，强调指令性计划和计划调节，对生产、分配、交换、消费等环节，按照统一的计划进行安排。这种集中统一的体制在新中国成立初期起过一定的作用，但随着经济的发展，这种体制的弊端逐渐暴露出来，使本应生机盎然的社会主义经济在很大程度上日渐僵化。中共十一届三中全会以后，随着改革开放的深化，中国实际上已在逐步由计划经济向社会主义市场经济过渡。中共十四大的召开，特别是邓小平同志1992年的南方谈话，确定了建立社会主义经济体制的目标和途径。这是中国经济体制在理论和实践上的重大突破。它既遵循市场经济的一般规律，同时又坚持社会主义方向。这种经济体制和传统的计划经济体制有着本质的区别。这个转变，对国民经济持续、快速、健康地发展具有全局性的意义。

第二，社会主义市场经济体制是经济增长方式转变的根本动力。长期以来，我国经济增长方式之所以变化不大，原因是缺乏足够的动力。换言之，即在新旧经济体制转变过程中，新体制尚未完全建立，旧体制亦未完全消除，阻碍了经济的发展。国有企业改革是整个体制改革的中心。几年来，国有企业改革实践也说明了：只有转换企业经营机制，强化国有企业财产监督管理，按照现代企业制度要求去做，实现企业体制的根本转变，才会出现新的飞跃。

第三，经济体制转变是我国经济与国际经济接轨的迫切要求。二战以来，在国际分工不断发展的基础上，国际经济关系越来越密切。国际贸易的迅速发展，反映了国家之间的经济联系程度和国际趋势。任何国家要持续地发展，离开国际经济联系都是不可能的。社会主义国家尽管在经济制度上不同于西方国家，但是在调节手段和市场体制上是相同的。因此，只有实行由计划体制向市场体制的转变，才能适应我国与国际经济接轨的要求。

（二）从经济增长方式转变来看

第一，经济增长方式转变是国民经济持续、快速、健康发展，实现我国经济发展战略目标的根本要求。新中国成立以后的很长一段时期，我国经济发展走的是数量扩张型和粗放式增长的道路。这在一个时期内是必要的，但后来没有及时向质量效益型和集约式增长方式转变，因而经济增长的质量和效益不高。这不可能不影响国民经济的健康发展，导致出现高投入、高消耗、低产出、低质量、低效益的增长方式。1995 年中共十四届五中全会提出，要实现经济增长方式的转变，以保证达到"九五"计划和远景规划目标。

第二，促进增长方式转变是科教兴国战略的重要任务。实现这个任务，必须建立相应的科技投入体制和企业优胜劣汰机制以提高企业投资的积极性，建立科研与生产、科研与市场紧密结合的制度。

第三，经济增长方式的转变，要求从主要依靠经济规模的扩张转变到主要依靠结构优化升级上来。要实行规模经营，合理部署生产力，提高结构效益、规模经济效益和区域分工效益，形成一种有效分配和利用资源的机制，以有效配置资源，改善结构，实现最佳效益，促使市场经济体系的形成。

第四，只有经济增长方式转变才能增强经济实力，提高国际竞争力。17 年来，我国国民经济快速发展，国内生产总值高速增长，在国际经济中的地位逐年上升。但是，衡量一国经济实力不仅要看总量，而且要看人均数量。我国由于人口总量庞大，劳动生产率和经济效益较低，因此人均国内生产总值与发达国家相比还有较大差距，在国际市场竞争中处于不利地位。经济增长方式转变后，劳动生产率可以大幅度提高，从而可以直接增加人均占有量，增强经济实力，提高国际竞争力。

二、经济快速发展

（一）经济发展的历史比较

新中国成立前夕，福建城市破败，农村凋敝，经济脆弱，民不聊生。

新中国成立后，我国国民经济进入恢复和发展时期，仅用 3 年时间就胜利完成了国民经济恢复的任务。"一五"（1953—1957 年）期间，我国进行了农业合作化，完成了工商业社会主义改造任务，国民经济得到迅速发展。"二五"（1958—1962 年）期间，由于"左"的指导思想的影响，我国在发展上没有坚持既定的以经济建设为中心的方针，在所有制改造上急于过渡，在经济发展上急于求成，导致经济建设的严重失误。经过 3 年（1963—1965 年）的调整、巩固、充实、提高，国民经济出现稳步发展的势头。但是，"三五"（1966—1970 年）、"四五"（1971—1975 年）期间，又掀起了"文化大革命"，使刚刚摆脱困境的经济重新遭遇挫折，而且，由于福建在海峡两岸关系中的地理位置特殊，历年建设资金投入极少，因而经济基础十分薄弱。

以 1978 年为例，福建全省国民生产总值 66.40 亿元（按当年价计算），人均仅 273 元；同年，全国国民生产总值 3588 亿元，人均 372.7 元，可见福建远远低于全国平均水平。三次产业结构，全国为 28.4：48.6：23.0，福建为 36.1：42.5：21.4；同年，美国为 3：34：63，日本为 5：42：53，韩国为 20：38：42。福建全省人均粮食占有量为 306.26 千克，钢 6.64 千克，化肥 6.74 千克，原煤 173.05 千克，发电量 167.31 千瓦。福建城镇居民人均生活费收入 339.48 元，只略高于全国人均 316 元的水平。全省职工年平均工资 567 元，比全国平均工资 615 元低。福建全社会劳动者总计 917.87 万人（其中职工 205.66 万人），劳动者负担人数（包括就业者本人）为 2.76 人，而全国劳动者平均负担人数为 2.39 人。以上说明，改革开放前的福建经济低于全国平均水平，人民生活水平虽比新中国成立前有所提高，但人民仍很贫穷，城乡生活差别较为悬殊。所以，发展经济、改善生活是全省的紧迫任务。

1978 年 12 月召开的中共十一届三中全会是我国社会主义建设划时代的转折点，十一届三中全会决定全党工作的着重点和全国人民的注意力应转移到社会主义建设上来。在十一届三中全会精神的指引下，福建省经过 17 年的艰苦奋斗，经济建设发生了翻天覆地的变化。

17 年来，福建人民在邓小平同志建设有中国特色社会主义理论和党的基本路线的指引下，抓住机遇，深化改革，扩大开放，经济快速发展，社会秩序安定，人民安居乐业。这十多年，历经"四五"末期（1979—1980

年）和"五五"（1981—1985 年）、"六五"（1986—1990 年）、"七五"（1991—1995 年）等五年计划时期，实现和超额实现了计划提出的要求。虽然，其间也发生过经济过热、总供求失衡、通货膨胀等问题，但在省委、省政府的领导下，福建坚持改革、发展、稳定的方针，采取有效措施，战胜了一个又一个的困难，获得了重大成就。

——1978—1994 年福建全省国内生产总值从 66.37 亿元增加到 1685 亿元。经济总量到 1987 年提前 3 年实现了第一个翻番之后，1993 年又提前 7 年实现了第二个翻番。年平均增长 13.7%，比改革开放前的 1953—1978 年的平均增长率 5.9% 高出 1 倍多。全省经济总量在全国的排位由 1978 年的第 23 位上升到 1994 年的第 12 位。1994 年全省人均国内生产总值 5454 元，为 1978 年 273.03 元的 615.2%；人均国内生产总值在全国的位次上升到第 8 位。据对全国各省、市、自治区社会经济的 40 个指标综合加权评分，福建的综合水平已跃居全国第 10 位。

——三次产业结构渐趋合理。新中国成立初期福建省三次产业比重为 65.9∶19.0∶15.1，呈现农业省份的明显特征。经过 20 多年的发展，到 1978 年，三次产业比例为 36.1∶42.5∶21.4，第二产业有了长足的发展，但第一产业尚占 1/3 以上，第三产业仍很薄弱。到了"七五"计划期末，1990 年，第一产业比重降到 1/4 多些，第二、第三产业各占 1/3 上下。1994 年是三次产业比重变化较大的一年，第一产业比重继续下降，第二产业比重上升，第三产业比重下降。详情见表 1-1。

表 1-1　福建省三次产业比例关系

年份 产业	1952	1978	1985	1990	1994
第一产业	65.9%	36.1%	34.0%	28.3%	22.1%
第二产业	19.0%	42.5%	36.2%	33.3%	43.9%
第三产业	15.1%	21.4%	29.8%	38.4%	34.0%

资料来源：《福建统计年鉴——1995》，中国统计出版社，1995 年。

——由农业省走进工业省。福建在很长的时期内也是以农业为主的省份，1950 年工农业产值比重是 20.9∶79.1。从 1969 年起工业总产值才较稳定地超过农业总产值。但是在整个 20 世纪 70 年代，农业对福建国民经济增长的贡献始终占主要地位，虽然 1970 年工农业产值比调整为 53.6∶46.4，但在国民收入的构成中，工业仅占 29.2%，远远低于农业 52.2% 的比重。到 1980 年，福建工农业产值比重尽管已是 64.2∶35.8，但在国民收入构成中，工业所占比重为 39.9%，仍然低于农业 43% 的比重。从 1981 年到 1988 年，经过 8 年时间，工业在福建省国民收入中的比重才第一次超过农业，标志着福建经济成长已开始由农业为主向工业为主转变。这无疑是一个巨大的历史性的进步，说明在党的十三届三中全会精神的鼓舞下，福建经济发生了巨大变化。

——区域结构发生了战略性的变化。历经 17 年的改革开放，福建省已形成厦门经济特区、沿海经济开放区、福州沿海开放城市、4 个台商投资区、3 个经济技术开发区、2 个高新技术开发区、2 个保税区、2 个国家级旅游度假区、1 个国家级农村开放促开发脱贫致富综合改革试验区等多层次、全方位的开放格局。国家重点发展地区——闽东南地区正在加快开放开发步伐，将要建成台湾海峡西岸繁荣地带，并带动全省经济的发展。

——城镇建设在区域发展中居于重要地位。全省设市城市由 1978 年的 6 个发展到 1994 年的 22 个，建成区面积由 86 平方公里扩大到 323 平方公里，建制镇由 120 个增加到 573 个，城市化水平由 11% 提高到 18%。城市基础设施水平逐步提高，有的设施已经赶上或接近全国平均水平。城市建设的迅速发展大大增强了其对周边地区的辐射力和对对外开放的吸引力，这已成为福建经济发展的主要增长极。1994 年，城市国内生产总值、财政收入和社会商品零售额分别占全省的 61.28%、53% 和 61.78%。在经济比较发达的闽东南地区，已形成闽江口、环湄洲湾地区和九龙江口三个城市群，这对全省经济发展起了带动作用。

——1979—1994 年，外商在福建实际投资金额累计达 97 亿美元（加上国外贷款，实际利用外资 105 亿美元）。其中，中国香港地区资本占 60%，中国台湾地区资本占 17%，其余为其他国家和地区及华侨华人资本。累计批准外商投资企业 15823 家。

1994 年福建省外贸进出口总额为 1333671 万美元，为 1978 年 20260 万美元的 65.83 倍。其中，出口总额 823492 万美元，居全国第 3 位，外贸出口依存度由 1978 年的 4.9% 提高到 42.3%；进口总额 510179 万美元。进出口商品的构成发生了重大变化，出口商品中农副产品比重逐年下降，工业品比重逐年上升；进口商品中生产资料比重不断下降，生活资料比重不断上升。

对台经贸取得显著成效。到 1994 年年底，全省累计批准台商投资企业 3569 家，合同台资金额 49.86 亿美元，实际利用台资 20.08 亿美元，已开业台资企业 2661 家，其中投资 1000 万美元以上的项目有 121 个。全省累计签订对台渔工劳务合同 8869 份，共派出渔工 56302 人次。台商在闽农业投资达 10 多亿美元，占全省农业利用外资的 60%。

——乡镇企业迅猛发展。农村实行家庭联产承包责任制后，农民的生产积极性被大大调动了，农业劳动生产率大大提高。一些农民逐渐从农业中转移出来，在乡、镇、村办起了工商企业，农村中出现了乡、镇、村办的集体企业：农民办的股份制企业、合伙企业，农民私人雇佣劳工的私营企业，家庭办的个体经济和外资企业。1994 年，全省乡镇企业总数 77.4 万家，其中"三资"企业 3348 家，职工人数 467.4 万，总产值达 1817.82 亿元（按 1990 年价计算）。1994 年全省乡镇工业产值达 1196.9 亿元，并开始进入结构调整时期，其中电子、电器、设备制造业崛起，增幅达 83.4%，比乡镇工业增幅高出 20.9 个百分点；外贸出口势头良好，出口交货值达 312.88 亿元，快于总产值的增长速度。1994 年，全省乡镇企业外向度进一步提高，达到 18%。

——人民生活水平不断提高。1994 年福建城镇居民平均生活费收入 3508 元，是 1978 年 339 元的 10.35 倍，扣除物价因素后年均增长 6%。全省城镇居民人均生活费收入水平与全国平均水平相比，由 1993 年高出 269 元扩大到高出 329.5 元。福建城镇居民生活费收入在全国各省、市、自治区的位次，升至第 6 位。1994 年，福建全省农民人均纯收入 1578 元，与全国农民人均纯收入相比高出 358 元；福建农民人均纯收入比 1993 年增长 30.3%，扣除物价因素后实际增长 4.5%；全省农民人均食品消费支出达 898.5 元，占生活消费支出 1180.4 元的 62.4%，农民仍处于温饱水平。农村生活环境有很大改善，1994 年年底，全省已有 23 个县、市、区农村自来水普及率达 60% 以上；全省农村 98% 的村已经通电，通电率居全国首位。

（二）经济增长方式的战略转变是必然选择

在经济快速发展的同时，要看到以往的经济增长走的是一条高投入、低效益的路子，主要依靠大量投入资金、物资和劳动力扩大投资规模，促进数量的扩张。结果是经济发展的速度比较快，而经济增长的质量和效益不理想，甚至相对下降。

——1978年以来，福建国内生产总值虽然出现逐年递增的好势头，为全省的积累与消费提供了较多的源泉，但是预算内财政收入占国内生产总值的比重呈现不断下降的趋势。1978、1980、1985、1990、1994年各年度，全省预算内财政收入占国内生产总值的比重分别为22.80%、17.61%、12.51%、10.90%、10.73%。这说明虽然经济发展速度很快，但未能获得预期的效益，国民经济处于粗放的运行状态。

——国民经济粗放型的高速增长往往伴随着高通货膨胀。1980—1993年，福建国民生产总值平均增长率为12.67%，零售物价指数平均上涨率为7.6%，两者之比为1∶0.6，其中零售物价上涨率在6%以上的有6年，超过13%的有4年。而日本在1957—1970年，GNP增长率年均9.9%，消费物价上涨率年均4.6%，两者之比为1∶0.46。由此可见，我们还未理顺经济发展关系。

——单位产品物耗大。1993年福建能源终端消费总量为1751.93万吨标准煤，平均每万元国内生产总值消耗能源1.678吨标准煤，大大高于发达国家的能耗水平。全省独立核算工业企业产品销售成本占产品销售收入的79.4%，其中职工工资仅占7.94%，主要是物耗占的比重太大。

——福建产业结构经过历年调整，虽比改革开放前有明显改善，但在三次产业中第三产业仍比例偏小。1993年第一产业占比为25.3%，第二产业为45.1%，第三产业为29.6%，而发达国家第三产业约占50%～60%。目前，以传统技术为基础的劳动密集型产业占多数，以先进技术为基础的重化工业只占一小部分，高新技术产业的比重就更小了。

——福建专业技术人员近50万人，直接从事自然科学、工程技术的仅17万人（含初级人员），占专业技术队伍总人数的35%，占职工总数的5.7%，低于全国7.3%的平均水平。全省具有高级职称的14004人（不含离退人员），其中正高1200人，真正从事自然科学和工程技术的不足1000人。高新尖人才和科技人员的紧缺，无疑是福建经济粗放型经营的突出体现。

——据有关方面统计，福建省科技进步对经济增长的贡献率年均占

38%，虽然比改革开放前有很大提高，但与发达国家相比差距仍很大。世界发达国家科技对经济的贡献率，德国、日本、美国依次是 55.6%、55%、47.7%。从实际看，科学技术是第一生产力的思想尚未得到全面落实，科技与经济的结合仍是薄弱环节，科技的改革与发展总体上还不能适应经济建设的需要。不少地（市）财政中的科技三项费用未能保证达到同级财政支出比例的 1%。

多数发展中国家在经济发展的初始阶段往往走过粗放型发展的道路，因为在劳动、资金、科技三要素中，劳动资源多而低廉，劳动密集型企业量大规模小，劳动生产率低下。但是经过一段时期的发展后，必须增加科技投入才能在市场竞争中处于有利地位。快速发展经济，是发展中国家和地区追求的共同目标。但是，只有在合理增长方式的基础上，才能持续、快速、健康地达到这个目标。一般来说，增长方式主要有两种，即粗放型和集约型。单纯依靠资产、劳动力的追加而实现的经济扩张是粗放型的增长方式；依靠科技进步、合理进行资源整合、速度和效益科学结合的，称为集约型的增长方式。中共十四届五中全会的《中共中央关于制定国民经济和社会发展"九五"计划和 2010 年远景目标的建议》指出："实现经济增长方式从粗放型向集约型转变，要靠经济体制改革"，要"向结构优化要效益，向规模经济要效益，向科技进步要效益，向科学管理要效益"。这一精神是福建经济发展战略转变的正确指针。

三、改革：经济发展的根本动力

改革开放是中共十一届三中全会制定的决定中国命运的重大决策，是中国现代化建设总设计师邓小平的重大贡献。改革作为一次新的革命，不是否定和抛弃社会主义基本制度，而是社会主义制度的自我完善和发展。目的是通过这场历史性的变革，推动经济迅速发展和社会全面进步，把社会主义中国引上实现民族振兴和国家富强的现代化之路。

福建的经济体制改革已经进行了 17 年，是从农村改革起步的。与全国其他地区一样，福建农村长期实行人民公社制度，这种不适合现阶段生产力水平的制度束缚了农民生产的积极性。农村改革以家庭联产承包责任制取代人民公社，打破了"大锅饭"，给农民以更多的自主权，极大地调动了农民生产的积极性，农业生产节节上升。1979—1983 年，福建 99.3% 的地方实行了联产承包责任制。随后，在这个基础上，实行双层经营，即家庭经营和集体经营双层体制，从而形成了长期坚持的农村经济体制。20 世纪 80 年代初福建乡镇企业崛起，开辟了农村发展的一条新路。乡镇企业吸收了大量农村劳动力，为农村剩余劳动力找到了出路；促进了农村三次产业的发展，有利于缩小城乡差别；加快了农村致富的步伐，使农民收入结构多元化；增加了农村积累和国家财政收入。

1984 年，经济体制改革由农村向城市推进，改革的重点转移到了城市。1984 年 5 月，福建省提出让"包"字进城，以增强国有工业企业活力为中心的经营承包责任制在全省城镇铺开，同时在价格、计划、财政和政府职能转换等方面进行了综合配套改革。

对外开放方面，20 世纪 80 年代初福建省提出"外向立省"的发展思路。党中央、国务院赋予福建、广东实施"特殊政策，灵活措施"，并批准厦门作为经济特区，使福建成为对外开放的前沿省份。随后，福建省委做出了大力发展外向型经济的决议，对发展外向型经济的基本方针、目标、布局、基地建设、吸引外资等方面做了全面的部署。至 1990 年，福建已形成经济特区、经济技术开发区、沿海开放城市、沿海开放区和台商投资区等。随后，福建又把对外开放引向内地，三明、南平、龙岩、福安、福鼎等山区市县列入了沿海经济开放区；湄洲岛、武夷山被批准为国家旅游度假区。国家批准集美为厦门台商投资区，批准建立福州融侨经济技术开发区，批准建立福州、厦门高新技术产业开发区，设立福州、厦门保税区和国家级外向型农业试验区，从而形成了多层次、多方位、多领域的全省对外开放格局。

1992 年以来，经济体制改革已进入整体推进、重点突破的阶段。中共十四大根据改革开放的实际情况和邓小平同志关于社会主义也可以搞市场经济的思想，特别是 1992 年年初邓小平同志南方谈话的精神，确定了建立社会主义市场经济体制的目标，并指明了途径，改变了高度集中的计划经济体制。这是我国经济体制改革在实践和理论上的重大突破，目的是使市场在国家的宏观调控下对资源配置起基础性作用，使经济活动遵循价值规律的要求，适应供求关系的变化。1994 年，福建按照国家的统一安排，认真实施了财政税收、金融、外汇外贸、价格和流通体制的改革，落实了分税制财政体制，加强了中央银行的调控功能和专业银行的服务职能，实施了汇率并轨，建立了外贸统一全额退税制度，调整了粮油等重要商品的价格。企业改革是经济改革的重点和基础。1994年开始，福建围绕建立现代企业制度，进行产权明晰、权责明确、政企分开、管理科学等工作，并对一些国有中小型企业实行租赁、拍卖、国有民营、股份制、兼并、破产等多种形式的试验；在农村，通过契约形式健全和完善了农村承包合同。

中国经济体制改革是和社会主义基本制度结合在一起的。改革开放以来，福建改变了单一公有制的所有制格局，克服了分配方面的平均主义倾向，逐步形成了以公有制为主体、多种经济成分共同发展的所有制结构。同时，形成了以按劳分配为主体，多种分配方式并存的分配结构，极大地调动了广大劳动人民和社会各方面的积极性。但是由于各种经济成分存在分配方式的差别、社会上投机行为屡禁不止、税收工作跟不上、财务会计工作不能适应经济发展形势的要求，以及监控难度大等原因，因而社会贫富差距比较明显。

——价格改革

价格改革是经济体制改革中关系国计民生的敏感性问题。首先，必须建立由市场形成商品价格的机制。多年来，在对不合理的价格体系进行改革、搞活流通、增加供应、方便群众生活、减轻国家价格补贴负担等方面已取得了一定的成效和经验，但也有深刻的教训，主要是价格改革步伐太大。价格改革初期，实行"放调结合，以放为主"的方针，提幅过高，提面较广。比如1988年9月全省零售物价总水平比上年同期上升36.1%，10月以后不得不进行物价严控和经济治理整顿。同时，存在价格改革与相关经济体制改革政策不配套、价格"双轨制"的弊端，以及价格法不完善等问题。

"八五"时期，在总结经验的基础上，注意健全价格形成机制和价格管理体制，充分运用计划和市场经济手段，该管的管住管好，该放的放开搞活。1992年年底，全省统一管理的商品价格政策性亏损已基本消除，价格结构性矛盾得到缓解。中共十四届三中全会以来，全省在努力抑制物价总水平过快上涨的前提下，积极稳妥地推进价格改革，基本上顺利地建立了价格体制。对关系国计民生的商品价格进行了部分调整，如：全面调整了粮食购销价格；对原油、成品油实行国家统一定价、两级计划分管的新体制，实现向新的流通体制平稳过渡；工业生产资料价格取消了"双轨制"，实行全面并轨，某些生产资料如水泥、钢材价格已全面放开，民用煤价格也在逐步放开。

1993年物价比上年上涨13.4%，是1988年、1989年以后又一次出现的两位数。1994年虽然国家采取了一系列控价措施，但由于固定资产投资惯性推动和需求拉动，以及连锁反应，市场物价在上一年高价位基础上继续攀升，全省各种商品零售价格比上年上涨23%，高于全国平均水平。其中，食品类价格上涨幅度最大，平均上涨33.9%。

——发展和完善商品市场体系

全省各类商品市场现已初具规模，逐步形成多层次、多渠道、多形式、多成分、多功能的市场网络结构。1994年年底，全省共拥有以批发为主的批发、零售、餐饮网点42.7万个，其中，日用百货批发市场4906个，农业生产资料批发市场3939个，城乡集市贸易市场1953个。全省城乡集市贸易成交额247.9亿元，年成交额超亿元的集贸市场有36个。几年来，福建积极发展、组建现代流通组织形式。不少商业企业在发展连锁商业方面率先进行了探索。在商品市场培育中，配送中心、产需间直达供货、代理制等形式也在酝酿中。1994年，福建加大扶持商办工业的力度，全年完成商办工业总产值22亿元，全年开发新品种近百种，对增加市场有效供给、繁荣市场和实现产供销一体化起了积极的作用。特别是全省副食品基地建设走出了新的一步，全年扶持基地生产资金达3300万元，安排周转金2891万元，银行生产贷款增加到4000万元。全省加强对副食品产销的调节力度，为政府调控市场提供了较强的物质基础。

——建立要素市场

（1）金融市场。1993、1994年两年，实行适度从紧的金融政策，加强金融市场管理，规范拆借行为，制定了《关于明确同业拆借的主体、拆借资金的来源与用途、拆借期限和利率》，指导各金融机构开展同业拆借业务。1994年，全省金融系统累计拆借资金364亿元（不含厦门），其中拆出资金160亿元，拆入资金204亿元。通过全省融资中心系统拆借的资金达213亿元，占金融系统拆借资金总额的58.3%。此外，全省积极拓宽融资领域，开展融资业务。1994年，省融资中心开办证券回收业务，以回购国库券的形式向非银行金融机构融资1亿元。全省证券经营机构随着证券事业的发展而迅速发展，截至 1994 年年底，经人民银行批准设立的证券经营机构有 71 家，分布于全省各经济发达城市。

（2）人才劳动力市场。1994 年 6 月召开的全省人才市场建设工作会议，总结交流了 1989 年以来全省人才流动和人才市场建设的经验。1994 年，全省各地人才市场的服务对象从"三资"企业扩大到乡镇企业、民办科研机构；服务内容从单纯的人才中介拓展到档案寄存、人事委托代理、出国政审、自费生推荐、培训等系列化服务，全省人才市场机构朝着网络化、多元化方向发展。1994 年年底，全省共有人才流动服务机构 134 家，其中人事部门所属的有 93 家，行业主管部门所属的有 23 家，高校毕业生就业指导机构 5 家。此外，也出现了一批民间人才流动服务机构。

（3）技术市场。福建技术市场出现于 20 世纪 80 年代。20 世纪 90 年代前期，随着技术贸易配套法规的出台，技术市场更加健康地发展。1994 年，省科委草拟了《福建省技术市场管理条例实施细则》，加强了各地技术市场的法制建设，规范了技术市场管理，促进了技术贸易机构的发展。截至 1994 年年底，全省已有各类技术贸易机构 2361 家。技术市场的交流与交易活动促进了技术成果的商品化、产业化、国际化。据不完全统计，1994 年全省共举办和组织参加的各种技术成果交流、交易会有 27 场，展示技术项目 12941 项，合同成交 1.22 亿元，加快了科技成果向生产力的转化。

——国有企业改革

社会主义市场经济以公有制为主体，以国有经济为主导。国有企业是公有制和国有经济的基础，这个基础打好了，主导作用才能充分发挥出来，公有制才能巩固，社会主义市场经济才能建立起来。福建国有工业企业总产值逐年增加，但在全省工业总产值中的比重相对下降。1985 年，全省国有工业企业 2848 家，总产值 93.85 亿元（按 1980 年不变价计算），占全省工业总产值的 56.77%；1990 年，国有工业企业 3059 家，总产值 145 亿元（同前），占 35.75%；1994 年为 2493 家，总产值 314.65 亿元（按 1990 年不变价计算），占 15.94%，但其实现的利税仍占全部独立核算企业的一半左右。全省独立核算国有工业企业产品销售收入 3656856 万元，实现利税 646864 万元，占全部独立核算工业企业产品销售收入的 33.36%，实现利税的 49.97%。

十多年来，国有企业改革从最初的经营承包责任制进入了以转换经营机制和建立现代企业制度（即"转机建制"）为主要内容，以促进产权合理流动为特点的新阶段。转换经营机制，增强了企业活力，为企业进入市场奠定了初步基础。现代企业制度是社会化大生产和市场经济的必然要求，是中国国有企业改革的方向。它的基本特征是产权明晰、权责明确、政企分开、管理科学。

福建在贯彻"转机建制"中，根据《全民所有制工业企业转换经营机制条例》（1992年6月30日国务院一〇六次常务会议通过，简称《转机条例》）、《国有企业财产监督管理条例》（国务院令第159号）和《企业法》《公司法》《劳动法》提出的目标、任务和途径，制订实施细则，规范行为。据调查，经过多年的实践，除《转机条例》中规定企业应享有的拒绝摊派权还未落实外，其他生产经营决策、产品劳务定价、产品销售、物资采购、进出口、投资决策、留有资金支配、资产处置、联营兼并、劳动用工、人事管理、工资奖金分配、内部机构设置等权利已基本落实或大部分落实。《国有企业财产监督管理条例》是《转机条例》的进一步完善和发展。1994年，这一条例贯彻实施的准备工作已启动。

目前，以加快企业产权制度改革为核心的各种改革不断深化。1994年，清产核资在全省初步展开；国有企业全面实施了劳动合同制；新创立股份有限公司13家（累计75家）、有限责任公司130家（累计437家）；各地市国有小型企业的产权制度改革比较活跃。全省已有150家工交企业、2663家内贸企业实行了国有民营。此外，全省有420家国有企业引进外资"嫁接"改造，21家资不抵债的企业依法实施破产，16家企业拍卖。1995年，福建省在深化改革工作中，大力加强试点，并已获得初步成效。

十多年来，国有企业经过放权让利、利改税、承包制、转换经营机制等改革，经营机制有所变化，管理体制有所加强，为福建经济发展做出了贡献。但是，随着外部条件的变化和不同经济成分之间的竞争加剧，国有企业面临着严峻的局面。突出的问题，一是企业亏损仍较严重。1990年亏损2.2亿元，亏损面为26.4%；1992年开始扭亏；1993年亏损1.07亿元，亏损面为11.5%；1994年全省乡以上独立核算工业企业亏损面仍达14.3%，亏损额1.01亿元，只比上年略有下降。二是技改后劲不足。1994年1—11月全省国有企业完成技改投资42.38亿元，比上年同期增长

27.23%，但比上年同期的增幅低59.8个百分点；技改投资占固定资产投资的比重仅为19.8%，比上年同期的水平还下降3.7个百分点。三是企业负债加重。全省国有企业资产负债率高达70%以上，超过国际公认的标准。据对全省60家国有大中型企业的调查，截至1994年上半年，这些企业"拨改贷"投资和基本建设贷款余额已高达48688万元，历年亏损挂账7941万元，呆账、坏账7243万元。四是人员负担过重。许多老企业在职职工与离退休人员比例已达3∶1，个别甚至高达1∶1。从调查的60家国有大中型企业看，共有富余人员8734人，占职工总数的12.8%。

　　——进出口贸易改革

　　对外开放以来，全省进行了各级外贸机构改革和体制改革，通过实行政企分开、下放经营权、扩大贸易渠道，使过去高度集中的外贸经营体制逐步向多层次的经营格局转变。1988年至1990年，在全省外贸企业中普遍推行承包经营责任制，实行商品经营权下放，冻结出口财政补贴，开始打破吃"大锅饭"的财务体制。1993年以来，福建着力引入市场机制，促进外贸企业经营机制转换，在全省各级各类外贸企业中全面推行承包经营责任制。1994年福建又对外汇留成制度进行改革，取消出口企业外汇上缴和额度管理，执行进出口贸易由银行结汇、售汇的制度。上述措施有效地调动了外贸企业扩大企业出口创汇和提高经济效益的积极性，促使外贸、外汇体制改革更加符合社会主义市场经济体制的要求和国际经济规范。1994年，全省按照市场经济的要求改革了出口计划体制，实行统一的外贸出口指导性计划，赋予外贸企业更大的自主经营权。

四、宏观调控：保持总量平衡与稳定

　　社会主义市场经济由于受各种因素的干扰，在其运行过程中经常会出现经济总量或内部结构的不平衡。对这种不平衡现象进行调节，便构成政府的宏观调控行为。因此，宏观调控的主要任务是：保持经济总量的基本平衡，促进经济结构的优化，引导国民经济持续、快速、健康发展，保持社会经济稳定，推动社会全面进步。充分发挥市场机制的作用和加强宏观调控，是建立社会主义市场经济体制的基本要求，二者缺一不可，不能把二者割裂甚至对立起来。中共十四届五中全会对市场机制和宏观调控的关系已经做了科学的论断，从而解决了长期以来认识上的问题。实践证明，微观经济越放开，市场化的进程越快，越要从宏观上进行有效的调控。从管理体制来说，宏观调控大权归中央，有关调控的目标、任务、政策由中央规定并领导各级政府实施。在中央统一领导下，要划分中央和省、直辖市、自治区在宏观调控中的事权和财权，发挥中央和地方两个积极性。省级政府宏观调控的职责主要是：坚决执行中央的调控决定；根据本省实际情况，在全省经济社会发展计划和各项调控任务之间进行协调；对实施调控中出现的情况和问题及时向中央报告，对属于省里解决的问题应及时予以解决；省级政府还要领导、监督、帮助地（市）、县（市）、镇（乡）政府贯彻实施中央和省的决定和措施。

福建实施宏观调控至今，可分两个阶段。第一阶段，从改革开放到1992年年底中共十四大召开，对传统的计划经济体制进行初步改革，实行计划经济与市场调节相结合、直接管理与间接管理相结合。1988年至1992年是改革开放、经济发展的重要时期。这个时期，福建紧紧抓住经济建设这个中心，加大宏观调控力度，推动了国民经济从从紧运行、稳定回升到加快发展；认真贯彻执行中央关于治理整顿、深化改革的方针，及时开展治理经济环境、整顿经济秩序的活动；同时积极开拓两个市场，克服市场疲软带来的困难，促使国民经济从1991年开始平稳回升，1992年又转入加快发展阶段。5年中，福建抓住作为综合改革试验省份的有利条件，深化农村改革、企业改革，配套推进计划、投资、物资、外贸、金融、财政、价格和土地使用等方面的改革，培育和完善各类生产要素市场。1992年，在扩大财源的基础上，福建认真抓好增收节支工作，全省财政收支平衡。

1992年中共十四大提出建立社会主义市场经济体制目标后，宏观调控随即转入第二阶段。1993年到1995年，福建积极执行中央关于宏观调控的各项决定，运用金融、财政、税收等手段进行干预，同时，加强对市场的管理，对国民经济正常运转产生了积极的效果。

——金融调控

在市场经济条件下，国民经济各部门间的实物活动体现为货币资金的流动，它反映了经济资源的配置和使用。因此，政府对市场经济的调控，必然要通过货币金融调节手段去运作。政府的金融调控是通过中央银行的活动来实现的，它的任务是保证物价稳定，防止通货膨胀，推动经济增长，实现国际收支平衡。

1998年，储蓄存款经历了大起大落的波动过程，上半年全省储蓄存款比上年同期增幅下降14.4个百分点。原因是："集资热""股票热""房地产开发热"等方面的影响；农村金融秩序混乱；通货膨胀压力增大，储蓄分流严重。1993年7月，中央召开全国金融工作会议，遏制了社会上乱集资的势头，加上两次提高利率，全省扭转了存款下滑的势头，下半年增幅为16%。1994年全省各项存款大幅增长，年末各项存款余额1117.97亿元，比上年末增加293.59亿元，增长35.6%，其中城乡储蓄存款余额558.97亿元，比上年末增长41.8%，储蓄额增幅超过当年经济增长和居民收入的增幅。这是全国金融工作会议以后，加大调控力度的初步成果。但是，这一年全省高通货膨胀势头还未得到扭转，高储蓄和高通胀并存。

1992年下半年至1993年上半年，资金明显高投放，仅1993年上半年，全省累计净投放资金就达19.22亿元，比高通胀的1988年同期还多投15.21亿元，给市场带来了很大压力。7月以后，银行采取措施，严格控制现金支出，高投放势头减弱；下半年比上年同期少投放28.98亿元，净回笼货币3.31亿元。但是，1994年，全省现金收支总量又猛增，现金总收入2527.68亿元，比上年增长41.7%；现金总支出2567.53亿元，比上年增长42.6%；年末全省累计投放现金39.85亿元，比上年多投放23.95亿元。这是新中国成立以来全省资金投放最多的一年。其原因一方面是经济总量增长和经济生活货币化程度加剧；另一方面是商品销售回笼能力减弱，约少回笼现金107.55亿元。

1993下半年到1995年，是国家进行金融宏观调控的重要时期。从福建的调控过程看，现金投放出现阶段性失控，这一方面说明调控的力度不够，金融体制改革尚需深化；另一方面，也说明要想充分发挥金融宏观调控的作用，其难度还很大。所以，进一步探索由计划经济向市场经济转变的规律，加强金融宏观调控的力度，加快由政策性银行向商业银行的转变，在当前显得十分紧迫。

——财政税收调控

财税调控的任务是运用预算和税收手段，调节本省的经济活动，着重调节经济结构和社会分配，充分运用地方资源，促进本省经济和社会的发展。1993 年，福建财政收入 110.58 亿元，完成年度预算的 136.9%；财政支出 113.88 亿元，完成年度预算的 141.4%。1994 年，全省财政总收入 147.55 亿元，完成预算的 125.0%。在总收入中，地方级收入 91.51 亿元，中央级"两税"收入完成了中央下达的任务。上述地方级收入加上中央体制返还和补助，总财力 139.6 亿元。全省财政支出 138.11 亿元，完成预算的 119.6%。财政收支的平衡保证了财税改革的顺利实施，稳定了国民经济的重要结构，促进了经济社会发展计划的实现。

福建在财政支出中还注意调整支出结构。1993 年，福建制定和实施财政支农的"653"计划，重点支持了农田水利工程的兴建、江海堤防的维修、农业社会化服务体系的建设、农业科研技术的推广应用和乡镇企业的发展。1994 年，福建组织实施财政支农"131"计划，并重点支持了粮食生产和副食品基地建设，帮助灾区恢复生产，重建家园。在基本建设投资方面，针对 1992 年掀起的新一轮的投资潮所形成的迅猛增长势头，1994 年福建采取保证重点工程的措施，省财政安排预算内基建拨款 3.48 亿元，还专项拨付近 2 亿元资金用于"先行工程"贷款贴息、长乐国际机场和高速公路建设，从而对优化产业结构、抑制基本建设过快增长的势头起到了积极的作用。但是，1993 年的基建投资在 1992 年比 1991 年增长 47.1% 的基础上又增长 79.3%。投资的推动力主要来源于自筹资金与银行贷款。1994 年，全省国有单位基建投资虽有回落，但仍比上年增长 49.4%。

新税制在调节分配方面起了积极作用。一是突出抓好增值税专用发票管理，强化税收征管，查处了制售假发票的非法行为，没收了非法所得，严格对纳税人的管理，查偷堵漏，保证了政府税收。二是通过新的地方税的实施，基本理顺了国家与企业的分配关系，有利于企业转换机制；平衡了各类企业的税负，有利于公平竞争和统一市场的形成。三是通过征收个人所得税调节了个人收入悬殊太大的问题。这一年，福建省个人所得税收入居全国第 6 位。

——物价调控

社会主义条件下的市场经济以公有制为主体，我国又是发展中国家，是在发育不成熟的市场经济条件下发展的，对各微观经济主体和地区各部门的投资主体的风险约束机制不健全，企业、地区和部门对投资扩张的冲动不能得到有力的约束，对运营资产的增值也不负充分责任，因而容易产生宏观经济的不平衡。在发育不成熟的市场经济下，政府的宏观调控手段往往难以解决深层机制因素的阻挠，因此更多地带有行政直接干预的色彩。

1993—1994 年是通货膨胀较为严重的时期，国家对此给予了高度的重视，把治理通货膨胀作为经济工作中的大事来抓。1993 年 7 月，全国金融工作会议召开，整顿金融秩序，控制货币供应量，实行适度从紧的货币政策，加强资金市场管理。福建省为实施宏观调控，一方面坚决贯彻全国金融工作会议精神，发出《关于严格控制财政支出和信贷、货币投放，稳定市场物价的紧急通知》；另一方面，为加强物价管理，发出《关于切实做好物价工作的通知》，建立各级政府物价控制目标责任制，加强市场物价监测、反馈和预警工作，强化价格和收费的管理，协调有关部门做好副食品供应和粮食储备工作。经过共同努力，全省物价总水平过快上涨的势头得到了一定程度的抑制。但是，1994 年，虽然福建各级政府在物价方面做了很大努力，但高通胀的惯性滑行仍难停住，商品零售物价总指数在 1993 年增长 13.4% 的基础上，仍达 22.7%，大大超过了年初预定的控制目标。

物价涨幅大，是多种因素交错形成的。从福建 1994 年的情况看，主要是：连续几年固定资产投资过热和消费基金增长过快；1993 年出台的调价项目较多，影响价格的改革措施也较多；农业受灾严重，农副产品供应偏紧，引起总供求的矛盾，食品类价格上升 31.4%；流通体制不完善，乱涨价、乱收费比较普遍。1995 年，全国各地把控制物价作为宏观调控的首要任务来抓。福建主要抓了三件事：一是严控固定资产投资规模；二是增加农副产品有效供应；三是尽量不出台提价措施。经过艰苦的运作，1995 年全省社会商品零售价格涨幅为 14.4%，控制在了 15% 以内。

——固定资产投资调控

改革开放以来，全省基本建设投资取得了重大成就，大大增强了生产能力，产业结构得到调整，基础设施不断加强。全省"六五"期间累计完成投资 73.01 亿元；"七五"累计完成 430.43 亿元；"八五"累计 1918 亿元，是"七五"的 4.5 倍。存在的主要问题是：投资规模偏大，超概算情况比较普遍，建设资金筹措困难，投资周期阶段性起伏，过度的投资加大了供需矛盾，不时诱发通货膨胀。政府在控制固定资产投资中采取了计划安排与间接调控相结合的措施。一方面，应控制建设项目；另一方面，应通过金融手段控制建设资金。1993 年以来，后者的作用尤其显著。实行宏观调控后，重点项目受到较大影响（计划下调 20%），投资增幅仅 48.9%，一般项目仍高达 90.8%。同时，投资效益有所好转，固定资产交付使用率与房屋竣工率分别比 1992 年提高 10.4 个百分点和 4.4 个百分点。但是，建设资金缺口严重，重点建设资金到位不理想，企业技改投资呈萎缩之势，长此以往，势必影响产业结构升级。而且从总体上看，投资体制改革成效不大，法人投资责任制和资本金制度还难以实施，技改投资萎缩。因此，宏观调控如何走出两难境地，已成为又一个迫切需要回答的问题。

一段时期以来，全国和全省的宏观调控措施对经济稳定发展起了重要的调节保障作用。保持经济稳定发展的重要目标，主要是不要出现严重的通货膨胀。通货膨胀主要是总量失衡（总需求超过总供给过多）引发物价全面上涨的结果。因此，治理通货膨胀就要调整总量失调，增加供给，紧缩银根，以保持经济秩序稳定。

实践证明，经济稳定发展有利于资源在市场导向下进行合理的配置。在价格相对稳定的市场环境中，各种资源的稀缺情况能够较清楚地反映出来，有利于投资者、经营者获得比较准确的信号，使资源得到合理、有效的配置。

经济稳定发展有助于使居高的利率下降，从而使投资者着重于实业投资，并通过技术进步提高劳动生产率，降低成本；提高各种生产要素使用效率，改善经营，加强管理；提高产品质量和市场占有率，在平等竞争中居于主动地位，从而有力地推动经济增长方式的转变。

经济稳定发展有利于保持社会稳定。经济稳定，城乡居民生活可免受物价大幅上涨的威胁，实际生活水平随着收入增加而提高；城乡就业形势趋好，失业率控制在一定范围内；社会经济秩序不断改善，投机违法行为难以逃脱法网。

经济稳定发展为经济体制的根本转变提供了良好的基础条件。在生产良性循环的条件下，企业能够在运行中寻找到要素、产量、成本合理组合的交叉点，实现盈利目标，为转机建制提供良好条件。在各类企业处于正常运行的情况下，市场体系的各种结构才能逐步形成，才能发挥市场机制的作用，社会主义市场经济新体制才能最终形成。

宏观调控有效地实现了总量平衡与稳定，但是，这仅仅是阶段性目标的实现，它离国家和全省制定的五年宏观调控目标还有一定差距，全省仍然任重而道远。当务之急是要把通货膨胀率降到经济增长率之下，加快经济体制改革的步伐，促进经济增长方式的转变。从长远看，宏观调控作为政府在市场经济下对经济生活实行干预的一种手段，仍将得到逐步完善和强化，以尽量减小经济波动的幅度，实现经济持续、快速、健康的发展。

参考文献

① 江泽民：《加快改革开放和现代化建设步伐夺取有中国特色社会主义事业的更大胜利》(1992 年 10 月 12 日在中国共产党第十四次全国代表大会上的报告)。

②《中共中央关于建立社会主义市场经济体制若干问题的决定》(1993 年 11 月 14 日中国共产党第十四届中央委员会第三次全体会议通过)。

③《中华人民共和国国民经济和社会发展"九五"计划和 2010 年远景目标纲要》(1996 年 3 月 17 日第八届全国人民代表大会第四次会议批准)。

④《福建省国民经济和社会发展"九五"计划和 2010 年远景目标纲要》(1996 年 4 月 10 日福建省第八届人民代表大会第四次会议批准)。

⑤《福建统计年鉴 (1995)》，中国统计出版社，1995 年。

⑥《福建经济年鉴 (1994)》，福建人民出版社，1994 年。

⑦《福建年鉴 (1995)》，福建人民出版社，1995 年。

(原载于魏世恩、［日］石川祐三主编：《经济转轨与区域发展：福建经济发展研究》，厦门大学出版社，1998 年，第 1－26 页)

构建区域开发新格局

地域分工理论认为，社会生产的专业化发展在空间上表现为地区专门化，导致了地域分工。经济区的出现，就是随着社会生产专业化的高度发展而形成的地域分工的必然结果。20世纪90年代初期，福建省提出了加快闽东南地区发展来带动全省经济发展的问题，90年代中期，又提出了建立台湾海峡西岸经济繁荣带的问题，这就把福建地域分工提到了一个新的高度。从本质上看，以上两个问题的提出，反映了福建在计划经济体制向市场经济体制的转变中，正在推动社会主义市场经济向专门化方向发展。本文立足于上述认识，论证了海峡西岸经济繁荣带的出现构建了福建区域开发新格局；讨论了这个经济繁荣带的范围、功能和发展思路；认为它的基本构架是以闽东南地区为主，带动闽东北、闽西北两个合作区，以及闽浙赣、闽赣粤两个三边协作区。

一、经济区划分与生产力布局

（一）经济区划分原则

经济区划分是从国情和区情出发，根据社会主义市场经济规律和社会劳动地域分工的规律，对全国和各地区进行科学地划分，揭明各地区发展的有利条件和制约因素，提出各经济区专业发展的方向和产业结构的特点，为各地区经济建设和社会进步服务。

地域分工理论是经济区划分的理论基础。马克思主义地域分工理论认为，社会生产的专业化发展在空间上表现为地区专门化，导致了地域分工。这种分工，把一定的生产部门配置在国家的一定地区内。区域比较利益、比较优势是多种因素综合作用的结果。但是各地区的各种因素能否得到合理利用、取得综合优势，关键取决于社会生产方式。同时，各地区的生产要素禀赋不是一成不变的，而是动态变化的。

经济区划分的原则有如下几条：

1. 国家经济的全局性和地区经济的特殊性相结合。中国是一个以公有制为主体的社会主义市场经济的国家，必须维护全国的经济体制、市场体系和生产合理配置的格局。在全国统一的前提下，要照顾各个地区的经济利益。各地区要根据自己的优势发展经济，但不能形成封闭的独立的经济系统。

2. 国内劳动地域分工与国际分工相结合。当今世界，经济国际化、集团化、区域化已成为发展趋势。中国应更加面向世界开放，促进国内经济与世界经济的接轨，参与国际市场竞争，承担国际分工，引进资金、技术和国内短缺的原材料；加强与周边国家的合作，积极建立跨国的区域经济体系；推动各地区特别是沿海地区发展外向型经济，与国际市场接轨。

3. 区域专业化分工和综合发展相结合。一方面，为了增强各地区在国内外市场中的竞争力，提高各地区的经济效益，必须发挥各地区的经济和自然资源优势，使各地区形成各具特色的专业化生产部门，建成支柱产业和主导产业；另一方面，为了支持专业化生产的持续发展，需要建立与其相适应的系统，如能源供应、运输条件和销售网络的保证，以及专业化后与生产部门的配合等，以提高其综合经济效益。

4. 经济与社会、环境协调发展。经济建设与社会进步是国家的基本任务。经济建设是社会进步的基础，社会进步是经济建设的重要目标和保证。随着经济建设的进展，应当更加注意把社会进步放在重要的战略位置上，努力实现经济与社会相互协调和可持续发展。中国是人均资源相对不足的国家，由于人口众多和经济快速增长，加上技术与管理比较落后，自然资源开发强度增大，资源浪费和环境恶化日益加剧，因此，在经济区划分中必须高度重视保护资源和环境问题。

5. 协调解决地区间发展差距问题。十多年来，我国各个地区的经济都有很大发展，但由于各地区发展的起点和条件不同，导致出现了地区间或地区内发展差距问题。今后，一方面要让有条件的地方继续发挥优势，快速前进；另一方面，要支持不发达地区的开发。因此，除了从财政、价格等方面采取措施外，还要调整加工工业的地区布局，引导资源加工型和劳动密集型的产业向不发达地区转移，同时加强发达与不发达地区的经济联合与合作。

6. 经济区要有依托，要按照社会主义市场经济规律和经济的内在联系，以及地理上的特点，突破行政区划界限，在已有的经济区布局的基础上，依托中心城市和交通要道，进一步形成若干跨省（市、自治区）的经济区域。

（二）经济区划分类型

新中国成立后，在地区经济方面划分了六大经济协作区，但当时高度集中的计划管理体制，条条块块分割严重，阻碍了地区间的分工协作，导致地区结构雷同，各地区经济优势难以发挥。20 世纪 70 年代末改革开放以后，商品经济迅猛发展，各地区纷纷要求搞好地区协作和横向联系。特别是由于存在对外开放度和条件的差别，因此地区间发展不平衡的状况愈来愈明显。为此，国家需要制定宏观的地区经济发展战略，加强对地区经济的引导。20 世纪 80 年代以来，有关方面就我国经济区的划分，提出了经济带、综合经济区、经济类型区的划分方法。

经济带是大范围的经济分布的概括，主要是根据基本条件与潜力、现有生产力发展水平、地理位置特点，适当考虑现行行政区划的完整性来划分的。我国在"七五"（1986—1990 年）规划中，提出了在地域经济发展次序上，由沿海逐步向内陆地和边区扩展的发展战略。全国划分为东部、中部、西部三个地带，目的是使总体经济发展速度加快一些，并逐步缩小东西之间的经济差距。综合经济区的划分，是指以区内经济结构的非同一性，即差异互补和相互联系为前提，在全国宏观经济战略布局中，形成相对完整的经济结构和体系。经济类型区是根据区内的同一性和区划指标，划分各种类型区，如原料区、加工区、出口加工区、重点开发区等。

我国综合经济区是在三大地带划分的基础上，根据各地区的资源条件、经济结构特征和经济联系来划分的。要明确各经济区专业化发展的方向、产业结构的特点和在全国劳动地域分工中所起的作用。20 世纪 80 年代以来，全国大致形成了若干一级综合经济区，但某些经济区的范围尚未界定，有些省区的归属尚待讨论。"七五"时期，国家编制了《全国国土总体规划纲要》，在三大地带下面又划分了 19 个重点建设区块，实际属于经济类型区，但覆盖面太小，在全国总体布局体系中缺乏一个高一层次的综合经济区将其衔接起来。1995 年 10 月中共十四届五中全会关于"九五"规划和 2010 年远景目标的建议中，提出按照市场经济规律、经济内在联系及地理自然特点，突破行政区界，在已有经济布局的基础上，以中心城市和交通要道为依托，进一步形成若干个跨省（区、市）的经济区域，包括：

（1）以上海为龙头的长江三角洲及沿江地区经济带；

（2）以珠江三角洲和闽东南地区为主的东南沿海经济区；

（3）以辽东半岛、山东半岛、京津冀为主的环渤海经济圈；

（4）以亚欧大陆桥为纽带的经济带；

（5）以京九铁路大干线为纽带的经济带；

（6）以东北、西南、西北等地区老工业基地和粮食、棉花、煤炭、石油等资源富集地区为依托，形成若干重点产业区。

上述新的经济区划，较之过去的区划有以下特点：一是综合经济区划与经济类型区划并提，如在东北、西南、西北经济区范围内划分重点产业区，这是根据区内的同一性和区际差异性的原则来划分的，这样便于国家在制定区域经济政策时实行分类指导；二是突出交通大干线和流域所形成的产业带，如长江流域产业带、亚欧大陆桥产业带、京九铁路产业带；三是在沿海地区继续加强区域的综合功能，如环渤海经济圈、东南沿海经济区等的划分；四是把综合经济区和经济带联系起来，如长江三角洲经济区和长江上中下游经济带；五是不再呆板地按照先划带再划区的层次划分，而是带、区、圈并提，这样更加符合实际。

二、海峡西岸经济繁荣带：东南沿海经济发展的战略抉择

经济区的构建是一个十分复杂的问题，必须综合研究：区域自然条件、国土资源的差异性；地理位置、产品销售市场和产地间的距离与运输条件；技术水平对经济增长影响的地区差异；历史上长期发展所形成的区域经济联系；民族、种族、政治等因素。

对福建省来说，现实的情况是，国家已提出把福建划入以珠江三角洲和闽东南地区为主的华南沿海经济区，因此，我们面临的问题是如何构建华南经济区东部以闽东南地区为主的福建省及其周边经济地带，即台湾海

峡西岸经济繁荣带。

（一）构建海峡西岸经济繁荣带符合经济区域化的趋势

建立东西互动、承南接北的台湾海峡西岸经济区，是我国经济区域化的要求，也是福建经济跨世纪发展的需要。经济区域化及区域间的联合协作是一种历史趋势。20 世纪 80 年代以来，我国区域经济新格局的形成，是经济体制改革不断深化、对外开放逐步扩大、地区之间加强联合、相互依存关系不断增强的必然结果。随着经济市场化、国际化的推进，必须加强区域间的联合与协作，大力提升经济的整体实力和综合素质，提高国际竞争能力。

1. 区位优势：经济繁荣带定位的前提

——福建位于台湾海峡西岸，考古资料证明，很早以前，台湾岛和福建部分地方相连，后来随着连接处的下沉而形成海峡，但是，两岸往来从未间断，海峡两岸已经构成一个区域经济活动空间。两地人缘相亲，约80%的台胞祖籍在福建；地缘相近，福建与台湾岛一水之隔；资源互补，相互依存。特别是改革开放以来，两省地域劳动分工的特征愈来愈明显。因此，研究福建的区域地位，离不开海峡两岸。

——福建是长江三角洲—珠江三角洲的陆域连接带，台湾海峡是两个三角洲之间的黄金水道。从沿海地区看，经济发展最快、经济实力最强的当数长江三角洲和珠江三角洲。如何实现两个三角洲之间的区域联合协作、优势互补、互利互惠，不仅关系到两个三角洲的发展，而且关系到我国跨世纪蓝图的实现。加强两个三角洲的经济联系，不仅可使两地经济协调发展、资源互补互益，而且可将两地的先进经济技术向福建空间转移，加快福建经济发展，提高福建技术水平。

——福建位于大陆东南一隅，在我国东西南北四组海上航线中，通往东南亚、大洋洲的南行线，以厦门港为起点，里程较短；通往南亚、非洲、欧洲的西行线，从厦门港出发，行至新加坡再折向西行，里程也较短。湄洲湾港将成为国际中转港口之一。便捷的海洋通道，为福建与世界各地的联系提供了有利的条件。

2. 经济发展：经济带地域劳动分工的结果

——福建是全国最早开放的省份之一，也是全国综合改革试点省份之一，多年来一直是我国对外开放的窗口和基地之一。福建在外华侨、华人

810 万人，分布于世界各地，东南亚是福建华侨聚居的地区，港澳地区有80 多万福建人士。改革开放以来，华侨、华人、港澳同胞对桑梓建设起了重大的作用，今后侨资、侨汇、侨技也仍是重要的建设力量。

——改革开放之后，福建省在邓小平同志建设有中国特色社会主义理论的指引下，经济快速发展，人民安居乐业。福建省经济总量在 1987 年提前 3 年实现第一个翻番之后，1993 年又提前 7 年实现了经济总量的第 2 个翻番。福建省经济总量在全国的排位由 1978 年的第 23 位上升到 1994 年的第 12 位；人均国内生产总值在全国的位次上升到第 8 位。根据全国各省、市、自治区社会经济 40 个指标综合加权评分，福建的综合水平已居全国第 10 位。

——新中国成立后，尤其改革开放以后，福建形成了以轻工业为主体和具有一定规模的重化工业的工业体系。福建省"九五"规划（讨论稿）根据支柱产业应具备的条件，及其与国家支柱产业相衔接的要求和福建省情，初步确定石油化工、机械电子、建材、林产品加工、水产品加工等为工业支柱产业。李鹏总理指出福建要把石化工业作为振兴福建经济的龙头。目前，福建炼油厂已投产 3 年多，45 万吨乙烯项目也在中央审批中。这些支柱产业中某些产业虽然目前尚未形成较大规模，但已有一定基础，它们对国民经济其他部门发展的前向和后向牵动效应大。从产业地域分工要求看：第一，现阶段，我国"九五"计划明确提出电子、机械、石化、建筑为支柱产业，福建所确定的支柱产业，一方面主要是根据省情决定的，符合全省国民经济发展的需要；另一方面福建所确定的支柱产业也是全国支柱产业的有机组成部分。福建的主要支柱产业是国家支柱产业在福建的分布，如福建炼油厂是国家石油总公司和福建省合办的。第二，福建支柱产业所需的原材料除了本省能够提供的以外，还要依靠从省外调（购）进，如石油、焦炭、钢材等；而全国其他地区所需的原材料，如水泥、高岭土、竹木等可从福建购进。第三，福建支柱产业的技术水平还需大力提高，企业的粗放型增长方式今后必须向集约型转变。企业需要从省外引进先进技术和管理方法，同时，福建的电子、信息等企业的技术水平较高，可向省外传递。

——市场是联结产业关系的纽带。省内省外互为市场，互利互惠，内外关系十分密切，不仅工业产品，农业产品也是如此。20 世纪 90 年代初，福建对省外的国内商业商品购进总额，超过对省外的国内商业商品销售总额，反映出福建对省外部分物资的依靠性；在全省的国内纯购进总额中，工业品约占 3/4，农副产品约占 1/4，反映出福建对外省工业品的需求大于对农产品的需求。

3. 对外经贸：经济带的国际分工基础

——从国际分工看，历经 17 年的开放，福建已形成全方位、多层次、广渠道的开放格局，福建经济和国际经济紧密地联系在了一起。1979—1994 年，外商在福建实际投资金额累计 97 亿美元，如加上国外贷款，福建实际利用外资 105 亿美元，累计批准外商投资企业 15823 家。外商（国家、地区）到福建投资只要满足某些特定的条件，就能在一定时期内获得比较廉价的原料、燃料和劳动力，并能得到必要的基础设施。大体说来，外商单个企业的布局指向有运输指向、劳动力指向、廉价电力指向、港口指向、水质指向等。在众多指向综合比较中，布局最优区位于引力合力最大的一个指向上，即能达到成本最低、效益最大的目标。十多年中，在福建投资的国家和地区有 48 个，说明福建在国际（区际）社会劳动分工中已经承担了一定的分工，除了能够满足廉价劳动力和便捷的港口运输条件外，也能满足某些新技术产业所需要的其他条件。

福建 1994 年进出口总额 133.3671 亿美元，出口总额 82.3492 亿美元，居全国第 3 位，其中工业品占 88.8%，农副产品占 11.2%，外贸出口依存度达 42.39/6；进口总额 51.0179 亿美元，其中生产资料占大多数，生活资料占少数，说明福建市场和国际（区际）市场已有广泛的交换，彼此产生了相互依赖性。因此，福建可以动态地从比较优势转移的分析中，运用比较优势的原理确定自己的优势产业，争取在国际分工和交换中处于更加有利的地位。

4. 中心城市：经济带的核心

——城市的经济吸引是地域形成的强大因素。所谓经济吸引，即城市中心和周围地区之间的以劳动分工为基础的紧密的经济联系。一定意义上说，这种经济吸引中心的形成程度，就是一个地区成熟程度的标志。福建已经出现厦门和福州两个具有较大经济吸引力的城市。厦门是我国的经济特区，是东南沿海重要的国际性港口城市，港口自然条件优越，海岸线154 公里，可供建设万吨级的深水泊位 30 多个。厦门不仅是闽东南地区的中心城市，而且是全国对外开放窗口之一，是重要的对外贸易口岸、交通枢纽、金融中心、经济中心、文化中心。随着厦门经济特区范围的不断扩大和自由港某些政策的实施，对外经济技术交流与合作，以及对外经贸合作将获得更大进展。

福州是福建的省会，是福建省的政治中心、文化中心。1994 年，全市国内生产总值（按当年价格计算）为 194.9438 亿元，居民人均消费收入为 4080 元。建设以福州为中心的闽江口经济圈是福州市外向型经济发展的战略核心和主体。整个经济圈面积约 1.2 万平方公里，人口 562 万。总体构想是：以福州经济技术开发区为前导，以老市区为依托，以沿海县（市）区为南北翼，以山区县为后卫，以闽江流域和闽东北为腹地的全方位多层次对外开放格局；到 20 世纪末，建成各类外商投资区和加工区协调发展、城市化水平较高、经济发达的现代经济成长区；把福州建设成商贸金融中心、科技信息中心和闽台经贸交流中心，充分发挥福州作为中心城市辐射闽东北、带动全省的功能。

（二）经济繁荣带的范围与功能

海峡西岸经济区具体是指：浙江境内浙赣线西段以东，江西省内京九线南段以东，北起温州，南至汕头，西至江西抚州、赣州，东临台湾海峡的广大地区，包括福建全省，浙江的温州、丽水、衢州，江西的上饶、鹰潭、抚州、赣州、吉安，广东的梅州、揭阳、潮州、汕头等地市，包括 20 个地市行政区划单位。本经济区土地面积 27 万多平方公里，人口 7900 多万人，1994 年国内生产总值近 2980 亿元。

世纪之交，从总体看本经济区处于一个比较有利的环境中，但是，经济区发展的机遇与挑战并存，希望与困难同在。本区是著名侨乡，邻近台港澳地区和东南亚，在引进外资和开展对外经贸合作与科技文化交流上，有诸多方面的独特优势。中央把广东、福建最早列为对外开放地区，把深圳、珠海、汕头、厦门和海南省列为经济特区。党的十四大把闽东南确定为全国加快开放开发的重点地区之一，十四届五中全会又把闽东南列入东南沿海经济区中两个主要地区之一。大京九铁路的接轨、浙赣复线的竣工，都为本区的发展创造了良好的环境和条件。今后要强化西岸经济区内在的资本经营功能、枢纽营运功能等，将经济区建成为立足海峡西岸、面向台港澳地区和东南亚、服务全国、走向世界的中国东南沿海经济繁荣的区域。

发展经济功能——新中国成立后，国家在福建的投资偏少，使得福建经济基础薄弱，技术水平不高，虽经近十多年来的发展，经济迈开了步子，但经济总量不够大，与沿海诸经济强省相比有较大差距。从发展看，要保持持续、快速发展态势，必须牢固树立社会主义市场经济观念，以提高经济效益为目的，把一切经济活动纳入市场经营的轨道。党中央关于两个"转变"的英明决策，最终目的也就是通过"建制转型"获得较好的经济效益，实现社会主义经济的大发展。因此，提高效益是农业、加工业、第三产业的共同战略。各个产业实施了这个战略，才能形成区域经济发展的总体功能。

交流合作功能——对台工作是全国性的战略，福建在对台关系中处于重要的战略地位。福建除了要成为双边合作试验地区、两岸直通先行区、两地科技交流的桥梁外，还要做好"一国两制"前沿地区的试验工作。可考虑将厦门特区或闽东南地区作为前沿试验区的范围。要根据"一国两制"的基本要求和实际情况，设计总体模式。经济特区要适应"一国两制"的要求，深化和拓展特区的试验功能。应以中华人民共和国相关体制、法规、路线、政策为依据，策划两岸关系战略，制订相关的地方法规。

枢纽营运功能——海峡西岸经济繁荣带的建立，须通过闽浙赣、闽赣粤三边边区接纳来自长江、珠江两个三角洲的辐射。经济区对两个三角洲来说是一个走廊，但从两个三角洲来看，西岸经济区又是一个枢纽。福建铁路在江西与京九线的接轨，将促进福建与华中、西南的贯通，成为华中、华南物资出海口之一。湄洲湾港水深港阔，可建30万吨泊位，已被选为我国四大国际中转港之一。湄洲湾港位于上海港与广州港之间，东临台湾岛，南至东南亚，经新加坡折西，可达非、欧。

（三）跨世纪发展思路

福建省国民经济和社会发展的主要奋斗目标是：到2000年，全面完成现代化建设的第二步战略部署——1996年实现国民生产总值比1980年翻三番，2000年人均国民生产总值比1980年翻三番，人民生活达到小康水平；到2010年，全省国民生产总值比1996年再翻两番，形成较完善的社会主义市场经济体制，人民的小康生活更加富裕，部分地区实现现代化；

到新中国成立 100 周年时，人民生活达到或超过当时中等收入国家和地区的水平，提前实现现代化。海峡西岸经济繁荣带跨世纪的发展战略，要在邓小平同志有中国特色社会主义理论和党的基本路线指引下，根据全省发展目标的要求，深化改革，扩大开放，结合本经济区的实际，提出自己的发展道路。

1. 实现经济体制和增长方式的两个转变

坚决实行中共中央十四届五中全会《中共中央关于制定国民经济和社会发展"九五"计划和 2010 年远景目标的建议》中提出的经济体制和增长方式两个转变，是达到 2010 年奋斗目标的关键。1978 年以来，福建国民收入绝对量不断增加，但国民收入占社会总产值的比重却下降，1981 至 1993 年下降 10 个百分点以上。国民经济增长主要靠资金和劳动的投入，科技含量不高，如不实现从粗放型向集约型增长方式的转变，"九五"计划和 2010 年远景奋斗目标就难以实现。同时，还要实行由计划体制向市场经济体制的转变，以适应生产的发展。因此，要加大改革力度，形成有利于节约资源、降低消耗、增加效益的企业经营机制，有利于自主创新的技术进步机制，有利于市场公平竞争和资源优化配置的经济运行机制。

2. 产业重组：优化产业结构

区域经济高级化要求产业结构进一步调整和优化，保持国民经济持续、快速、健康的发展。首先，应把农业放在发展国民经济的首位加以扶持，实现农业现代化。全省农产品供应总量不能减少，良田面积不能减少。产业升级已是必然趋势。福建已提出以石油化工、机械电子、建筑建材、林产业、水产业为支柱产业，并将培育海洋、信息、生物技术、环保、新型材料等跨世纪支柱产业。上述某些支柱产业还只是雏形，尚未发育壮大，因此，对目前占总产值比重较大的某些轻纺工业还要继续加以发展，防止出现空档现象。要大力发展第三产业，加大第三产业在国民经济中的比重。社会主义市场经济为资源合理配置建立了基础，既体现于空间，也体现于各个产业和企业之中。针对国际经济与周边经济的变化，也要从产业方面与之衔接。

3. 积极拓展空间

要在区域间进行极化扩展。极化指培育经济增长极，以提高经济辐射力。扩展是扩大开放，形成更大的开放领域并提高开放层次。开发海洋是拓展空间的重要内容。人多地少、粮食紧缺是我们面临的难题。福建海域面积 13.6 万平方公里,海洋经济将是国民经济的重要组成部分。海洋经济由临海港口经济和海洋产业组成,后者包括滩涂养殖、海洋渔业、海上运输、海洋化工、盐化工、海洋能源、海上运输、海上旅游等。海洋产业也要培植支柱产业,可将资源丰富、关联度强、与国计民生关系密切、发展前途广阔的海水产业和海上运输业作为首选的支柱产业。

4. 协调山区和沿海的发展

福建省山区与沿海地区的关系是省内自然区域间的基本格局。改革开放以来,沿海依靠台、侨、海、政策和区位优势,增长速度加快,与山区拉开了距离。1986—1993 年,福建沿海地区国民生产总值和财政收入年均分别递增 21.2% 和 23.7%,分别高于山区 5.8 个和 7.7 个百分点;人均国民生产总值由 1986 年的 741.1 元上升到 1993 年的 3890 元,7 年时间与山区差距拉开 29.6 个百分点。对此趋势应予以充分重视。要通过优势互补、资源互利形成各有特色的产业布局。山区应充分利用闽东南沿海和铁路沿线的经济技术条件,因地制宜,以科技为先导,以市场为导向,依托资源形成基地,以销促产,联合开发,使资源优势迅速转化为商品经济优势。

5. 节约城市用地,提高城市化水平

随着城市化的进展,以中心城市为核心的经济区正逐步形成;经济区的构建,反过来又将加快城市化的步子。展望前景,本经济区将以发展港口城市、交通干线城市为重点,形成若干以特大城市、大城市为核心,大、中、小城市并存的城市群。本区人多地少,因而走土地节约型城市发展的道路是唯一的科学选择。要改变农村剩余劳动力离土不离乡的模式,有步骤地采取有效措施,吸引农村剩余劳动力进城,以减少农村居民点的土地占用,同时,还可在提高城市化水平的同时,使农业生产走上规模经济的道路。因此,要充分挖掘现有城市的土地利用潜力,提高土地利用率,加快地下、地面、地上空间的开发利用,以节约城建用地。

6. 实行科教兴省战略

科学技术是第一生产力,教育是国民经济的根本。要实现经济体制和增长方式的两个转变,实现"九五"计划和 2010 年远景目标,关键在于依靠科技和提高劳动者素质。为此,福建省提出了科教兴省战略,并相应提出了总体目标与十大工程。实现和完成总体目标与十大工程,关键在于加强党和政府对科教工作的领导，在于第一把手抓好第一生产力和根本，增强各级领导的科教意识。每年至少应召开两次专门会议研究科技工作，做好各级政府科技副职的选派工作，并把推进科技进步工作作为考核干部的重要内容。要进一步改革投资体制，调整优化投资结构，优先安排科技经费。要引导全社会增加科技投入，建立多层次多渠道的科技投入体系。

7. 努力创造一个可持续发展的环境

强化环境保护，实行综合治理，是国民经济长期持续发展的需要，也是人类生活环境舒适的保证。环境保护是国民经济的有机组成部分，环保发展战略也应列入经济社会发展总战略中。在制订经济社会发展计划时，要注意保持人口与资源的平衡、资源利用与环境保护的平衡、经济再生产与自然再生产的平衡。在由计划经济体制向市场经济体制转变的过程中，应当加强政府在环境保护、综合治理中的宏观调控作用。重点要抓好工业污染的综合治理，推行清洁生产，这是实现工业可持续发展的根本途径。应注意乡镇企业和"三资"企业的污染问题，防止污染由城市向农村蔓延。本区江河纵横交叉，流域治理是一个突出问题，要把闽江、九龙江、汀江、晋江等流域治理摆到重要位置上来，区域协作，联合作战。

三、经济繁荣带的基本构架

海峡西岸经济繁荣带包含三个层次：第一层次是闽东南地区，是本经济带生产力发展的核心地区；第二层次是闽东北、闽西南经济合作区，生产力布局沿江、沿路推进，成为山海之间经济交汇的枢纽；第三层次是福建省周边经济协作区，包括闽浙赣、闽赣粤三边协作区。

（一）闽东南地区

闽东南地区东临台湾海峡，与台湾岛隔海相望，北连福建宁德地区，西界福建三明、南平、龙岩三地市，包括福州、厦门、泉州、漳州、莆田五市，土地面积4.2万平方公里，占全省总土地面积的35%。1994年年末，闽东南地区人口1998.16万人，占全省总人口的63.9%；国民生产总值1329.39亿元，占全省国民生产总值的73.91%；地方财政收入616129亿元，占全省财政收入的41.17%。

改革开放后，闽东南经济迅速发展，在全省经济中居领先地位，已成为福建经济发展的龙头，在中共十四大上，闽东南地区被列为全国开放开发重点地区之一。

——对外开放不断扩大，外向型经济格局已经形成。1979 年国家批准厦门建立经济特区，随后，3 个经济技术开发区、2 个台商投资区、1 个旅游度假区、2 个高新技术产业开发区、1 个国家综合配套改革试点城市相继出现，全方位开放的态势已经显示出来。进出口贸易快速发展，利用外资成效显著。1979—1994 年，全区实际利用外资累计约 98.70 亿美元，已和世界 120 多个国家和地区开展经贸合作，并加快与世界经济的接轨步伐。

——开始由计划经济体制向社会主义市场经济体制转变。市场经济特征日益明显，95% 以上的工业消费品指令性指标已改为指导性指标，市场体系已初步形成。市场经济的兴起，优化了资源配置。区内土地、劳动力和投资环境的优势，迅速与区外资金、设备、技术优势相结合，充分释放出优势互补的效应。

——改革成为经济发展的根本动力。经济体制改革力度不断加大，财政、税收、金融、外汇、外经贸等多领域的改革取得了成效，国有企业转机建制工作获得了进展。逐步建立了开放、统一的市场体系，形成了大流通、大市场的格局。

——由过去公有制经济为主体、个体经济为补充的所有制结构转变为公有制经济为主，国有经济、集体经济、私营经济、个体经济、股份制经济、联营经济、外商投资经济等并存的多种经济结构。厦、泉一带外商投资经济、港台投资经济、个私经济、集体经济在经济总量中比重很大。1993 年，闽东南工业所有制结构中，公有制工业产值约占四成，其他经济类型工业产值占六成。

——产业结构渐趋合理化。从 1990 年至今，三次产业结构呈现"二、三、一"的特征，资源向第二产业转移，经济总量快速增长。工业内部轻工业是闽东南工业的主体。重工业内以加工工业为主体，但近年来原料工业有所增加，各地市均已形成一定规模的主要工业行业。福州有电子通信设备制造、电力蒸气热水生产和供应、电气机械及器材制造、塑料制品、食品加工、化学原料及化学制品、交通运输设备制造业以及皮革、毛皮、羽绒及其制品等。厦门有电子及通信设备制造、烟草加工、服装与其他纤维制品制造业等。闽东南地区经济的崛起，有力地促进了全省经济的发展，使全省综合经济实力在全国的排位逐年上升。闽东南的区位优势和经济成就受到中央的重视，中共第十四次全国代表大会报告中，把闽东南地区和环渤海湾、长江三角洲、珠江三角洲、海南省一起列为全国加速开放开发的重点地区。从现在和未来看，闽东南地区的功能主要是：

1. 支撑发展功能。闽东南地区经济总量在福建全省比重不断增大，1993 年，全区国民生产总值 770.2 亿元，占福建全省国民生产总值的 73.7%；地方财政收入 70.5 亿元，占全省财政收入的 68.1%，即全省 1/3 的人口，创造出全省 2/3 的国民生产总值。正是闽东南的崛起，促进了全省的经济在全国位次的上升，闽东南成为支撑全省经济发展的重点地区。

2. 生产基地功能。闽东南聚集了石油化工、电子、机械、建筑、建材、水产品加工等生产部门的加工优势与技术优势，成为生产附加值高、科技含量高的产品加工基地。本区有丰富的农业资源、海洋渔业资源，是以发展南亚热带农业、渔业为特色的生产基地。

3. 对台窗口功能。闽东南地区位居台湾海峡西岸，和台湾地缘相近，血缘相亲，语言相通，台湾地区 80% 的人口祖籍地在福建。闽东南地区应成为对台经贸活动的中心，在加速引进台资大项目的策划中，在科技教育文化艺术的交流中，应争取成为两岸的前沿中转枢纽。

4. 对外开放功能。本地区是全国对外开放时间最早、开放层次最高的地区之一，建有经济特区、沿海开放城市、外商和台商投资区、保税区等，已和 120 多个国家和地区有经贸往来，在全国开放总格局中居于重要地位。闽东南是我国著名侨乡，福建籍的华侨、华人约 810 万，港澳同胞中有 80 万福建人，原籍多数在闽东南，他们爱国爱家乡，热心支持家乡建设。

根据闽东南地区的历史与现况，联系周边国家和地区经济发展态势，闽东南地区 1996—2010 年经济发展的方向是：深化改革，扩大开放；以外向型经济为导向；以厦门、福州中心城市为依托；以支柱产业为支撑，进一步发挥工业产业在推动产业升级、技术创新、资源组合中的主导作用；交通先行，以优良海港为枢纽，铁路、国道、省道为大通道；有效推进经济体制和经济增长方式的转变；建成为社会主义市场经济繁荣地带；建成为全国和国际性商贸出口和中转的重要口岸；建成为石油化工、机械电子、建筑建材、林产业、水产业等支柱产业，以及金融业、商贸业、旅游业、创汇农业蓬勃发展的现代产业基地；成为带动全省经济发展的龙头；成为长江三角洲和珠江三角洲的走廊；成为海峡两岸经贸合作文化交流的前沿阵地；形成经济实力雄厚、科教文卫发达、人民生活富裕、社会精神文明的海峡西岸繁荣带。

（二）闽东北和闽西南经济合作区

1. 闽东北经济合作区

闽东北地区包括福州、莆田、宁德、南平、三明（三明位居闽中，和闽东北片、闽西南片都有协作关系）五地市，总面积 78086 平方公里，1994 年年末总人口 1998.16 万人，国内生产总值 852.56 亿元，工农业总产值 1460.60 亿元。

本区位于台湾海峡西岸的北段，是赣东北出海口。北与浙南交界，是衔接长江三角洲的要冲；西北和江西相邻，是福建出省铁路（鹰潭—厦门线和即将通车的南平—横丰线）的通道。

20 世纪 80 年代中期以来，闽东北五地市发展横向联系，进行经济协作，加大改革力度，注重联合协作的实效，使联合格局有了新的突破。第一，加强了山海协作。地处山区的三明市 1993 年组团到沿海的莆田市洽谈，签订了联合协作项目 36 项，总投资 7341 万元；同年 8 月，地处山区的南平地区也组团到福州市洽谈，两地市在工业、农业、土地开发、商贸等方面达成合同协议 23 项，总投资 1.02 亿元，贸易额 1.05 亿元。第二，区域交通滞后问题有了突破。五地市在改扩建 316、205、104 国道上勇于承担重任，主动协作，加大资金投入，加快工程进度，按期保质完成了各阶段的任务。第三，区域企业在联办大中型工业项目上带了好头。如福州一化与屏南电力公司联办的"屏南榕屏联谊化工厂"，可新增产值 3500 万元，利税 1500 万元，年增财政收入 780 万元。这个项目的投产，使屏南县丰富的电力资源转化为经济优势，也使福州第一化工厂发挥其雄厚的技术力量，扩大了生产能力，成为全国最大的氯酸钾生产企业。第四，中心城市在区域内的辐射力得到了加强。福州的榕城啤酒厂发挥技术优势，帮助宁德啤酒厂由年产量 1500 吨增加到 3500 吨。福建省科委与霞浦县一家公司合资开发水产养殖饲料，年产值达 2200 万元，利润 800 万元，创汇 220 万美元。第五，加快培育区域专业市场体系。兴办了三明、福鼎等边界贸易市场，以及福州散装水泥市场、罗源保鲜食品市场、莆田鞋业市场、宁德水产养殖市场、南平地区农副特产品市场等。

协作中的问题主要是协作的层次还不够高，就项目谈项目的多，从宏观上把握协作方向的少。但是，多年的协作关系已经为今后的巩固和提高打下了坚实的基础，从现在到21世纪的前10年，是福建省和海峡西岸经济区大展宏图、继往开来的新时期。下面就闽东北地区经济协作如何上一个新台阶提出几点思路：

（1）在邓小平同志建设有中国特色的社会主义理论和党的基本路线指引下，结合闽东北具体情况，做好五地市协调发展的跨世纪近、中期计划。

（2）在五地市协作的基础上经过充分的酝酿协商，在条件成熟时，建立闽东北经济合作区。合作区比过去的松散的协作网络紧密些，但又不像经济区那么紧凑。它是一个有组织的整体，但又是自愿的结合。

（3）合作区的经济发展计划要和全省的、闽浙赣三边协作区的总体计划相衔接，要有方向、目标、重点、项目、途径、对策等内容。

（4）在区外关系上，应考虑接受长江三角洲的辐射，担任长江三角洲和珠江三角洲之间的联结带。因此，合作区不仅要明确本区的发展任务，还要考虑怎样起好"二传手"的作用。

（5）充分发挥"近台""台胞故乡"的作用，按照市场经济规律的要求，做好对台经贸技术合作。

（6）福州临海，又是中心城市，要充分依托福州，加强福州对其他地区的辐射。临海和山区各有优势，要做好海山协调发展的文章，互促互补，互利互惠。

（7）各地市要有各自的产业特色，不要搞产业雷同。要建设好三明、南平的农业林业基地。在培育拳头产品上，如属于协作产品的，要齐心协力，同舟共济，按照产品制作分工分别承担生产主件与配件的任务。

（8）注重国民经济的可持续发展，控制人口发展，适量开发和利用资源，严格保护环境，维护生态平衡。对于已造成污染的地方，要抓紧治理。闽江流域覆盖三明、南平、福州三市，要把流域治理纳入区域发展规划，切实执行，保证人口、资源、环境、经济、社会协调的可持续发展。

2. 闽西南经济合作区

本区由厦门、泉州、漳州和龙岩、三明五地市组成，总面积6.69万平方公里，占全省总面积的 55.2%，1994 年年末总人口 1692.29 万人，占全省人口的 54.1%。1994 年，全区国内生产总值 1001.4 亿元，占全省国内生产总值的 59.4%；工业总产值 1389.3 亿元，占全省工业总产值的 61.7%；农业总产值 302.8 亿元，占全省农业总产值的 51.2%。本区的有利条件如下：

（1）本区位于台湾海峡西岸南段，是赣东南、湘南、粤东的出海口，以及海峡两岸经贸往来与文化交流的枢纽，特别是闽台直接"三通"的结合部。

（2）本区是台湾同胞、港澳同胞、海外侨胞的重要祖籍地，其中泉州是全国两大侨乡之一。改革开放以来，台、港、澳、侨的资金和技术的引入对本地区经济发展起了十分重要的作用。

（3）本区资源较为丰富。区内已探明储量的矿产有 50 多种，其中钨、重晶石、花岗石、石灰石、高岭土、石英砂、无烟煤、稀土、铜铁等有较高开采价值。九龙江等四条河流，可基本满足 21 世纪初以前各地对淡水的需要，水能资源蕴藏也较丰富。本区属中南亚热带季风气候，拥有丰富的生物资源和农业、林业、渔业资源优势。旅游资源中，鼓浪屿、清源山、冠豸山、永定土楼等皆为中外闻名的旅游胜地。

（4）本区海岸线长，厦门、泉州、漳州均有深水岸线，建港条件良好。1994 年，全区海港总吞吐量 1824.53 万吨，占全省海港总吞吐量的 60.77%，其中厦门港达 1141 万吨，进入国内大型港口之列。九龙江口的厦门和漳州沿岸有条件发展成为年吞吐能力亿吨以上的组合型国际大港。

（5）本区资源互补性强。内陆的龙岩、三明金属、非金属矿产资源均较丰富，沿海盛产以建材为主的非金属矿产资源。产业方面，内陆以基础工业为主，沿海加工工业和第三产业较为发达。内陆以陆路交通枢纽为特征，沿海海港、空港体系已初步形成。

（6）五地市横向协作已有一定基础，如内陆产出的原料、初级产品、建材供应沿海，以大型工业企业为龙头开展跨地区专业化生产协作，等等。在农业、畜牧业生产及人才交流、信息交流、技术服务方面，两地也进行了合作。

本区存在的问题是囿于各自为政的发展模式，关系区域全局的一些重大问题尚未得到解决，诸如：

（1）基础设施薄弱，特别是交通发展滞后，接连沿海港口与内陆腹地的陆路交通不畅。这是目前区域经济合作面临的最突出问题。

（2）中心城市发育不够，辐射能力有限。区内五地市经济虽然增长很快，但城市规模偏小，尚未出现100万人口以上的城市。服务性功能较弱，辐射作用较差。

（3）区域经济整体性不强。沿海和内陆地区虽然存在一定程度的协作关系，但深度和广度远远不够，地区之间资源、产业的互补性得不到很好的配合。

（4）产业基础比较薄弱，经济总量偏小。产业优势不明显，尚未形成有较强关联作用、能起主导作用的产业。1994年全区国内生产总值1001.4亿元，其中，龙岩全地区国内生产总值才104.26亿元。

（5）科技水平不高，经济增长基本上采用粗放方式。改革开放以来，虽然本区的科技水平有较大提高，但和国内科技发达地区相比，科技投入资金仍偏少，开发研究、技术服务、人才培养能力仍较弱，产品的技术含量不高。从总体看，经济增长方式基本上是粗放型的。

根据上述情况，闽西南经济合作区相关方面的构想是：以邓小平同志建设有中国特色的社会主义理论为指导，以实现经济体制和增长方式的两个转变为主要任务，紧密衔接全省和闽东南地区经济发展战略，着力于创造和发挥区域整体优势，改善整个区域经济发展的软硬环境，着手于中期关键性项目。积极开展五地市之间深层次、全方位的紧密合作，建设以厦门为龙头，泉州、漳州为两翼，龙岩、三明为腹地的一体化经济合作区。形成以国际性组合港口为门户，疏港大通道为骨干，区域共同市场为纽带，先进技术型支柱产业为主体的外向型经济体系。使本区成为我国长江三角洲和珠江三角洲之间的东南沿海经济区中对外开放程度最高、经济最具活力的繁荣的经济带；成为带动全省经济发展，辐射赣东南、粤东、湘南，连江通海的外向型经济增长极；成为发展海峡两岸经贸合作，促进祖国统一大业的枢纽。

通过区域合作，要形成本区域合理分工、优势互补、密切合作、共同发展的区域经济格局，使本区成为对外高度开放、对台经贸合作全面深层地发展、经济充满活力、产业素质高、结构合理、分工协作良好、交通发达、现代化交通网络遍布沿海各地、具有明显区域综合优势、具有长期持续健康发展能力和较强辐射力的繁荣的经济合作区。到 2010 年，闽西南区域要全面实现工业化，沿海地区初步实现现代化，国民经济达到中等发达国家届时的水平。

（三） 闽浙赣和闽赣粤三边协作区

1. 闽浙赣三边协作区

福建、浙江、江西三省边界接壤。长期以来，三省边界地区民间往来密切，关系源远流长。浙江的温州、丽水、衢州、金华等地从一定角度看，是台湾海峡西岸的组成部分或其延伸；江西的抚州、鹰潭、上饶、景德镇等地也是海峡西岸的组成部分或其腹地。

从 1986 年起，闽浙赣三边区开展了区域经济联合，已有两个主要联合体。一是闽浙赣皖（安徽）四省九地市经济协作区（福建的南平，浙江的金华、衢州、丽水，江西的抚州、鹰潭、景德镇、上饶，安徽的黄山）；二是闽浙边区四地市联谊会（福建的宁德，浙江的温州、丽水、台州）。从简单的物资串换发展为多渠道、多形式的物资协作与交流，是各地市间横向经济联合的最主要内容，如：采取投资、补偿贸易等手段取得物资资源；采取联营方式，建立物资供应渠道；在对方地区投资建立原材料基地；直接与大型生产企业建立稳定的物资协作关系；等等。在技术协作形式方面，也由一般的技术交流发展到有计划、有组织的技术协作和科技成果转移；由短期的零星的技术支援发展到长期的固定支援；由单个企业间的合作发展到较大范围的权、责、利紧密结合的经济联合体。

在举国上下跨世纪蓝图的绘制中，闽浙赣三边协作区要在邓小平同志建设有中国特色社会主义理论指导下，进一步明确三边协作的目的和任务，不仅要根据三边实际情况进行协作，而且要跳出三边范围，考虑周边情况进行整合。要看到以上海为龙头的长江三角洲是一个充满经济活力、市场经济发达的地区。上海正在努力建设成为我国的经济中心、金融中心、商贸中心，现在国家又提出把它建设成为国际航运中心。闽浙赣三边地区要主动接受长江三角洲的辐射，加强合作，互利互惠。几年来，三边各地市在不同程度上都和上海等城市在商贸、工业、技术、教育、信息、交通等方面进行了交流和合作。今后可在加强原有合作的基础上，注意开辟三边协作区全方位合作的途径。

从三边协作组织来说，可以增加福州市加入闽浙赣三边协作区。这是因为原来的三边协作区缺少一个经济技术力量较强的中心城市作为依托，使三边的内协和外协均受制约。福州市的加入，则可以把三边协作区的福建一方与闽东北合作区一致起来，便于两个区域之间的协调。

协调建设现代交通网络，首先要积极筹建福（州）—温（州）铁路。目前金（华）—温（州）铁路已在修建中，但福建沿海尚无沿岸铁路，这对闽浙和华东、华南经济的发展十分不利。这条铁路应以国家和闽浙两省筹资为主，三边地区积极协助。福鼎沙埕港、宁德三都澳都是天然良港，也可由三边协作区合作开发。协作区要充分发挥各自优势，在以往产业协作的基础上，商讨专业化分工大计，建立若干跨省地市的上规模的加工业集团和商贸集团。在服装、皮革、食品、电子、电机、造船等行业中进行专业化分工协作，是有广阔前景的。各边境应按照市场经济要求加强贸易往来，培育各种要素市场，扩大流通领域，促进生产要素和商品的自由流动。根据三边资源各具优势的特点，可采取联合开发、产品共享方式进行协作。福建水力资源较为丰富，可由三方联合开发。三边应共议对台经贸大计，在台商投资导向上，重点放在农业、渔业新技术和山海综合开发、工业支柱产业、能源、基础设施方面。在技术利用上，应重点吸收先进技术和高能、节能、提高产品性能的技术，促进经济增长方式的转变。

2. 闽赣粤三边经济协作区

闽西南的厦门、漳州、龙岩，赣东南的赣州、抚州，粤东的汕头、潮州、揭阳、汕尾、梅州三边地区地理位置相邻，经济各具优势，社会文化结构相近，历史上民间交往源远流长。本区土地面积121771平方公里，84个县（市）区，总人口3697万，1994年国内生产总值1121.8亿元，人均国民生产总值3034元，外贸出口总值77.28亿美元，实际利用外资32.84亿美元，预算内财政收入105.34亿元。

本协作区位于祖国东南。汕头、潮州、梅州、厦门、漳州是我国著名侨乡；厦门、漳州是台湾同胞主要祖籍地，是开展两岸经济合作与文化技术交流的重要依托。三边协作，繁荣经济，稳定社会，对促进两岸经贸合作和文化技术交流将产生重要作用。

京九铁路通过本协作区的江西赣州南下到九龙，这条大动脉贯通后，福建方面有即将兴建的龙（岩）—梅（州）铁路与其相连，还可通过未来的龙（岩）—赣（州）铁路与其直通。闽、赣、粤之间的省际大动脉交往，将极大地促进铁路沿线及其周围地区的生产力布局，形成新的产业带、城市带，将彻底打破区域封锁、条块分割的格局，为三边区域经济大联合开拓新的途径。

在制订跨世纪发展计划中，闽赣粤三边协作区必须在邓小平同志建设有中国特色社会主义理论指导下，从实际出发，充分协商，共展宏图。要充分依托厦门经济特区、汕头经济特区的优势。一个协作区存在两个特区，这种情况在国内是少有的。

目前，闽、赣、粤三边经济协作区有关人士就今后发展问题达成了以下共识，为跨世纪的发展打下了坚实的基础：

（1）发挥特区对外开放的"窗口"作用、外引内联的桥梁作用、经济发展的辐射作用。在过去十几年中，厦门、汕头两个经济特区的发展与其他兄弟市（地）的大力支持、帮助是分不开的。因此，利用外资，利用国外先进技术和管理经验，利用已建立的国际市场网络和先走一步的政策优势，促进和带动兄弟市（地）经济共同发展、共同繁荣，是特区应尽的义务，也是特区在新的发展阶段中应该担负的历史任务。

（2）发挥这一区域各地不同的资源、地理、交通、通信、产业、政策及人才等优势，实现优势互补，为各地加快经济发展创造更加有利的条件。

（3）发挥这一区域经济联合的整体优势，加强与台、港、澳地区的经济合作与交流。在闽西南、赣东南和粤东这一区域建立经济协作区，进一步促进与台、港、澳地区经济的交流与合作，增强共同参与亚太经济圈和国际经济合作与竞争的能力，将有利于加快区域内各市（地）经济发展的步伐。

（4）加强舆论宣传，扩大区域合作的影响，提高这一区域在国内外的知名度，争取各个方面更广泛的支持。

参考文献

① 周起业，等：《区域经济学》，中国人民大学出版社，1989 年。

②《福建统计年鉴（1995）》，中国统计出版社，1995 年。

③ 福建省人民政府办公厅、福建省人民政府发展研究中心编：《福建：跨世纪战略研究》，福建人民出版社，1996 年。

④ 福建省对外经济技术协作办公室：《协作信息》（1991—1994 年）。

⑤ 魏世恩、吴肇光：《论闽赣粤毗邻地区的联合》，《发展研究》，1995 年第 5 期。

（原载于魏世恩、石川祐三主编：《经济转轨与区域发展——福建经济发展研究》，厦门大学出版社，1998 年，第 110 页-135 页）

吸引与利用外资

当今时代，任何国家要持续发展下去，离开国际经济和世界联系都是不可能的，无论是资本主义国家还是社会主义国家，为了本国的存在与发展，都要顺应世界发展潮流，扩大开放，加强对外联系。社会主义国家尽管同资本主义国家的经济体系和经济制度不同，但并不能因此就割断联系。在加快有中国特色的社会主义建设中，邓小平同志指出："关起门来搞建设是不能成功的，中国的发展离不开世界。"邓小平同志的对外开放理论为中国发展开放型经济指出了方向。

在本文中，我们放眼世界和全国，加深了对对外开放和引进外资实践的认识，在分析了福建省吸引和利用外资现状的基础上，对今后外资投向的引导和投资环境的改善等问题进行了深入的分析和讨论。

一、引进外资：开放型经济发展的需要

第二次世界大战以后，世界经济有了很大的发展和变化，就其增长速度而言，比以往任何时期都要快；从其达到的规模来看，更是以往任何阶段所无法比拟的。在二战以后的半个世纪中，世界经济规模大大地扩大了。1990年，全球的国民生产总值已达到22.2万亿美元，其中，发达资本主义国家占70.7%。随着经济的发展，世界产业结构已发生了很大的变化。农业在各类国家的国内生产总值中的比重都大大下降了。工业在各类国家中呈现出不同的趋势，在发展中国家，这一比重在增长，但在发达国家，这一比重却在下降，这是因为第三产业在那里更快地发展和增长。

在国际分工不断发展的基础上，国际经济关系也愈来愈密切。国际贸易的迅速发展反映了各国经济之间的密切程度和国际化趋势。应该指出的

是，发达国家在国际贸易中也占有最大的份额。随着经济国际化的进程，资本的输出也在迅速增加。1945 年，发达资本主义国家的全部资本输出仅约 510 亿美元，而 1990 年，这些国家仅对外直接投资总额就已达到 13307 亿美元。各国国际储备也有了大幅度的增长。1950 年，世界国际储备总额 487 亿美元，到 1990 年已达到 11503.5 亿美元。据联合国《1994 年世界投资报告》，1982 年以后，国际直接投资年流量虽然 1990 年和 1992 年因主要发达国家的周期性衰退而有所下降，但其总趋势仍在增长，1993 年达 1950 亿美元。跨国公司是从事对外直接投资的主体，目前，全球共有 3.7 万多家跨国母公司和 20 万家国外子公司，他们控制着全世界私营生产性资产的 1/3。对外直接投资高度集中在大型跨国公司，全球最大的 100 家跨国公司占了全球跨国公司直接投资总额的 1/3。

20 世纪 80 年代流进发达国家的投资不断增加，1981—1985 年年均 370 亿美元，1986—1990 年年均 1300 亿美元，比前 5 年猛增 251%；同时期流进发展中国家的投资，1981—1985 年年均 130 亿美元，1986—1990 年年均 250 亿美元，比前 5 年仅增加 92%。20 世纪 90 年代以来，情况形成鲜明的对照，流进发达国家的投资不断减少，1990 年为 1760 亿美元，1991 年为 1210 亿美元，1992 年为 1020 亿美元，1993 年为 1090 亿美元；流进发展中国家的投资则逐年递增，1990 年为 310 亿美元，1991 年为 390 亿美元，1992 年为 510 亿美元，1993 年为 800 亿美元。1991 年，在发达国家吸收外国直接投资减少的同时，流向发展中国家的外资增长了 25.8%，占当年全球外资流动总额的 24%。1992 年，发展中国家吸收了 510 亿美元外资，占全球外资流动总额的 32%；1993 年进一步上升到 800 亿美元，在跨国公司当年对外投资总额中所占的比重首次突破了 40%。

从长期看，今后对外直接投资流量仍会继续增长，这是因为：各国经济发展模式越来越倾向于开放型，贸易和投资政策的自由化、跨国化必然冲破原先的禁区；大范围的区域经济一体化促进了大量的区间和区内的投资浪潮；跨国公司的国际化经营网络的形成对投资产生了极大的冲击。所以，发展中国家如能在总体政策框架下趋于稳定，基础设施、金融、通信、劳动力素质、知识产权保护等生产经济条件不断改善，就可以成为跨国公司投资环境决策的关键因素。

1978 年 12 月，中国共产党召开了具有重要历史意义的十一届三中全会，决定把全党工作的中心转移到经济建设上来，并采取了一系列措施，冲破了对外开放的禁锢，在吸收外资问题上突破禁区，顺应了世界发展的潮流。

下面从几个方面来认识引进外资是社会主义现代化建设的迫切需要：

第一，社会主义现代化建设需要大量的资金，尤其是在我们这样一个经济基础薄弱、人口众多的国家里，建设资金问题更是困扰着我们的一个尖锐问题。改革开放后的"六五""七五"和"八五"计划的头两年，我国基本建设生产性和非生产性资金共 15887.60 亿元，平均每年 1323.9 亿元，这样巨额的投资仅靠国内资金是难以完成的。目前，每公里新建铁路造价 2000 万元，每公里高速公路造价 3000 万～4000 万元，电力工程每增加装机 1 万千瓦就需 8000 万元。仅"九五"期间福建全省重点建设 100 个大中型项目初步匡算，其中能源、交通、通信等基础设施的大中型项目就有 41 项，投资规模达 1039 亿元。

第二，利用外资可以获得先进技术，缩短中国与发达国家在技术上的差距。世界技术革命的兴起，是以科学技术在若干重要领域取得有重大意义的突破，并对经济发展与社会进步产生深远影响为主要标志的。18 世纪以来，人类社会经历了以蒸汽机为代表的第一次技术革命、以电力应用为代表的第二次技术革命和以原子能、电子计算机、空间技术等为代表的第三次技术革命。现在所谓的技术革命，是指第三次技术革命的各项技术成果的更加成熟，以及在若干领域中新技术上所取得的重大突破。世界新技术革命的兴起对中国来说既是一次挑战，又是一次机遇。我们必须抓住这个极为有利的时机，迎头赶上世界技术发展的新形势。利用外资是获得先进技术、缩短中国与发达国家技术差距的重要途径。现在中国与西方的技术差距大约是落后 20～30 年，如要赶上西方 20 世纪 80 年代的技术水平，据测算至少需要数千亿元的投入。要解决这个巨大资金问题，全靠自筹是不可能的，还需走利用外来资金的道路。同时，引进外来资本本身往往和引进技术联系在一起，如外商独资企业和一部分中外合资企业往往同时引进先进的技术设备。有些地方还利用外资改组改造国有企业，从而直接促进了国有企业的技术进步。

第三，有利于引进科学的管理方法。外商来华投资办企业同时也带来了科学的管理方法，我们要有选择地借鉴学习，提高国内企业的管理水平。早在20世纪初，西方国家由于生产规模的扩大和科学技术的进步，科技、经济、社会之间，以及企业内部、企业与市场之间的联系愈来愈密切，经济发展速度愈来愈快，对于管理和决策过程进行科学的研究已经迫在眉睫，于是出现了新的管理科学。它着眼于加快生产速度、降低成本和提高效率，因而极大地促进了经济的发展。二战中，广泛使用的运筹学被普遍应用到企业管理与大型科学与工程项目的组织方面；系统科学理论的迅速发展，把自然科学和社会科学的融合提高到了一个新的阶段；计算机技术的广泛应用更为管理科学的发展带来了空前的机会。人工智能与专家系统的出现更为宏观与微观决策及管理研究提供了前所未有的有力工具。20世纪50年代以来，中国关于管理科学与决策科学的研究及其应用范围也有了发展。改革开放的新形势迫切需要采用管理科学来研究解决一系列宏观管理与决策的重要问题。战略、政策和规划的研究，都需要加强宏观管理。与此同时，我国在利用外资兴办企业过程中，也引进、吸收了一些先进的管理方法，如经营计划、产品开发、技术经济分析、生产过程组织、质量管理、设备管理、行为管理等方面的管理方法，不仅直接为"三资"企业所采用，而且对别的经济类型的企业中管理的改善也有积极的作用。

第四，发展外资企业有利于我国缓解就业问题。中国是一个人口众多的国家，每年都有数千万的人口进入就业年龄。尤其在农村，从农业中释放出来的剩余劳动力的就业问题更为严峻。而同时，中国劳动力工资低廉，为外商办企业提供了一个降低成本的条件。从20世纪70年代末开始，港、台、澳地区等一些以劳动密集型为主的企业开始涌入沿海地区，随后也向内陆一些地区扩散。大量劳动密集型企业的兴起吸收了大批闲散劳动力，缓和了劳动就业问题。虽然，大的跨国公司的资金和技术密集型企业随后转移了进来，但在相当长一段时间内，劳动密集型企业还不会很快消失，它将逐渐由沿海向内陆地区及中、西部地区转移，这仍然有助于吸收相当一部分劳动力。

第五，从总体看，外商投资有利于促进经济体制向市场经济的转变。一方面，外商来华投资办企业，与国内企业之间在产品销售、国际市场占有、部分原材料来源方面存在互相竞争的问题；但从另一方面来看，外商投资也带来了新的契机，增加了竞争意识和危机感。企业之间在市场、价格、原料等方面的竞争，有助于企业在降低成本、提高质量、加强服务、科学管理、商品流通及技术进步等方面的改善。即使是不同生产部门的企业之间，经营较好的外商企业的经验对国内企业也是有借鉴作用的。同时，已转入中外合资、联合经营的国有企业经过改组、改造，经营机制和运行机制发生了变化，可以更好地转入市场经济的轨道，更快地和国际经济接轨。

当然，外商投资办企业的主要目的是获得利益，他们的许多经营行为虽然符合市场的要求，但不免有矛盾的地方，例如有的企业行贿、逃税、忽视工人生产安全，以及"三废"对环境造成污染等。因此，政府还要有明确的要求，把"三资"企业的行为纳入法制管理的轨道上来。

二、福建省利用外资：经济快速发展的一个要素

（一）福建省利用外资的现状与特点

改革开放以来，福建利用外资工作已从准备、探索的起步阶段进入到快速、高效的发展阶段。截至 1994 年年底，全省累计已批准成立外商投资企业 15823 家，已开业投产的"三资"企业为 8005 家，开工率为 50.59%；合同外资 296.94 亿美元，实际到资 96.9 亿美元，实际到资率为 32.63%。1994 年，福建共批准外商投资企业 3026 家，合同外商直接投资额为 71.79 美元，外商直接投资实际到资 37.12 亿美元，实际到资率为 51.7%。与 1993 年相比，1994 年新批外商投资项目与合同外资金额分别下降了 35.8% 和 36.8%，但外商实际到资数增长 29.5%，创历史最高水平，居全国第 3 位。福建省利用外资的主要特点是：

1. 产业结构不断完善。在新批准的外商投资企业中，按合同外资金额计算，投向农业的占 1.6%，投向第二产业的占 56.4%，投向第三产业的占 42%；与上年同期相比，农业比重增长了 0.1 个百分点，第二产业比重上升了 1.5 个百分点，第三产业比重下降了 1.6 个百分点，其中房地产业的比重由上年的 37% 下降为 31.6%。基础设施投资有明显的加强。

2. 地域分布正在变化。1994 年，福建 9 个地市实际利用外资分别为：厦门 12.41 亿美元，比 1993 年增长 19.7%；福州 9.18 亿美元，增长 44.9%；泉州 7.24 亿美元，增长 23.2%；漳州 3.05 亿美元，增长

20.5%；莆田 2.2 亿美元，增长 28.4%；南平 1.04 亿美元，增长 48.7%；龙岩 0.9 亿美元，增长 76.8%；三明 0.5 亿美元，增长 1.37%；宁德 0.5 亿美元，增长 35%。虽然投资地域仍向沿海倾斜，但南平、龙岩、三明三个山区地市的增长幅度已明显增大。

3. 投资规模不断扩大。到 1994 年年底为止，在福建省投资的大型跨国公司共有 60 家，投资项目 123 个，合同外资 23.61 亿美元，其中 1000 万美元以上的大项目有 66 个，占投资项目数的 53.7%；平均每一个项目吸收外资 1919.69 万美元，是全省同期批准外商投资项目平均吸收外资额的 9.23 倍。全省由跨国公司和华人大财团开办的企业有 70 家开业，其中有 7 家跻身于全国最大的 500 家外资企业行列。大型跨国公司投资第一产业 2 项，占 1.7%，合同外资 0.37 亿美元，占 0.5%；投资第二产业 71 项，占 57.7%，合同外资 12.51 亿美元，占 54.1%；投资第三产业 50 项，占 40.7%，合同外资 10.73 亿美元，占 45.5%；投资资本技术密集和高附加值型产业 90 项，占 73.2%，合同外资 18.22 亿美元，占 77.2%。

4. 欧美和跨国公司的投资有新进展。1979—1994 年，外商在福建实际投资累计 97 亿美元，其中香港地区资本占 60%，台湾地区资本占 17%，其余为华侨华人资本和其他外国资本。1995 年，福建新批准的外商投资企业，按合同外资金额计算，来自香港地区的占 49.5%，来自台湾地区的占 20.4%。世界各地福建籍华侨华人 800 多万人，1979 年以来他们对福建的投资额难以统计，正式统计年鉴中未将华侨华人投资单列。但据间接资料计算，1979—1993 年，华侨华人投资累计约 55800 万美元，占外商投资总额的 8.19%。实际上，统计的港商投资中有些就是华侨华人和台商的投资。所以在外商投资中，以往是以港、台、侨投资为主的。1994 年，福建新批准的外商投资企业，按合同外资金额计算，来自香港地区的占 60.9%，台湾地区的占 13.2%，澳门地区的占 3.9%，来自新加坡的占 5.9%，德国的占 2%，菲律宾的占 2.9%，美国的占 1.5%，日本的占 1.6%，其他国家和地区占 5.8%，与上年同期相比，香港地区投资比重下降 5.8 个百分点，台湾地区下降 0.4 个百分点，澳门地区上升 2 个百分点；德国上升 2 个百分点，日本上升 0.7 个百分点。

5. 外商投资企业生产经营情况良好。全省外商投资工业企业 1994 年创造工业产值 487.47 亿元，同比增长 49.7%，占全省同期乡及乡以上工业产值的 44.8%，新增产值占全省乡及乡以上新增工业产值的 69.4%。全省自营进出口总值 71.86 亿美元，同比增长 42.1%，其中自营出口 41.52 亿美元，同比增长 38.2%，占全省出口总值的 51.5%；缴纳的涉外税收为 24.17 亿元，同比增长 74.3%。

6. 外商投资集团公司取得了较大发展。到 1994 年年底，全省已批准成立外商投资集团公司 23 家，其中外经贸部审批的投资集团公司为 6 家。从行业分布看，以工业为主的企业有 14 家，以房地产开发为主的有 4 家，以投资企业为主的有 4 家，农业开发的有 1 家。这些集团公司的涌现，促进了外商投资企业的发展壮大和外向型经济的发展。

目前，吸引利用外资工作存在的问题是：第一，各地引资竞争激烈，福建面临严重的挑战。不仅以浦东为首的长江三角洲、珠江三角洲、环渤海湾、图们江开发区对外资的吸引力已在强化，而且中西部的中心城市、交通干线，对引进外资的环境也在优化。第二，随着沿海地区某些优惠政策的淡化，即对外资的特殊待遇逐步取消之后，如何实行对外商投资企业的国民待遇，是一个需要解决的问题。第三，到资前的工作与到资后的企业管理服务工作不协调，往往出现外资增幅较大而投产后遇到麻烦不小的现象，如税外乱收费现象十分突出。第四，利用外资的法律和法规制定了不少，但是执行力度不够。至 1994 年福建实际利用外资情况见表 1。

表 1　至 1994 年福建实际利用外资简况

万美元

项目 ＼ 年份	1979	1985	1990	1993	1994	1979—1997 累计
合　计	4234	17711	37968	190599	376418	1057838
一、对外借款	3831	5851	5853	3155	5100	78060
1. 外国政府贷款		334				6902
2. 国际金融组织贷款		602				1427
3. 出口信贷						
4. 外汇银行现汇贷款	380	115	5853	3155	5100	34458
5. 对外发行债券、股票	31	4800				31473
二、外商直接投资	83	11782	29002	286745	371200	968979

项目 \ 年份	1979	1985	1990	1993	1994	1979—1997 累计
1. 合资经营	15	8566	12617	98484	145518	371600
2. 合作经营	68	1950	2780	33498	34469	128355
3. 独资经营		266	13605	154763	191213	469024
三、外商其他投资	320	78	3113	699	118	10800
1. 国际租赁			1336			1416
2. 补偿贸易	320	45	387	699	118	7217
3. 来工装配		33	1390			2167

资料来源：福建省统计局资料，载于《开放潮》1995 年第 4 期。

（二）台资：福建省引进资金的着力点

在发展开放型经济中，福建把立足点放在增创环境优势、功能优势、体制优势和对台优势上。利用侨资台资是福建的优势，而台资又是福建独特的优势。

第一，从经济上看。利用台资问题不能孤立地看，而要从整体上去把握，要和闽台经贸关系联系起来看。闽台经济水平反差很大，以 1994 年为例，福建国民生产总值 203.14 亿美元（按官方汇价计算），而台湾地区为 2441.69 亿美元，为福建的 12 倍；福建人均国民生产总值 665.12 美元，而台湾地区为 11604 美元，为福建的 17.45 倍。在对外贸易方面，1992 年福建进出口总额为 43.33 亿美元，而台湾地区当年进出口总额为 1390.32 亿美元，是福建的 32 倍。此外，福建在交通、电力等基础设施方面也严重滞后。但是，正是由于闽台两地经济存在很大的差距，因而双方的互补性也很强。祖国大陆有一个 12 亿人口的巨大市场，台商来大陆办企业，允许有一部分产品内销，这对台商投资有很大的吸引力。现在大约有一半左右的台资企业产品在祖国大陆找到了市场（包括福建），解决了销路问题。同时，一方面从宏观看，台资到福建和大陆其他地方办企业，先把劳动密集型产业转移过来，这对台湾地区经济转型也是十分必要的。长期以来赖以支撑台湾地区经济成长的加工装配工业已失去了生存发展空间，劳工工资上涨、土地价格上扬、工业污染严重构成这些产业发展的普遍问题。另一方面，引进台资对福建经济的起飞和工农业现代化有着重要的意义。福建劳动力资源充沛，土地价格便宜，但工业化资金缺乏，技术水平不高，加强闽台两地合作对这些问题的解决颇有裨益。

第二，从社会历史方面看。闽台两地经贸往来历史悠久，福建人民很早以前就开始迁往台湾地区创业谋生。现在2100多万台胞中，有约80%的人祖籍在福建。他们中间绝大多数人特别是岁数较大的人对家乡怀有桑梓之情。许多台商在投资环境同等的条件下，仍然愿意回家乡投资，因为这里话通、人熟、离家近、办事方便。所以，福建把台、港、侨资作为招商引资重点，具有深厚的历史渊源。

第三，从区位和自然条件方面看。至少有如下几点有利于台商来闽投资：一是两岸仅一水之隔，平均距离140海里，交通方便；二是闽台农业自然资源条件相似，有利于台商来闽投资农业，推广台湾地区的农业技术；三是可减少运输成本。闽台相近，在实现直通条件下，这对于原材料来自台湾地区、产品又全部或部分销往台湾地区的台资企业来说，可以大大减少运输成本。

改革开放以来，福建省抓住两岸关系缓和的机遇，改善投资环境，加快基础设施建设，促进吸收台资。1993年至1994年，福建省批准台资合同金额49.95亿美元，占台商在祖国大陆合同总金额的22.4%；实际到资约16.5亿美元，占合同投资额的33%。各个时期投资额呈现波动。1989年，福建省引进台资占大陆同年引进台资总额的比重最大，达98.3%，随后比重逐年下降。这种情况显然不很正常，究其原因，除了全国各地投资环境明显改善、经贸政策有所变化之外，可能还与福建本身软、硬投资环境有关。联系到历年全省台资占外资的比重，也可以看到类似情况。这不能不引起我们的注意。

1995年，福建新批台资企业858家，协议台资18.19亿美元，比1994年增长40.39%，平均每项合同台资由上年的150万美元，增加到212万美元。另据台湾地区有关方面估计，1995年台商在祖国大陆总投资合同金额比1994年有一成以上的增长。而同期台湾地区对东南亚等地的投资总额不但没有增长，其中对菲律宾、马来西亚、新加坡、印尼等国的投资更出现38%～77%的巨额衰退。可见，台商投资祖国大陆已是不可阻挡的大势，祖国大陆已是台商对外投资的最重要目的地，这种格局很难改变。

台商投资企业的涌入对福建经济发展起了促进作用，产生了积极的效果。

（1）台商来闽投资促进了福建外向型经济的发展。十多年来，随着台商来闽投资的不断增加，国务院相继批准在厦门市的海沧、杏林、集美和福州市的马尾，以及福清市的元洪等地兴建台商投资区，并赋予相关政策和措施，这直接促进了台商在福建沿海地区的投资。台商在福建省投资金额情况见表2。

表2　台商在福建省投资金额情况

亿美元

项目＼年份	1983—1988	1989	1990	1991	1992	1993	1994	1984—1994
（A）台商在福建协议金额	1.85	5.4	4.6	4.24	8.90	15.49	9.47	49.95
（B）外资在祖国大陆协议金额	11.03	9.61	12.40	14.50	64.00	113.70	71.80	297.04
（C）台商在祖国大陆协议金额	6.00	5.50	8.90	13.90	55.40	99.70	33.90	223.30
A∶B（％）	16.8	56.2	37.2	39.3	13.90	13.6	13.2	16.8
A∶C（％）	30.8	98.3	51.7	30.5	16.1	15.5	27.9	22.4

资料来源：吴能远、马元柱：《闽台经贸合作之战略思考》，载于《福建对外经贸》1996年增刊。

同时，台资的日益增加也不断带动了港澳同胞、国外资金来闽投资，有利于福建不断改善投资环境，扩大经济开放度，成为我国沿海一个重要外向型省份。

（2）台商投资产业的转型对福建省产业结构的调整升级产生了积极作用。17年来，台商投资从生产要素看，已出现劳动密集型、自然资源密集型、资金密集型、技术密集型等形态；从产业类型看，主要是第二产业，同时也涉及第一产业和第三产业；从其到大陆投资看重利用的资源看，有劳动利用型、土地利用型、市场占有型、环境利用型、技术合作型等。在不同的投资阶段，投资形态和产业类型侧重点不同，各个时期的不同形态和类型对福建产业结构的调整升级都起着重要作用。20世纪80年代初期，来闽台资多属中小加工企业，不仅投资规模小，而且技术层次不高，绝大多数是劳动密集型企业，主要投资行业有纺织、制衣、制鞋、雨具、玩具、小五金等。20世纪80年代末90年代初以来，台商开始投资一些资金和技术密集型产业，如电子电器、化工、机械、建材、医疗器具等；一部分已投向种植业、养殖业和水产业；还有一部分已投向房地产业；有些已涉足港口、机场、船队、电站等。

（3）台资对福建经济快速增长起了促进作用。十多年来，福建经济能够保持较快的增长速度，主要是改革的动力、稳定的保证和各种因素综合作用的结果，其中闽台经贸合作尤其是台资的投入，无疑也为福建经济带来了积极效应。这表现在：补充了福建建设资金的缺口；大量的劳动密集型台资企业吸收了众多劳动力，解决了一部分剩余劳动力的就业问题；增加了地方财政直接或间接的收入；产品通过香港的转口贸易提高了福建的出口能力，为福建开辟了欧美等世界各地的市场。此外，台资企业的管理水平、工作效率、人员素质等也有可借鉴之处。

三、引资导向与投资环境

17年来，福建引进外资工作取得了重大成果，对填补建设资金缺口，以及安排就业、产品开发、技术创新、增加出口、繁荣市场、增加税收、扩大交流等方面产生了重要作用，促进了国民经济的快速发展。现在福建面临着"九五"计划和跨世纪发展，引资工作应该再上一个新台阶，获得更多成果。

（一）加强引资导向工作

（1）改变以劳动和资源密集型项目为主的外资生产要素结构，逐步向以技术和资金密集型项目为主的投资过渡，处理好技术与资金密集型、劳动与资源密集型项目的关系。

改革开放初期，福建所引进的外资企业大多数是劳动和资源密集型的，项目规模偏小，技术含量较低，企业管理水平低。1992年以来，由于我国逐步向社会主义市场经济体制过渡，外商看好中国市场，纷纷来福建投资，项目规模趋大，技术含量有所提高。这些大型项目的引进，对改变福建原有的外商投资的产业和产品结构有着积极作用，对改善福建的投资环境也起了很大的促进作用。我们认为，开放型经济的发展也要进行经济增长方式的转变。利用外资要更多地把注意力放在优化结构、规模经营和质量效益上，把重点转到资金密集、技术先进的项目上，转到吸收跨国公司和大财团的投资上，特别要争取通过利用外资引进一批具有20世纪90年代先进水平的技术、设备和管理经验，推动企业的技术进步。但是，跨国公司的数量毕竟是有限的，由于投资经营的时间较长、成败的风险较大，所以他们对投资环境的选择特别严格。同时，福建山区和沿海地区也不可一概而论。山区农村每年都有大量剩余劳动力需要就业，所以还不能过早地把劳动和资源密集型企业拒之门外。即使在沿海地区，也要根据不同的经济状况和外向度，分别按城市和农村逐步转变。我们既要积极推进经济增长方式的转变，又要实事求是区别对待，有步骤分地区地逐步推进这一战略。因此，在引进项目的选择上，要坚持"大、中、小"项目一起上，侨、港、澳、台、外都欢迎的方针。要巩固与港澳台地区、东南亚客商的关系。众多的港澳台地区的中小企业仍是今后我们引进外资的主要来源之一，而且港澳台地区、东南亚也有不少大财团、跨国公司，同样要注意引进他们的资本。要积极发展与欧、美、日等发达国家大财团、大商社、跨国公司的关系，继续引进他们的资金。

（2）加强引资的产业导向。根据1995年颁布的对外商投资产业新导向文件的内容，在"九五"期间，按国家规定，福建应鼓励和引导外资的重点：一是基础设施，除了允许外商合资兴建、经营铁路、高速公路和码头、港口等项目外，也要允许外商独资建设货运专用码头和专用航道，也可允许试点成立中外合资航空公司，联合经营航空业务。二是在采矿业方面，鼓励外商投资有色金属矿产开发、冶炼和加工，以及在煤矿、铁矿、花岗石、大理石等方面的开采和加工。过去严格禁止外商投资贵金属的开采加工，现在可允许外商进行低品位、难选金矿的投资开发试点。三是围绕福建石油化工、机械电子、建筑建材、林产业和水产业等5个支柱产业，集中力量引进一批投资规模大、技术含量高、行业关联性强的外资项目，加快支柱产业的发育和成长。四是在第三产业方面，包括商业、金融、外贸、旅游、房地产等行业，有步骤地放宽外商直接投资的条件：允许外商在厦门特区设立合资超级市场和经营零售业务，但不允许其经营批发业务；允许外商继续在沿海开放城市兴办外资银行；允许外商在武夷山、湄洲岛等旅游度假区内开发旅游设施，经营旅游业务，并可合资兴办国际旅行社；允许外商继续投资房地产业，并与某些基础设施建设项目相结合。五是根据国家规定，在其他行业，如广告、展览、咨询、租赁、会计、工程设计、质量认证等行业，允许举办中外合资公司。在文化教育领域，鼓励外国机构和个人捐资办学和成立联合培训中心等。

（3）处理好项目实业投资和其他方式投资的关系。吸收外资以往首先偏重于项目实业投资，其次是国际资本信贷。1990—1994 年，福建引进外商直接投资 751396 万美元，占同期全省实际利用外资 777360 万美元的 96.6%。1990—1994 年，福建对外借款（国际金融组织贷款）21547 万美元，占同期全省实际利用外资的 2.9%。外商其他投资则更少，仅占同期实际利用外资的 0.5%，而且主要是补偿贸易形式。据发展援助委员会的统计，1994 年流入发展中国家的资金为 1840 亿美元，其中 1640 亿美元来自经合组织国家，包括直接投资、银行贷款和股本购置在内的私人资金流入占总额的 60%。今后，要在巩固与发展以项目实业投资为主的基础上，根据国际资本流动的规律，在国家实行总量控制下的全口径管理的前提下，适当扩大利用国外贷款的规模，在国家批准的贷款额度内操作，探索和开拓股权融资、股票债券融资等融资方式。此外，还可把租赁、BOT 等投资方式引入，拓宽融资渠道，增辟投资方式。

（二）进一步改善投资环境

投资环境是吸引和利用外资的关键。17 年来福建省为改善投资环境做了一系列工作，从加强基础设施、制定投资政策、改善工作作风、提高办事效率等硬、软两个方面来进行，取得了很大成绩。这里专门讨论软环境的改善问题。

1. 逐步给外商投资企业以国民待遇

国民待遇是关贸总协定中最重要原则之一。目前，给外商投资企业以国民待遇实际上有两层含义：一是调整已经给予外商投资企业的优惠性待遇，使其逐步与内资企业的待遇接近；二是取消对外商投资企业的歧视性待遇。

每个国家在各个时期由于对外开放的内容和利用外资的具体情况不同，因此在涉外对策上也有所侧重，并会适时给予调整。开放初期，我国在涉外税收政策方面，鉴于当时的形势与环境，着重于根据外商投资方式给予不同程度的税收优惠办法，重点是扶植外商举办中外合资经营企业。1980 年和 1981 年，我国分别制定了中外合资经营企业所得税法和外国企业所得税法。20 世纪 80 年代后半期，我国采取了鼓励外商投资沿海地区的税收政策，充分发挥沿海地带的优势，带动中西部地带的发展。进入 20 世纪 90 年代，随着区域发展战略的调整和全方位对外开放格局的逐步形成，特别是社会主义市场经济体制的开始建立，逐步加大了产业性税收优惠政策的力度，以引导外商投资方向的调整。1991 年，为了解决外商投资企业和外国企业税负不尽合理的问题，我国制定了外商投资企业和外国企业所得税法，对外商投资企业和外国企业统一实行所得税 30%、地方所得税 3% 的税赋；经济特区和经济技术开发区对外商投资企业实行 15% 的所得税率。另外，对生产性的外商投资企业还实行"减二免三"的优惠。1993 年 12 月，国家颁布关于外商投资企业和外国企业适用增值税、消费税、营业税等暂行条例，这样，内资企业、外商投资企业及外国企业的税负日趋公平。1994 年，国家废止工商统一税，对外商投资企业和外国企业改征增值税、消费税和营业税，并及时采取一些过渡措施以保护投资者的利益。

1996 年，国务院对涉外税收制度的三项改革内容为：第一，从 1996 年 4 月 1 日起，将中国进口关税的算术平均率从 35.9% 下调为 23%，同时用两年时间还清原来积累的欠退税款；第二，1996 年 1 月 1 日起，将现行出口退税率由 14%、10%、3%，平均定为 8.29%，同时用两年时间还清原来积累的欠退税款；第三，对加工贸易实行进口料件计税保证金台账监管制度。这三项改革，不仅是中国税收制度的改革和完善，也是中国在对外经济体制方面进一步走向统一、规范的重要步骤，为各类企业创造了更为公平的市场竞争环境。

对外商投资企业的高价收费、乱收费也应予以取消，外籍人员购买飞机、车、船票和享用公共文化设施两种收费标准也需研究解决。

2. 加速市场化步伐

引进外资是为了充分发挥国外资金资源的作用，同国内相关资源相结合，创造出更多的效益，综合解决我国直接投资领域的不足和问题。由此产生两个问题：一是从宏观上说，要求在国民经济层次上考虑用什么机制和方式去引进，如何避免重复引进，它和国内资源怎样相结合，如何为国民经济发展和技术进步服务；二是从微观上看，要求在企业层次上考虑如何选好项目和合作对象，如何有效实施以节约引进成本，以及如何预期企业经济效益，等等。

无论从宏观还是从微观上说，都必须有一个市场化的环境。按照市场经济规律的要求，外商投资办企业的根本目的就是获得利润。为此须有一个良好的市场经济环境，通过由计划经济体制向市场经济体制的转变实现经济市场化。目前，公认的发达国家、中等发达国家市场化程度分别为80%～90%、70%～80%。经济市场化必然渗透到社会经济生活的各个领域。有关方面对目前福建各领域市场化程度的评估是：生产市场化和价格市场化程度均不足60%；劳动力市场化程度低于40%；资金市场化程度低于30%。可见，福建市场化总体程度还比较低。经济市场化的实现取决于计划经济体制向社会主义市场体制转变。在近期，要培育与完善市场体系，基本建立价格市场，形成价格调节机制；形成内外贸相结合、国内外市场相衔接的大流通格局；同时积极培育各类要素市场，尤其应重视金融市场的成长，以适应外商投资、外汇结算、证券交易、票据结算的需要。

3. 扩大经济国际化领域

经济国际化是当今世界的一个显著趋势。一个区域的经济国际化就是把该区域的经济与世界经济相融合，实现生产要素的优化组合和有效利用，促使该区域经济持续、快速、高效的发展。区域经济国际化程度对引进外资有密切的关系。20世纪90年代初期以后，西方经济徘徊，国际资本市场出现了大量的游资，为发展中国家提供了一个引进资金的机遇。但是，引进外资并不是我们单方面能够决定的，还要加速经济国际化的步伐。世界范围的区域经济国际化推动着国际资本流动的加快，后者的加快也影响了世界范围的经济国际化速度。国际资本以追求经济利益为其投资动力，它们当然要寻找投资条件好、效益高的地区和项目投资。区域经济国际化使国际资本的触网伸得很长很广，这对该区域了解和捕捉外资的动向起了很大作用；区域经济国际化一切按照国际惯例办事，经营活动按照国际市场经济规律发展，使投资商能很快地适应新的投资环境，施展他们既定的跨国拓展战略；区域经济国际化也便于引资区域的政府通过市场手段间接管理外资企业，有利于双方互利互惠。对于一个区域的经济国际化来说，最重要的是政府要有迫切的国际化的意识，其行为要符合国际的要求，从而才能推动产业、贸易、技术的国际化。

4. 宏观调控与市场调节相结合

在我国经济加入国际化、逐步建立规范化的社会主义市场经济体制的过程中，要力求把宏观规划和市场结合起来。自由竞争市场经济虽然对资源优化配置起到了基础性作用，但也存在固有的缺陷，即其盲目性和自发性所引起的经济发展不稳定和分配的不公平。宏观调控正是用来弥补和调节这种不足与弊端的。1996年3月批准的中国"九五"计划和2010年远景目标纲要中，把宏观调控作为目标提出来，摆在奋斗目标之后。这在以往计划纲要中是鲜见的，足以说明国家对宏观调控问题给予了高度重视。这样安排比过去在国民经济运行中出现问题之后再采取措施要主动得多、成熟得多。而且，宏观调控目标的内容也更为明确，包括经济增长速度、价格总水平、固定资产投资、财政收支、货币供应、国际收支、人口和就业等。这样，把宏观调控和市场调节结合起来，对经济和社会发展将起到持续、快速、稳定的作用。可以肯定，这样良好的投资环境是外商投资企业所企望的。

5. 市场经济法制化

市场经济也就是法制经济。投资环境的建设要把法制建设作为重要内容，把经济立法放在重要位置上，用法律引导、推进和保障投资环境的改善。改革开放以来，中国先后制定了500多项涉外经济法律与法规，包括涉外投资法、涉外税法、外贸易法、知识产权法律制度、涉外合同法、涉外仲裁法律制度等。福建省也制定了不少地方性涉外法规，这些经济立法对福建省外商投资的快速上升、对外贸易的快速增长、国际经济合作和技术合作的不断扩大，起了积极的规范、推动作用。

福建省根据国家的法规和本省的实际情况对外商投资问题制定了贯彻、补充的办法和规定，进一步优化了外商投资环境。这些法规主要有：《福建省贯彻〈国务院关于鼓励外商投资的规定〉的补充规定》（1986年10月14日）、《福建省实施〈中华人民共和国台湾同胞投资保护法〉的办法》（1994年9月16日）、《福建省外商投资企业用地管理办法》（1989年12月14日）、《福建省台湾同胞投资企业使用土地管理办法》（1991年12月31日）、《福建省外商投资开发经营成片土地暂行管理办法》（1993年6月23日）、《福建省外商投资有形资产鉴定暂行办法》（1994年2月26日）、《福建省外商投资企业投诉办法》（1994年10月19日）、《福建省关于鼓励外商投资农业综合开发的暂行规定》（1991年10月10日）、《福建省鼓励外商建设经营港口码头的暂行规定》（1993年6月23日）、《福建省鼓励外商投资建设经营电力项目的暂行规定》（1993 年 6 月 23 日）、《福建省鼓励外商投资高速公路的暂行规定》（1994 年 5 月 5 日）、《福建省关于向境外客商让售全民所有制小型工业企业的暂行规定》（1988 年 7 月 7日）、《福建省利用世界银行贷款管理暂行办法》（1992 年 9 月 14 日）等。

在今后法制建设工作中，一方面应继续建立和完善涉外地方法规，真正体现福建的特色，其中包括取消不符合国际惯例的审批制度、建立企业简易登记制度、取缔税外外资企业乱收费的问题，以及外资企业注册资金长期不到位、高进低出转移利润、弄虚作假骗取出口退税、劳动条件低于法定标准等问题；另一方面，要认真解决有法不依、执法不严和以罚代法的问题，维护涉外法律的严肃性。

参考文献

①《邓小平文选》第三卷，人民出版社，1993 年，第 78 页。

② 联合国贸易与发展会议跨国公司与投资司：《1994 年世界投资报告：跨国公司、就业与工作环境》，联合国出版署。

③《福建年鉴（1995）》，福建人民出版社，1995 年。

④《福建统计年鉴（1995）》，中国统计出版社，1995 年。

⑤《国家鼓励的外商投资项目有哪些?》，《福建侨报》，1996 年 5 月 5 日，第 2 版。

⑥ 王家福：《中国涉外经济立法的现状及存在的问题》，《开放潮》，1995 年第 6 期。

⑦ 刘仲藜：《关于 1995 年中央和地方预算执行情况及 1996 年中央和地方预算草案的报告》，《经济日报》，1996 年 3 月 21 日，第 2、3 版。

⑧ 福建省对外贸易经济合作厅编：《涉外经济法规与实务》，海风出版社，1993 年。

（原载于魏世恩、石川祐三主编：《经济转轨与区域发展——福建经济发展研究》，厦门大学出版社，1998 年，第 179－191 页）

关于构建海峡西岸经济繁荣带的几点思考

一、构建海峡西岸经济繁荣带符合经济区域化的趋势

建立东西互动、承南接北的台湾海峡西岸经济区是我国经济区域化的要求，也是福建经济跨世纪发展的需要。

（一）区位优势：经济繁荣带定位的前提

福建位于台湾海峡西岸，台湾地区和福建两地人缘相亲，约80%的台胞祖籍在福建；地缘相近，福建与台湾地区一水之隔；资源互补，相互依存。特别是改革开放以来，两省地域劳动分工的特征愈来愈明显。

福建是长江三角洲—珠洲三角洲的陆域连接带，台湾海峡又是两个三角洲之间的黄金水道。从沿海地区看，经济发展最快、经济实力最强的当数这两个三角洲，如何实现两个三角洲之间的区域联合协作、优势互补、互利互惠，不仅关系到两个三角洲的发展问题，而且关系到我国跨世纪的蓝图能否实现的问题。加强两个三角洲的经济联系，不仅可使两地经济协调发展、资源互补互益，而且可将两地的先进经济技术向福建转移，加快福建经济发展，提高福建技术水平。

福建位于祖国大陆东南一隅，在我国东西南北四组海上航线中，通往东南亚、大洋洲的南行线以厦门港为起点，里程较短；通往南亚、非洲、欧洲的西行线从厦门港出发，行至新加坡才折向西行，里程也较短。湄洲湾港将成为国际中转港口之一。便捷的海洋通道，为福建和世界各地的联系提供了有利的条件。

（二）经济发展：经济繁荣带地域劳动分工的结果

福建是全国最早开放的省份之一，又是全国综合改革试点省份之一，

十多年来，一直承担着我国对外开放窗口和基地的任务。福建在外华侨、华人810万人，分布于世界各地，东南亚是福建华侨聚居的地区，港澳地区有80多万福建籍人士。改革开放以来，华侨、华人、港澳同胞对桑梓建设起了重大的作用，今后侨资、侨汇、侨技也仍是重要的建设力量。

改革开放后的17年，福建经济快速发展，人民安居乐业。福建的经济总量在1987年提前3年实现第一个翻番之后，1993年又提前7年实现经济总量第2个翻番；经济总量在全国的排位由1978年的第23位上升到1994年的第12位；人均国内生产总值在全国的位次上升到第8位。根据全国各省、市、自治区社会经济的40个指标综合加权评分，福建的综合水平已居全国第10位。福建的经济总量已成为全国经济实力的重要组成部分之一。

40多年来，尤其改革开放以后，福建形成了以轻工业为主体和具有一定规模的重化工业的工业体系。福建省"九五"计划（讨论稿）根据支柱产业应具备的条件，及其与国家支柱产业相衔接的要求和福建省情，初步确定石化、电子、机械、建筑、林产加工等行业为工业支柱产业。前4个产业都是国家支柱产业的重要部分。李鹏总理指出，福建要把石化工业作为振兴福建经济的龙头。目前，福建炼油厂已投产3年多，45万吨乙烯项目也在中央审批中。这些支柱产业中某些产业虽然目前尚未形成较大规模，但已有一定基础，它们对国民经济其他部门发展的前向和后向牵动效应较大。从产业地域分工要求看：第一，现阶段，我国"九五"计划已明确提出电子、机械、石化、建筑为支柱产业，福建所确定的支柱产业，一方面主要是根据省情决定的，是符合全省国民经济发展需要的；另一方面福建所确定的支柱产业也是全国支柱产业的有机组成部分，福建的主要支柱产业是国家支柱产业在福建的分布，如福建炼油厂就是国家石油总公司和福建省合办的。第二，福建支柱产业所需的原材料，除了本省能够提供的以外，还要依靠从省外调（购）进，如石油、焦炭、钢材等，而全国所需的原材料，如水泥、高岭土、竹木等可从福建购进。第三，福建支柱产业的技术水平还需大力提高，多数企业采用粗放型增长方式，今后必须向集约型转变，要从省外引进先进技术和管理方法，同时，福建的电子、信息等企业的技术水平较高，可向省外传递。

（三）对外经贸：经济繁荣带的国际分工基础

从国际分工看，历经 17 年的开放，福建已形成全方位、多层次、广渠道的开放格局，福建经济和国际经济已紧密地联系在了一起。1979—1994年，外商在福建实际投资金额累计 97 亿美元，加上国外贷款，福建实际利用外资 105 亿美元，累计批准外商投资企业 15823 家。外商（国家、地区）到福建投资和在任何一个地方一样，都要求满足某些特定的条件，必须考虑到在一定时期内获得比较廉价的原料、燃料和劳动力，并能得到必要的基础设施。大体说来，外商单个企业的布局指向有运输指向、劳动力指向、廉价电力指向、港口指向、水质指向等，在众多指向综合比较中，布局最优区位就在引力合力最大的一个指向上，达到成本最低、效益最大的目标。十多年来，已在福建投资的国家和地区有 48 个，说明福建在国际（区际）社会劳动分工中已经承担一定的分工，除了能够满足廉价的劳动力、便捷的港口运输条件外，也能满足某些新技术产业所需要的其他条件。

福建 1994 年进出口总额 133.37 亿美元，出口总额 82.35 亿美元，居全国第 3 位，其中工业品占 88.8%，农副产品占 11.2%，外贸出口依存度达 42.3%；进口总额 51.02 亿美元，其中生产资料占大多数，生活资料占少数，说明福建市场和国际（区际）市场已有广泛的交换，彼此产生了相互依赖性，从而可以动态地从比较优势转移的分析中，运用比较优势的原理确定自己的优势产业，争取在国际分工和交换中处于更加有利的地位。

（四）中心城市：经济繁荣带的核心

城市的经济吸引是繁荣经济带形成的强大因素。福建已经出现厦门和福州两个具有较大经济吸引力的城市。厦门是我国经济特区，是东南沿海重要的国际性港口城市，港口自然条件优越，海岸线 154 公里，可供建万吨级的深水泊位 30 多个。厦门特区不仅是闽东南地区的中心城市，而且是全国对外开放窗口之一，是重要的对外贸易口岸、重要的交通枢纽和金融中心、经济中心、文化中心。随着厦门经济特区范围的不断扩大和自由港某些政策的实施，对外经济技术交流与合作，以及对外经贸合作获得很大进展。

福州是福建省省会，是福建省的政治中心、文化中心。1994 年，全市国内生产总值194.94亿元，居民人均消费收入4080元。建设以福州为中心的闽江口经济圈是福州市外向型经济发展的战略核心和主体。整个经济圈面积约500多平方公里，人口350万。总体构想是：形成以福州经济技术开发区为前导，以老市区为依托，以沿海县（市）区为南北翼，以山区县为后卫，以闽江流域和闽东北为腹地，全方位多层次的对外开放格局。到20世纪末，建成各类外商投资区和加工区协调发展、城市化水平较高、经济发达的现代经济成长区；把福州建设成商贸金融中心、科技信息中心和闽台经贸交流中心，充分发挥福州作为中心城市辐射闽东北、带动全省的功能。

二、海峡西岸经济繁荣带的范围与功能

构建中的海峡西岸经济繁荣带具体是指：浙江境内浙赣线西段以东，江西省内京九线南段以东，北起温州，南至汕头，西至江西抚州、赣州，东临台湾海峡的广大地区，包括福建全省，浙江的温州、丽水、衢州，江西的上饶、鹰潭、抚州、赣州、吉安，广东的梅州、揭阳、潮州、汕头等20个地市级行政区划单位，土地面积27万多平方公里，人口7900多万人，1994年国内生产总值近2980亿元。

世纪之交，从总体看这一经济带处于比较有利的环境。但是，经济区发展的机遇与挑战并存，希望与困难同在。本区是著名侨乡，邻近台港澳地区和东南亚，在引进外资和开展对外经贸合作与科技文化交流上有诸多方面独特优势。中央把广东、福建最早列为对外开放地区，把深圳、珠海、汕头、厦门列为经济特区。党的十四大把闽东南确定为全国加快开放开发的重点地区之一，党的十四届五中全会又把闽东南列入东南沿海经济区中两个主要地区之一。大京九铁路的接轨、浙赣复线的竣工，这些因素都为本区的发展创造了良好的环境和条件。

构建中的海峡西岸经济繁荣带应具备以下功能：

资本经营功能。新中国成立后，国家在福建的投资偏少，福建经济基础薄弱，技术水平不高，虽经十多年来的发展经济迈开了步子，但经济总量不够大，与沿海诸经济强省相比有较大差距。从发展看，要保持持续、快速发展态势，必须牢固树立社会主义市场经济观念，以资本增

值为目的，把一切经济活动纳入市场经营轨道。党中央关于两个"转变"的英明决策，最终目的也就是通过"建制转型"获得较好的经济效益，实现社会主义经济的大发展。因此，资本经营是农业、加工业、第三产业的经营战略，同时各个产业采用了这个战略，也就产生了一个大区域的总体功能。

交流合作功能。对台工作是全国性战略，福建在对台关系中处于重要的战略地位。福建除了要成为双边合作试验地区、两岸直通先行区、两地科技交流的桥梁外，还要做好"一国两制"前沿地区的试验工作。可考虑将厦门特区或闽东南地区作为前沿试验区的范围。要根据"一国两制"的基本要求和实际情况，设计总体模式。经济特区要适应"一国两制"的要求，深化和拓展特区的试验功能。应以中华人民共和国相关体制、法规、路线、政策为依据，策划两岸关系战略，制订相关的地方法规。

枢纽营运功能。海峡西岸经济繁荣带的建立，通过闽浙赣、闽赣粤三边边区接纳来自长江、珠江两个三角洲的辐射。经济区对两个三角洲来说是一个走廊，但从两个三角洲来看，西岸经济区又是一个枢纽。福建铁路在江西与京九线接轨，将促进福建与华中、西南的贯通，使福建成为华中、华南物资出海口之一。湄洲湾港水深港阔，可建 30 万吨泊位，已被选为我国四大国际中转港之一。湄洲湾港位于上海港与广州港之间，东临台湾岛，南至东南亚，经新加坡折向西可达非、欧。

三、海峡西岸经济繁荣带的跨世纪发展思路

海峡西岸经济繁荣带跨世纪的发展战略，要在邓小平建设有中国特色社会主义理论和党的基本路线指引下，深化改革，扩大开放，结合本经济区的实际，提出自己的发展道路。

1. 实现经济体制和经济增长方式的转变。实现党的十四届五中全会《中共中央关于制定国民经济和社会发展"九五"计划和 2010 年远景目标的建议》中提出的经济体制和经济增长方式两个转变，是达到海峡西岸经济繁荣带跨世纪发展战略奋斗目标的关键。1978 年以来，福建国民收入绝对量不断增加，但国民收入占社会总产值的比重却在下降，1981 至 1993 年下降 10 个百分点以上。国民经济增长主要靠资金和劳动的投入，科技含

量不高。如不实现从粗放型向集约型增长方式转变,"九五"计划和 15 年远景奋斗目标就难以实现。同时,还要实行由计划体制向市场经济体制转变,以适应生产的发展。因此,要加大改革力度,形成有利于节约资源、降低消耗、增加效益的企业经营机制,形成有利于自主创新的技术进步机制,形成有利于市场公平竞争和资源优化配置的经济运行机制。

2. 产业重组,优化产业结构。区域经济高级化要求产业结构进一步调整和优化,保持国民经济持续、快速、健康的发展。应把农业放在发展国民经济的首位,全省农产品供应总量不能减少,良田面积不能减少。农业需要产业倾斜,实现现代化。产业升级是必然趋势,福建已提出以石化、机械电子、建筑建材、林产业、水产业为支柱产业,并将培育海洋、信息、生物技术、环保等跨世纪支柱产业。上述某些支柱产业还只是雏型,尚未发育壮大,因此,对目前占总产值比重较大的某些轻纺工业,还要继续成长壮大,防止出现空档现象。要大力发展第三产业,加大第三产业在国民经济中的比重。社会主义市场经济为资源合理配置建立基础,既体现于空间,也体现于各个产业和企业之中,国际经济与周边经济的变化,也要从产业方面与之衔接。

3. 积极拓展经济空间。要在区域间进行极化扩展。极化是形成经济增长极,提高经济辐射力;扩展是扩大开放,形成更大的开放领域并提高开放层次。开发海洋是拓展经济空间的重要内容。福建渔场海域面积 13.6 万平方公里,可通达世界各大洋,海洋经济将是福建国民经济的重要组成部分。海洋经济由临海港口经济和海洋产业组成,后者包括滩涂养殖、海洋渔业、海洋化工、盐化工、海洋能源、海上运输、海上旅游等。海洋产业也要培植支柱产业,可将资源丰富、关联度强、与国计民生关系密切、发展前途广阔的海水产业、海上运输业作为首选的支柱产业。

4. 协调山区和沿海的发展。福建省山区与沿海地区的关系是省内自然区域同基本格局。改革开放以来,沿海依靠台、侨、海政策和区位优势,增长速度加快,与山区拉开了距离。1986—1993 年,福建沿海地区国民生产总值和财政收入年均分别递增 21.2% 和 23.7%,分别高于山区 5.8 和7.7 个百分点;人均国民生产总值由 1986 年的 741.1 元上升到 1993 年的3890 元,7 年时间与山区差距拉开 29.6 个百分点。对此趋势应予以充分重视。要通过优势互补、资源互利形成各有特色的产业布局。山区应充分利用闽东南沿海和铁路沿线的经济技术条件，因地制宜，以科技为先导，以市场为导向，依托资源形成基地，以销促产，联合开发，使资源优势迅速转化为商品经济优势。

5. 节约城市用地，提高城市化水平。随着城市化的进展，以中心城市为核心的经济区逐步形成；经济区的构建，反过来又将加快城市化的步子，展望前景。本经济区将以发展港口城市和交通干线城市为重点，形成若干以特大城市、大城市为核心，大、中、小城市并存的城市群。本区人多地少，走土地节约型城市发展道路是唯一的科学选择。要改变农村剩余劳动力离土不离乡的模式，有步骤地采取有效措施，吸引农村剩余劳动力进城，以减少农村居民点的土地占用。同时，还可同步提高城市化水平，使农业生产走上规模经济的道路。因此，要充分挖掘现有城市的土地利用潜力，提高土地利用率，加快地下、地面、地上空间的开发利用，以节约城建用地。

6. 实行科教兴省战略。科学技术是第一生产力，教育是国民经济的根本。要实现经济体制和增长方式的两个转变，实现"九五"计划和2010年远景目标，关键在于依靠科技和提高劳动者素质。为此，福建省提出了科教兴省战略，并相应提出了总体目标与十大工程。实现和完成总体目标与十大工程，关键在于党和政府加强对科教工作的领导，在于第一把手抓好第一生产力和根本，增强各级领导的科教意识。每年至少召开两次专门会议研究科技工作，做好各级政府科技副职的选派工作，要把推进科技进步工作作为考核干部的重要内容。要进一步改革投资体制，调整优化投资结构，优先安排科技经费。要引导全社会增加科技投入，建立多层次多渠道的科技投入体系。

7. 努力创造一个可持续发展的环境。强化环境保护，实行综合治理，是国民经济长期持续发展的需要，也是人类生活环境舒适的保证。环境保护是国民经济的有机组成部分，环保发展战略也应列入经济社会发展总战略中去。在实行粗放型向集约型增长方式转变中，在制订经济社会发展计划时，要注意保持人口与资源的平衡、资源利用与环境保护的平衡、经济再生产与自然再生产的平衡。在由计划经济体制向市场经济体制转变过程中，应当加强政府大环境保护、综合治理中宏观调控作用。重点要抓好工业污染的综合治理，推行清洁生产，这是实现可持续工业发展的根本途径。应注意乡镇企业和"三资"企业的污染，防止其由城市向农村蔓延。福建江河纵横交叉，流域治理是一个突出问题，要把闽江、九龙江、汀江、晋江等流域治理摆到重要位置上来，区域协作、联合作战。

（原载于《开发研究》，1997 年第 3 期）

跨世纪区域经济计划的几个问题

党的十四届五中全会和福建省第六次党代会提出的全国、全省经济社会发展方针、目标、任务、对策，为各级区域经济社会发展指明了方向与道路。

一、区域中长期发展计划的战略性

今后的 5 年是我国迈向 21 世纪、全面达到第二步战略目标的 5 年。21 世纪初的 10 年是我国迈向第三步目标的重要阶段。奋斗目标是，国民生产总值比 2000 年再翻一番。虽然人民生活水平还处于小康阶段，但比本世纪末的小康水平，人民生活将更加富裕些。到下世纪中叶，基本实现现代化，人民过上比较富裕的生活。

从 1996—2010 年，要经过三个五年计划时期。现在，1996—2000 年五年计划的蓝图已经绘出，2010 年的奋斗目标也已明确。问题在于怎样理解和把握达到目标的战略。

跨世纪的中长期发展战略，要在邓小平同志中国特色社会主义理论和党的基本路线、基本方针指引下，结合本地区具体情况，提出自己的发展道路。跨世纪的中长期发展，跨度大、时间长、变化多、涉面广，应该求准、宜粗、稍宽。

求准，是指经济发展要突出传统经济体制转变、经济增长方式转变和科教兴国三大战略。第一，由传统的计划经济体制向社会主义市场经济转变。建立现代企业制度、统一开放的市场体系、宏观调控体制、合理的收入分配制度和多层次的社会保障制度，构建与国际经济接轨的社会主义市场运行机制，是实现经济增长方式转变的根本动力。第二，经济增长方式由外延的粗放型向内涵的集约型转变，对增强经济实力、提高综合国力、提高人民生活水平具有重大意义。第三，科技是第一生产力，劳动者是生产的主人，大力发展科技，重视教育，加强劳动者的思想政治教育工作，才能实现经济增长由量的扩张到质的提高的转变。以上一、三两个战略从生产关系和生产力两个方面保证了第二个战略——经济增长方式转变的实现。所以，这三个战略是相互联系的关键性战略。求准，就是要抓住以上关键性战略。

宜粗，指计划内容易粗不宜细，避免搞得太烦琐。战略有别于规划和计划，况且中长期发展时间跨度大，客观变化错综复杂，有个方向和道路就可以了。

稍宽，即要把视野放宽些，照顾到发展和主要领域。具体地说，要从产业重组、空间拓展和时间跨越等方面来探讨。

当然，每一个区域都有自己的环境、条件和历史。不可生搬硬套和一刀切，可以在分析研究本区域具体情况的基础上，找出主要矛盾，从战略的高度抓住这个主要矛盾，寻找突破口，兼顾其他薄弱环节，形成一个整体性的战略思路。下面结合福建的实际，讨论发展战略中带有关键性的问题，然后再谈一个共性的问题——国土规划是区域发展计划的基础。

二、区域经济高度化

——提高区域经济质量

经过 17 年的发展，福建省已形成以厦门经济特区为龙头，以闽东南为开放开发重点，山海协调发展、周边省际分工协作的多层次、多方位、多领域的发展开放格局，对扩大开放、优化结构、促进发展起了积极的作用。但是，以往的区域发展在不同程度上表现为外延的粗放型方式。从全省看，1978 年以来国民收入绝对量不断增加，但国民收入占社会总产值的比重却呈下降趋势，1981 至 1993 年下降 10 个百分点以上。1993 年，全省平均每万元国内生产总值消耗能源 1.678 吨标准煤，大大高于发达国家能耗水平。全省产业结构中，第三产业比例仍偏小，1993 年才达 29.6%。各产业中以传统技术为基础的劳动密集型企业仍占大多数。十四届五中全会决定转化经济增长方式是非常重要和及时的，对提高区域经济质量具有不可估量的作用。当然，增长方式的转变是一个长期的战略任务，不可一蹴而就。从沿海和山区看，也不能一概而论，对山区来说，转变的过程会更长。山区的技术水平和资金积累都有很大的差距，过早地进入技术密集型方式是不可能的。况且，农村中每年都有大量的剩余劳动力需要解决就业问题，还不能过早地把劳动密集型企业抛掉，即使在沿海地区，也要根据不同的经济状况和外向程度，分别按城市和农村逐片转变。我们既要积极推进经济增长方式的转变，又要实事求是区别对待，脚踏实地地用较长的时间，有步骤分地区地逐步推进这一战略。

——必须进行产业重组

区域经济高度化，要重视结构调整，达到产业优化的目的。今后一个时期是福建省劳动密集型产业向资本密集和劳动密集相结合产业转变，再向以技术资本密集产业为主转变的过程，产业升级已是必然趋势。不久前，省里已经提出以石化、机械电子、建筑建材、林产业、水产业为支柱产业，并将培育海洋、信息、生物技术、环保等跨世纪新支柱产业。作为国民经济基础的农业也要实现现代化，这就需要进行产业倾斜；社会主义市场经济为资源合理配置建立基础，体现于各产业部门和企业之中；国际经济与周边经济的发展与变动，也促使我们从各个方面其中包括从产业方面与其接轨。

——积极拓展空间

拓展空间主要指在区域间进行极化扩展，就是从战略高度辩证地把握经济的集聚效应和扩张效应。极化就是形成区域经济增长极，聚集力量形成发展的内在动力，提高经济幅射力。扩展就是扩大开放，进一步扩大福建开放领域和开放层次，形成全方位开放格局。海山联动就是把握福建发展全局，突出全省一盘棋的战略指导思想。通过最大限度地发挥山海各自不同的功能和优势，通过强化山海之间合作沟通的交通链、产业链和城市链，促进沿海与山区共同发展，实现全省发展目标一致化、利益最大化。

开发海洋是拓展空间的重要内容。人口膨胀、农用地逐年缩小、粮食紧缺是福建面临的难题。但是，福建有海域面积13.6万平方公里，比陆域面积大12.0%，海洋经济将是福建经济的重要组成部分。它由两个方面组成：一是临海地区（有海岸线的县、市、区）经济；二是海洋产业，包括滩涂养殖、海洋渔业、海上运输、海洋化工、盐化工、海洋能源、海底矿产、海上旅游等。应该说明，临海地区经济的总量很大，1994 年约占全省国内生产总值的 68％。这一地区经济行政管理的归口属于有关地、市和有关部门，将来还是这样，但在统计中需要交叉，其中一个部分要计入海洋经济，算是广义的海洋经济的一部分。

海洋经济也要培植支柱产业，它的选择：一要关联度强、增长率高的产业；二应注意现在的基础和条件；三要估计发展前景。从近期看，可把培植重点放在海水产业和海洋运输业。选择海水产业理由是：（1）福建地处中、南亚热带，海洋资源丰富；（2）关联度强，涉及渔船、渔具、渔用仪器制造，水产品保鲜、冷藏、加工、贮运，以及相关的钢铁、机械、仪表、通讯、电机、制冷、运输等行业。福建海洋水产发展已有相当的基础。选择海运业理由是：（1）福建海岸线长，有良好的深水港口；（2）运输业是国民经济的命脉，发展海运业对沿海与山区均有重要作用；（3）关联度强，能带动材料、造船、信息、内外贸、港口建设、港口工业发展；（4）发展前途广阔。

——协调区域经济关系

福建山区与沿海地区的关系是省内区域间的基本格局。改革开放以来，沿海凭借侨、海、特、台和区位优势发展外向型经济，经济增长速度加快，与山区经济拉开了距离。1986—1993 年，沿海地区国民生产总值和财政收入分别年均递增 21.2％ 和 23.7％，分别高于山区 5.8 个和 7.7 个百分点。沿海地区人均国民生产总值由 1986 年的 741.1 元上升到 1993 年的 3890 元，山区由 769.7 元上升到 2888.3 元，相对差距由 1988 年的 3.8％ 发展为 1993 年的 25.8％，7 年时间差距拉开 29.6 个百分点。对这种差距迅速拉大的趋势应给予充分重视，同时还要从其他方面看区域间关系。一是各地区能否以自己的优势发展专业化部门，并相应发展关联配套产业，形成地区之间优势互补，各具特色。闽西北山区发展原材料、林产工业应属利用本地区优势资源之所在。沿海则侧重发展电子、轻纺、水产等产业，并形成地区间交流。从这一方面看，内地和沿海地区间资源互补关系是存在的。二是区域贸易是否建立在平等互利的基础上。发展中地区由于产业发展水平低，以原材料、初级产品和发达地区的商品交换往往处于不利地位。三是人口流动是否合理。如果地区间发展水平过于悬殊，势必促使人口大量流向发达地区，特别是高级人才也大量流失。

三、国土规划：区域发展计划的基础

制订区域国民经济和社会发展计划必须建立在区域国土规划基础之上，国土规划从分析评析区域内国土资源优势、劣势及其发展前景入手，以国内外市场为导向，绘出未来经济建设与国土开发整治的蓝图，提出资源开发利用的规模和时序，提出地域的合理分工要求，提出实现资源开发和生产力合理布局的对策，并从人口、资源、环境协调发展的角度提出基础设施和基础产业的建设要求，以及生态环境良性循环的意见。因此，国土规划为编制经济和社会发展计划提供依据，为经济社会发展战略目标与任务服务，以协调区内经济发展与人口、资源、环境的关系为主要内容。

国土资源开发整治和经济发展息息相关，但毕竟不是同一回事。从资源开发的本意上说，要解决资源的纵深开发合理利用问题。但是，要把资源变成财富，中间要有开发利用的过程。因此，除了把经济发展作为国土开发最终目标外，还要选择若干指标作为衡量资源开发整治的尺度：一是资源开发整治能力；二是资源综合利用程度；三是生态环境保护。首先，国土资源开发整治能力指标。这一指标反映开发手段的规模、作用与技术水平。规模与作用的大小直接影响资源的开发利用程度。通过开发整治投资额和投资回报率、开发整治的功能作用、开发整治的技术水平、项目关联度、新产品及优质品种开发能力、环境对资源开发的影响等指标来衡量。其次，国土资源综合利用程度指标。国土资源作为劳动对象或作用于劳动对象的劳动手段，可以通过综合利用指标观察其利用程度，如矿产开采率、加工成品率、农用地复种指数等。再次，生态环境保护指标。为了改善生态环境，重要的一条是实行绿色大地计划。它是应用国土改造工程、区域治理技术、生物工程技术、生态工程技术、信息工程技术等对国土资源加以合理开发，提高整体的第一性生产力和"三废"净化率等措施和指标，限期解决原有污染问题。同时，还要大力防止新污染源的蔓延，控制环境恶化。

区域的类型和层次不同。一般类型和层次的区域计划是在国土规划的基础上提出发展目标与任务，提出产业结构、生产力布局的意见；明确地区和城市在劳动地域分工中的任务，探索制约这种分工的基本因素；处理经济发展与人口、资源、环境协调问题。

随着区域经济的发展，以中心城市为核心的经济区逐步形成，从而研究和制定中心城市经济区计划居于十分重要的位置。福建省闽东南地区实际上是一个以中心城市带动发展的经济区域。这个地区包括福州、厦门、漳州、泉州、莆田5市，1993年年末总人口1970万人，约占全省人口的2/3；土地面积4.2万平方公里，约占全省土地面积的1/3。改革开放以来，这一地区在发展外向型经济、引进外资、建立台商投资区、创办经济技术开发区和高科技园区方面获得了惊人的成就。1994年，这一地区国民生产总值770.21亿元，占全省的73.7%；地方财政收入70.5亿元，占全省的68.1%。闽东南经济的崛起有力地促进了全省经济的发展，使福建经济实力在全国的排位逐年上升。闽东南的经济成就和厦门、福州两个中心城市的作用是分不开的。

厦门地处九龙江口，背靠漳州、泉州平原，东临台湾海峡，是东南沿海的重要港口城市。厦门港自然条件优越，港阔水深，不冻不淤，避风性好，海岸线154公里，可供建万吨级的深水泊位30多个。厦门港地处我国南方航线中段，恰居东海与南海交接水域，扼海上交通航道之要冲。厦门高崎国际机场辟有许多航班通往全国各地和东南亚地区。经过十多年发展，厦门建成了以工业为主，兼营旅游、商业和房地产的综合性外向型经济特区。1994年，厦门国内生产总值1819亿元，工农业总产值246亿元，三资企业产值占全市乡及乡以上工业产值69.8%，港口货物吞吐量1140.6万吨。全市城镇居民人均生活费5114元，农民人均纯收入2058元。厦门已成为漳州、泉州、龙岩等闽南和闽西经济协作网的中心。福州市是福建省省会和全省政治、经济、文化中心，也是闽东南地区又一个中心城市，同时是福建北部福州、莆田、南平、三明、宁德五地市经济协作网的中心，总面积1.2万平方公里，总人口560万，其中市区人口160万。改革开放15年以来，福州市国民经济迅速发展，1993年福州市在全国35个中心城市中国内生产总值居第9位，增长速度居第3位；工业总产值的总量居第10位，增长速度居第6位；财政收入的总量居第11位，增长速度第2位；社会商品零售总额的总量居第13位，增长幅度居第9位，成为全国国内生产总值超双百亿的城市之一。改革开放以来，福州累计投入100多亿元资金大大改善了基础设施滞后状况。福州义序机场辟有35条航线；建设中的长乐国际机场一期工程建成后，年可周转旅客 1500 万人次；福州港年货物吞吐量突破 1000 万吨；马尾新港一期集装箱码头年吞吐 10 万标箱；福清湾的 3 万吨级码头已投入使用。福州的通信发展居全国前列，供电供水不断改善。

基于上述情况，闽东南地区在跨世纪中长期发展中，制订一个以中心城市带动、以协调合作促进发展为特点、以建立台湾海峡西岸繁荣带为目标的合作发展计划，不仅是十分必要的，而且条件已经成熟。

这是由于：第一，党的十四大已把闽东南列为全国加速开放的重点地区之一。第二，闽东南经济快速发展已成为福建省内经济实力较强地区。福建省已决定继续加快发展闽东南，带动内地山区的发展。第三，厦门、福州等中心城市已经成长起来，生产力发展规律要求中心城市带动周边的发展。第四，全省国土资源综合开发利用规划已经产生，为闽东南地区经济持续、快速、稳健的发展提供了坚实基础和科学依据。不久前，闽东南地区发展计划已在酝酿之中。1995 年 12 月，以厦门为龙头的闽南几个地市合作发展方案也经过了论证。以福州为中心的闽东北几个地市的经济协作也已有 10 年的历史。南北两片中沿海与山区的合作发展，加强了沿海地区对内地山区的带动作用，体现了中心城市的辐射作用。

（原载于《福建学刊》，1996 年第 1 期）

福建支柱产业的发展与布局

实现区域国土优化开发和经济持续发展的关键，在于全面规划突出重点，选准突破口，择优开发，典范引导。通过有计划地培植支柱产业、搞好分区开发布局，是把握这一关键的具体有效的举措。

一、必须重视福建产业结构的调整

怎样选择与发展支柱产业是国土规划的一项重要的战略措施。新中国成立后，从严格意义上说，福建未曾明确确定支柱产业，只有产业的重心和发展的重点。"一五"时期，福建恢复并建立了一批轻工和重工企业；"二五"和三年调整时期，产业重心偏向重工和军工，轻工徘徊不前，农业连年减产；到了"文革"期间，工业结构向"小三线"和军工企业倾斜，轻工发展停滞，农业陷入单一种植业结构。

改革开放以来，福建在产业结构上逐步明确了轻型工业结构框架，农业也逐步摆脱了长期停滞不前状态，走上加速发展的道路。20 世纪 80 年代中期福建提出了外向型经济发展战略，加快发展外向型经济。经过改革开放 15 年的发展，福建的产业结构有了较大的改观，农村产业结构变化显著，农村工业异军突起；轻工业优势得以充分发挥，食品、纺织等传统产业成为重要行业；电子等新兴产业发展迅速，成为全省一个重要支柱；电力、原材料、交通等基础工业和基础设施等得到加强。总的来说，产业结构中资本和技术含量高的产业比重增加。但是，福建产业结构不合理现象并未根本解决，主要表现在：产业结构离散度大，拳头产品不突出，结构同型现象突出，缺乏福建特色；产业组织结构小型化，规模效益甚差；基础产业和基础设施严重滞后；第三产业发展迟缓。

从 20 世纪 90 年代到 21 世纪初，是世界经济的一个新的增长阶段。同时，我国恢复 GATT（General Agreement on Tariffs and Trade，关贸总协定）缔约国地位后，也将面临新的环境与严峻的挑战。福建如何选择自己的支柱产业，以适应新的国际形势的要求，使福建经济在与国际经济接轨后处于有利的地位，是一项十分紧迫的任务。从福建内部看，选择与发展具有地方特色的支柱产业，也是开发整治国土资源、改变目前产业的低度结构、推动产业结构升级换代、建立和培育国民经济新的增长点、抢滩最大限度占领国内国际市场、实现经济翻番的艰巨任务。

二、支柱产业的选择与规划

支柱产业是指在一个国家或地区的产业结构中，占有较大的比重、增长率高、扩散效应强的产业，是经济部门的重要增长点，对国民经济起到重要的支撑和带动作用。福建作为一个省级经济区域，选择支柱产业可以以下基本条件为依据：

（1）从发展程度看，已形成较大的产业规模和发展条件，拥有几个大中型支柱企业并形成若干拳头产品，主要经济指标在全省各行业中居于前列，在全省国民经济中占有一定的分量，年增加值占全省 GNP 的平均比重达 5% 左右。（2）产业关联度高，关联效应大，可以带动和影响一批相关产业的发展及其技术水平的提高。（3）发展前景良好，经过一段时间的培育和扶植，能形成较大的产业规模，具有较好的经济效益、社会效益和环境效益，有利于增加财政收入。（4）有较强的市场竞争能力和出口创汇能力，能推动外向型经济的发展。（5）能反映地方经济特色，较充分地利用地方经济优势。此外，还应考虑到福建经济发展战略目标的要求与实际可能性。根据这些考虑和投入产出模型测算，把石油化工、电子机械、建筑建材、林产业、水产业等产业作为福建支柱产业较为合适。

（一）石油化学工业

以石化工业为福建支柱产业的依据主要是：石化工业的产业关联性强，它与农业、能源工业、加工工业、交通运输业、建筑业、建材业、军工生产、国防建设等都有极为密切的联系；它为人民的衣食住行等提供必不可少的生产、生活资料。石化工业还具有收入弹性系数大、附加值高、生产率高、产品开发快、对国民经济增长贡献大等优势。石化工业一般要求布局在大型港口，这也与具有良好港湾条件的福建省省情相符，福建可以发展以进口原油为主的石油加工及系列加工业。福建石化产业已经有了相当的基础，石化系统已有年产值上亿元的企业7家。1994年，全省石化系统完成工业总产值132.4亿元，占全省工业总产值1973.45亿元的6.7%；建立了基本化工原料、农药、化肥、有机化工原料、橡胶制品、塑料制品、有机化工原料、涂料、精细化工等10多个行业，初步形了门类较多、初具生产规模的行业。1992年9月，福建炼油厂前五套装置试车投产一次成功，结束了"福建不生产一滴油"的历史，对带动全省石化工业、改变全省轻化工原料结构及改善全省能源结构、发展轻纺工业、促进工农业发展起了重要的作用。1993年，全省石化与后加工的乡以上企业共完成总产值60亿元，实现税利约6亿元。发展石油化工有广阔的前景，目前全省石化生产能力远远不能适应国内外市场和人民生活的需求，发展石化工业是大有可为的。福建还有一定的资源优势，如石炭岩、海盐、重晶石、萤石等资源皆很丰富。近期在福建沿海大陆架已发现油田，正在进一步勘探中。

石油化工工业要以福建炼油厂的建成为起点，吸引台、港、侨资金投入，开发大规模上游产品与中下游产品配套的石化项目。争取国家的支持，通过多方投资发展50万吨乙烯项目，带动相关行业的拓展。

（二）电子机械工业

电子工业是世界高新技术群中最活跃、渗透力最强、发展最快、应用最广、效益最大的产业。电子工业发展程度和发展规模，是国民经济和部门发展水平的重要标志，它代表社会先进技术水平。电子工业产业关联度高，关系到国民经济各部门的现代化、电气化、信息化和自动化水平。福建电子工业近期有了较快的发展，建立了一批骨干企业，其中销售额达千万元以上、实现利润百万元以上的企业各有30多家。1994年，全省电子工业总产值119.7亿元，占全省乡以上工业总产值的11.1%，占全省国内生产总值的7.1%，经济综合指数居全国各省市第二位。电子产品已有300多个门类、1500多个品种，其中若干产品已形成拳头产品，畅销国内外市场；有200多种产品远销世界40多个国家和地区。1994年，全省电子产品出口额4.08亿美元，占全省出口总额的5.89%。福建具有台侨优势和区位优势，这对引进外资和先进技术、参与国际市场竞争都是有利条件。今后要集中开发和发展本省有一定优势和发展前景的七类产品：（1）彩电、音响及配套产品；（2）摄、录像机及配套产品；（3）通信设备及配套产品，如移动通信、卫星通信、图文传真机等；（4）电子表及配套产品；（5）计算机与外部设备及配套产品；（6）光学仪器和光学镜头产品；（7）关键电子精尖端产品。

机械工业是国民经济的装备部门，产业关联度大，它的发展状况直接决定国民经济各部门的机械化、现代化、自动化水平。据全国 1987 年投入产出分析数据，机械工业的影响力系数为 1.2，感应度系数为 3.5，是国民经济各部门中影响力最大、感应度最强的一个部门。福建机械工业经济经过长期的发展，已经具有一定规模和优势，建立了一批骨干企业，其中有 23 家获得国家二级企业称号。机械产品有 20 个大类，100 多个品种。主要机械产品已形成一定的生产规模，达到一定技术装备、质量水平和竞争能力。1993 年，福建机械工业总产值达 106.5 亿元，占全省乡以上工业总产值的 17.4%，占全省国内生产总值的 14.3%。

福建机械工业发展重点应放在轻型汽车（如工具车）、中低档轿车和摩托车上。同时要提高造船能力，积极开发适应国内和国际船舶市场需要的节能新型船。要充实福建汽车集团和造船企业，力争在"八五"末期生产出可供国民使用、具有国际市场竞争能力的工具车、中低档轿车及摩托车等国产车，以此带动机械、冶金、仪表、化工业的发展。

（三）建筑建材业

建筑业是国民经济的重要组成部分。建筑业对国民经济各部门的控力大，它的启动系数为 1.76，即建筑业完成 1 元的产值，能带动其他行业 1.76 元的产值，共完成国民生产总值 2.76 元。改革开放以来，福建建筑业蓬勃发展，1994 年全省建筑业从业人员 84 万多人，占全社会劳动人数的 5.6%；有集体施工企业 1070 个（其中一级企业 22 个），完成建筑产值 91 亿元，占全省固定资产投资额的 25%。福建建筑队伍已经跨出国门，在境外承包工程。1994 年，福建建筑业在外劳务人员 3.1 万人，承包工程营业额约 4 亿美元。总的来看，福建建筑业已经具有一定的规模和实力，作为全省支柱产业之一是符合要求的。初步设想到 2000 年，福建建筑业增加值达 175 亿元左右，年平均增长 15% 以上，占全省国民生产总值比重达

10%左右；到 2010 年，争取达到 13% ～ 15%。为此，要重点培育和扶持若干个有一定规模、实力和技术水平的建筑企业集团，争取到 2000 年，使全省建筑业进入全国先进行列。

建材业主要从事各种非金属矿的开采和对这些矿产进行加工。建材业作为支柱产业的主要依据是：（1）福建有丰富的建材和非金属矿资源，储量较大的有水泥灰岩、玻璃硅砂、高岭土、叶蜡石、膨润土、重晶石、花岗石、大理石、石墨、水泥标砂等，其中高岭土、硅砂、叶蜡石、花岗石的储量居全国首位。（2）建材业关联度高、带动性强、收入弹性系数大。（3）已经具备一定的基础实力。1993 年，福建建材从业人员 29 万多人，全行业工业总产值 68 亿元。全省有 6797 家建材企业，已出现一批大中型骨干企业，如顺昌水泥厂、福建水泥厂、厦门新华玻璃厂、福耀玻璃厂、豪盛瓷砖厂、南平彩釉砖厂、惠安石雕厂、磊磊石板材厂和三明新型材料总厂等企业。福建已形成以水泥、平板玻璃和加工玻璃、建筑陶瓷、花岗岩石板材及制品、新型房建材料等为主体的门类多并有一定规模的建材工业。（4）国内外市场广阔，高标号水泥、大理石等建材在国外也有较大的市场。1995 年发展的重点是高档次建筑卫生陶瓷、石板材制品、旋窑水泥、浮法平板玻璃等，大力开发保温、隔热、隔音、轻质、高强、装饰等新型建材。

（四）林业产业

福建森林资源丰富，特色比较明显，经过多年发展，林业产业已具有一定基础，在全国占有重要地位。今后要以提高森林资源再生能力为基础，不断增加森林资源，提高森林质量，加快建立比较完备的林业生态体系和比较发达的林业产业体系。福建计划造林更新面积 600 万亩，"九五"期间末形成速生丰产用材林基地、竹林基地、名优特新经济林基地各 1300 万亩，森林覆盖率达 60%，继续保持全国第一。加快沿海防护林建设，"九五"计划新造林 104 万亩，抚育改造 454 万亩。组织实施世界银行贷款"森林资源保护与发展"项目，加强自然保护区和生物多样性工程建设，大力发展森林生态旅游业。林产加工要着重发展造纸和木材加工两大行业，提高深加工和综合利用水平，建立福州、南平、邵武、三明、永安、龙岩等林产加工基地。重点建设青州造纸厂扩建漂白系统、南平造纸厂改扩建新增 12 万吨/年新闻纸、龙岩地区造纸厂扩建超级压光纸等造项目，福州人造板厂扩建、南平中密度纤维板新建，以及永安、漳平等人造板和刨花板等项目。

（五）水产业

福建海洋水产资源丰富，海洋生物种类多，滩涂面积大，海洋养殖和近海、远洋捕捞都有良好的资源条件。目前，水产业已形成一定的基础，在全省经济中发挥重大作用，人均水产品占有量近年都居全国沿海各省市之首。水产业在大农业中产值居第二位，在一些沿海县市更成为经济增长与农民收入的重要支撑点。把水产业列为福建的支柱产业不仅有一定的基础，更重要的是体现福建特色，有良好的时代潮流，而且水产业发展有良好的经济效益，对地区经济发展的带动作用大。

水产业的发展要形成养殖、加工、销售一条龙，扩大珍稀水产品的养殖，建设海上农牧化基础，提高水产品的深度加工能力。规划全省水产品产量 2000 年 360 万吨，2010 年 500 万吨以上；水产业产值 2000 年达 63 亿元，2010 年达 100 亿元。

三、搞好支柱产业的地区分工

合理的产业地区分工是国土资源优化配置的基本要求。在 20 世纪 90 年代加强各地区经济自主权的情况下，注意避免自成体系"小而全""大而全"这些被历史证明行不通的窠臼尤为重要。促进福建支柱产业的发展不仅要在结构上优化，而且要在地区布局上优化，形成合理的分工。全省有全省的支柱产业，各地市也有各地市的支柱产业，对全省的支柱产业要注意落实在地域上，合理布局；对各地市的支柱产业不要强求一律，应各具特色、各有重点。搞好支柱产业分工既能使各地扬其所长，又能使各种项目得其利。今后，福建工业主要应形成三个层次的合理分工：

第一层次是沿海地区工业与内陆地区工业的分工。沿海地区宜以轻型工业为主导，推进区域经济的外向化与现代化，并借助外来资金、技术和管理经营经验在临海港湾发展一些上规模的资本技术密集型工业，创造条件进入以深加工及至高科技业为主导的产业结构调整阶段，加快工业化进程；内陆地区宜以资源加工型产业为主导，提高已有的钢铁、建材、电力、煤炭工业的技术水平（包括污染控制技术）与开发能力。

第二层次是沿海地区重点投资开发区和工业小区的分工。要注意克服沿海工业小区引进项目的趋同化而造成工业结构的同构化、小型化。应引导外资投入石油化学、钢铁冶炼等重型产业，在重点投资区形成石油化工的下游产业系列与钢铁加工产业群。如石化工业的分工应以湄洲湾为上游基地，以沿海的一些重点投资区为中下游基地。培植以港口石化工业为中心的化纤、塑料加工、纺织等产业群体，以钢铁为中心的汽车、船舶制造、工程机械、通用机械等产业群体。

第三层次是要搞好支柱产业中重大资本、技术密集型工业的分工。今后一个时期，石化、冶金等重大项目应引入沿海地区，形成一些新的产业集聚点，必须处理好集中布局与分散布局的关系。这些大型的资本、技术密集型工业在福建工业化初期阶段应走集中布局的路子，这样做可以：（1）形成规模效益；（2）有效集中使用基础设施与各种公用设施；（3）便于集中处理污染，控制扩散；（4）使各大港湾在海洋农牧化基础、工业基地、旅游基地、贸易基地等不同功能发展取向上有一明确分工。因此，石化工业的上游产品宜在湄洲湾南岸集中布点发展；钢铁工业宜在马尾、湄洲湾北岸集中布点；九龙江河口、东山湾宜集中布点少污染、无污染的机械、汽车工业。

培植支柱产业形成合理的工业分工，应在产业规划上予以指导，在产业政策上予以扶持，在发展方向上予以引导。关键是抓规划与政策两大措施。可考虑实行如下产业扶持政策：融资政策上建立企业直接融资机制和建立住房建设合作社；财税政策上对达标的企业实行固定资产加速折旧制度；关税及进出口政策上将轮船制造、港口设备、计算机、集成电路、石化等行业作为萌幼产业加以保护，减免进口重要设备的关税，经过国家批准一定额度的外商独资企业产品内销；等等。

（原载于福建省计划委员会：《福建省国土开发整治总体规划》，1995年，第 372－378 页）

县域经济壮大问题新视角

中共十六大报告提出的壮大县域经济问题，标志着广大地区经济进入了一个新的起点，波澜壮阔的县域经济发展趋势强有力地推动着全国经济的蓬勃发展。笔者以"县域经济：国民经济的基层经济""立足县域，超越县域""特色经济，品牌竞争""城镇——农村：一条重要战略通道"为题，谈谈学习体会。

一、县域经济：国民经济的基层经济

十六大报告第四个问题"经济建设和经济体制改革"中的"全面繁荣农村经济，加快城镇化进程"中，有三处提出县域经济及与其密切相关的问题。

第一处，报告提出在农村为了完成全面建设小康社会的任务，要"统筹城乡经济社会发展，建设现代农业，发展农村经济，增加农民收入"。接着，从农业生产、加工、流通三个环节提出具体要求，同时把这些要求的实现和壮大县域经济挂起钩来，从产业发展和区域发展两个侧面分析了怎样来繁荣农村经济。

第二处，报告指出为了转移农村富余劳动力和满足工业化的需要，必须加强城镇化进程。在强调坚持大中小城市和小城镇协调发展的既定方针后，重点讲明小城镇建设中要以现有的县城和有条件的建制镇为基础，来规划、发展、改革、管理小城镇和劳动力有序流动问题。由此可见，这里已经勾画出一张县域指导性的蓝图。

第三处，报告阐明了党在农村的基本政策，即应长期稳定完善以家庭承包制为基础、统分结合的双层经营体制，指出应增强集体经济实力，以及农业社会化服务体系、农业投入和支持、农业科技进步、农村基础设施建设、农村金融、税费改革、减轻农民负担、保护农民利益等。

由上可见，十六大报告已把县域经济问题摆在十分重要的位置上。如再扩而视之，每个县域经济除了农村问题外，还都要贯彻执行报告第四个问题中"走新型工业化道路"等其他 7 个方面任务。所以，"高以下为基"，县域经济应是国民经济中最重要的基层经济。还应该说明，城市的区与区县级的各类经济类型区域也可包括在国民经济最重要的基层经济之中。

从总体看，我国县级机构具有运作县域经济的条件和能力，能够充分发挥国民经济基层经济的作用。

1. 县级权力机关比较健全，有利于发挥行政作用，按照市场经济规律推动经济发展。

2. 县域范围较广，具有资源多样性，回旋余地较大。土地、劳动力、人口资源相对丰富，有条件的地方，还埋藏着多种工业矿产。

3. 五千多年的历史文化社会遗产大多分布在广大县域范围内，以县和县以上为单位，才能保护、开发好这些人类遗产。

4. 经过长期积累，尤其 20 多年来的改革、开放、发展，县域经济科技已有长足的发展和进步。尤其农业生产，几乎全部在县域内进行，加强县域经济，就是加强农业基础作用。

5. 县域，除了县城这个中心外，还有若干建制镇成为小城镇，点、线、轴交叉成网，这将对县域经济扩张产生有力的网状效应。

6. 县域的文化、教育、卫生、体育事业及其基础设施已有一定基础，这些因素将产生强大动力，推进和保障经济科技的发展与进步。

7. 我国县、乡（镇）两级的财政总收入虽然只占全国财政总收入的 21%，而县、乡（镇）两级供养的人员却占全国财政供养人员总数的 71%。乡（镇）一级需要农民出钱养活的人员约 1316.2 万人，平均每 68 个农民就要养活一名干部。县、乡财政对国家财政的贡献是不言而喻的。

二、立足县域，超越县域

率领全县人民完成全面建设小康社会的任务，是十分艰巨而复杂的。

千头万绪，首要一条是深入学习和实践"三个代表"重要思想和十六大报告精神。报告要求党员干部特别是高中级干部要带头学习和实践"三个代表"重要思想。这里提出的关键词是"学习""实践"。笔者想起了毛泽东同志的知行观。在《实践论》这篇百读不厌的经典中，毛泽东极其精辟地阐明了辩证唯物论的全部认识论原理。县域经济领导者要把"三个代表"重要思想贯彻到工作中去，开始就要把自己沉下去，深入群众，深入实际，开调查会，整理资料，由表及里、去伪存真，形成理性的认识。通过实践而发现真理，又通过实践而证实真理和发展真理。实践、认识、再实践、再认识，如此循环无穷，使每一次的内容都上升到更高一级的程度。

立足县域，还要超越县域。随着经济全球化、经济技术梯度转移推进和我国加入世界贸易组织，县域经济遭遇挑战和机遇。我们立足县域而不是局限于本县域，我们要千方百计抓住机遇走向省内外，走向世界。在省内，南北之间、山海之间区域协作由来已久。北片由福州、宁德、莆田、南平、三明等市协调组织；南片由厦门、泉州、漳州、龙岩等市协调组织。邻省之间协作也如火如荼，1986 年就形成了闽粤赣边区 9 地市经济技术协作区；闽浙边境商贸也日臻红火。近几年，海峡两岸、沿海与内陆地区之间经济技术往来、文化交流日益活跃。2002 年 1—9 月，闽台贸易额为 25.25 亿美元，增长 21.4%，占福建贸易总额的 12.1%。2000—2002 年，福建在四川省的项目有 115 项，投入资金 15 亿元，行业涉及钢铁、冶炼、房地产、轻工、食品、化工、药品、建材、游泳、养殖、加油等。

三、特色经济，品牌竞争

特色经济是县域经济一个十分重要的问题，笔者认为，所谓特色经济及其产品应具有下述特征：（1）特色经济产品应有一定规模，在县域经济中占有较大份额。（2）产品资源比较丰富，但不是必须来自本县，诸如原料、材料、设备、技术、劳力、资金等，只要能从外地获得均可。（3）特色产品不一定均须是最终产品，半成品、配件也可。（4）许多地方有当地历史悠久的特产，但不能把所有的特产都称为特色产品，某些生产规模较小的只能叫特产、地方小品、祖传秘制。（5）从体制看，可以若干县域联营一种或几种特色产品。公有经济、非公有经济，一律平等对待。（6）最重要一点，特色经济要和市场联在一起，商品适销对路。

特色经济所以能够生存和发展，关键是企业竞争力，特别是商品品牌。泉州市县域经济20多年来的历程充分说明了品牌的重要性。在它的带动和影响下，县域经济中许多优势产业、产品的竞争力都得到有效提升。晋江现已拥有4项中国驰名商标、3项中国名牌商标，均占全省的近1/3。晋江的福建省著名商标、名牌产品占到全省的1/5。泉州市政府大力扶持有条件的企业争创中国名品，申报中国驰名商标，同时保护名牌企业搞配套加工、贴牌生产，形成以品牌企业、规模企业、龙头企业为核心的产业整体竞争力。安溪乌龙茶、德化陶瓷、惠安雕艺、石狮服装、晋江鞋帽、南安建材、永春芦柑均为品牌竞争的佼佼者。品牌竞争大大增强了县域经济竞争力，2002年泉州全市GDP1223亿元，财政总收入87亿元，经济总量继续位居全省第一，居全国212个地级市第3名。晋江、石狮、南安、惠安进入全国"最发达100县（市）"前50名，所辖县（市）全部跻身全省经济实力十强或发展十佳之列。

浙江温州民营经济历经20多年发展，如今已进入快速发展轨道：在经营模式上，走上了品牌化经营和资本经营的综合发展道路；在产权道路上，从单元化走向多元化，从股份合作制企业走向股份制企业。温州品牌经济不仅为浙江经济迅速发展起了支撑作用，而且在全国县域经济发展中创立了新模式。

四、城镇——农村：一条重要战略通道

城镇与农村是县域内的两个基本板块。福建省农村的一个特点是人口多、耕地少。随着人口的增加和农地被占用，以及农业现代化的进程，农村会出现更多的富余劳动力。为了解决这个问题，必须由城镇吸收一部分农村富余劳动力，从事工业和服务业。县域小城镇容纳富余劳动力的能力决定于小城镇的经济发展水平，尤其要看农村工业和农村服务业的发展情况。县域小城镇是农村科学、文化、教育、卫生的中心，随着全面建设小康社会的进程，农村社会事业也必然会吸收更多的劳动力。

为了城乡通道畅通无阻，必须在制度改革和政策上加大力度。就城乡

两方面看，应侧重在抓好小城镇。小城镇一头连着城市，一头连着农村，是宏观上的城乡联系的桥梁。要把农村小城镇建设摆到重要议事日程上来。一个县内，首先要以县城和中心建制镇为基础，以农村城镇本身条件为依托，统筹安排各类项目的建设。小城镇建设规划可分为两部分，即总体规划和详细分类规划。在指导思想上应注意短期规划要有超前准备，长期规划要强调科学性、实用性。其次，规划要贯彻可持续发展思想，把生态、环境、经济、社会发展协调好。

（原载于《福建论坛（经济社会版）》，2003 年第 11 期）

山、海、洋整体推进和闽东南发展

一

20 世纪 80 年代，福建省提出了念好"山海经"的号召，经过十多年实践，这一号召对福建区域经济的发展起了很大的推动作用，今后仍须继续念好"山海经"。但是，事物总是要发展的，处于世纪之交，我们要想些什么，要怎样发展和丰富"山海经"的内涵，把区域经济推向新世纪？

作为全省新的区域发展思路，要能产生承前启后、运筹帷幄和效益更大的效果。集中到一点，可以考虑提出"山、海、洋"整体推进，即"内陆地区、沿海地区、海域"有机结合，协同发展。关键问题在于为什么要在"山、海"之外加上"洋"？总体看，福建目前已经基本解决温饱，正向小康的目标过渡。但是人口膨胀、非农用地扩大、粮食紧缺是福建发展中的一大难题。一方面，1971 至 1990 年，全省人口增长速度为 1.84%，超过全国同期 1.48% 的速度，近期速度虽有减缓，但按预期还是要从 1992 年的 3128 万人增至 2000 年的 3800 万～3900 万人；另一方面，福建城镇化水平偏低，1993 年仅为 19%，低于全国同期的水平。今后发展趋势要加快，预测 2000 年福建城镇化水平为 31.73%，2010 年为 42.80%。这样，人口绝对量的增加，城镇和工业用地的扩大，会使人均耕地面积更加缩小，会从目前的人均六分耕地继续减少下去，使本来就很紧张的粮食问题更加尖锐。从出路看，在陆域上开拓新的耕地是徒劳的，人们的目光不能不盯着海洋。福建陆域面积共 12.14 万平方公里，但海域面积有 13.60 万平方公里，海域比陆域大 12%。全省可发展海水养殖的浅海滩涂面积 300多万亩，还有广阔的外海捕捞渔场。海洋生物种类繁多，不仅可以果腹，而且是人类蛋白质食物的重要补充来源。

海洋不单是水产业的一个载体，而且是复合产业的一大片区域，是港口、港口工业、海运、海底矿产、海底油气、非金属建筑材料、盐与盐加工、海洋生物工程、海上旅游、海洋能源（潮汐能、风能）等产业的经济区域。据统计，1992年福建省海洋部分的产业产值占全省国民生产总值的10%，只要致力开发，可以说前途无量。全省海岸曲线长3056公里，湾多水深，可建5万吨级以上泊位的港湾6个，全省沿海港口已建大小码头109个，其中万吨以上深水码头9个。全省已有福州、厦门、泉州、福清下垄等4个集装箱港口。海水中含有近80多种化学元素，是盐和其他化合物的重要元素来源。台湾海峡具有较好的油气资源前景，有关方面现已进行钻探。

开发海洋也有助于促进闽台合作事业的发展。闽台两地隔海相望，舟楫之影相见，渔歌之声相闻，两岸开放以来，在台商投资、合营企业、民间贸易、技术交流方面成绩斐然。今后如能在海峡领域加强合作，双方更能互益。有广阔合作前景的领域：一是渔业生产方面，包括捕捞养殖技术、良种培育引进、海产品加工捕捞、渔场合作利用、渔事纠纷调停；二是海上缉毒缉私、航运安全；三是台风防范、海上救护；四是海洋生物工程学、海峡油气勘探利用的学术研究等。

开发海洋，从对外关系看，就是把开放的门户开得更大，有利于更快与世界经济接轨，充分发挥沿海省份区位优势的作用。

二

前已提到山、海、洋整体推进是"山、海"思路的发展。但是，它和原先内容又有区别。主要区别在于"山、海"思路是两个层面相互协调，而山、海、洋推进则是三个层面的协调发展。诚然，"山、海"发展时，也已经把滩涂养殖、近海捕捞等列入有关地区和部门，同时也把港口建设、海上运输等列入有关部门，但是，这些都是把海洋产业划归沿海地区或有关部门，所以还是两个层面。现在的三层推进，则是把海洋产业首先看成一个相对独立的整体，着力于这个层面的综合发展，并协调其与山区、沿海地区的关系。虽然某些产业也要归于某些地区的部门，但是这已经与前者有明显区别。

三个层次推进，要有明确的界定。第一，它是指福建内陆地区的山区、沿海地区和海域三个板块。第二，三个板块不是重叠的，而是各有各的空间。第三，三个板块之间的发展应该是有序的、协调的。沿海地区尤其是闽东南地区仍然是经济发展最快、经济实力较强、起着带头作用的地区；内陆地区有丰富的资源优势，部分城市已有相当的工业基础，是沿海地区的腹地；海洋是沿海地区的外围，幅员辽阔、资源丰富，一些产业已有相当的规模（如水产）。第四，三个板块相互依存、互补是主要的。

三

新中国成立以来，福建虽未明确提出支柱产业问题，但在不同时期国民经济的发展中均有所侧重，所以，某些部门经过培育与发展，现在已经有了一定的基础。海洋，是一个区域概念，如上所述，海域中可以开发的产业是很多的，如果把海洋作为全省一个支柱产业，那就要包括许多产业在内，这和严格的产业含义是相悖的。

但是，是否可以在海域内部选择一二产业作为海洋的支柱产业来培植呢？我们认为这样做是适宜的。从全省看，支柱产业必须明确，而且数量不宜过多。从省属地区来说，也可以选择地区的支柱产业，它的选择，应与全省支柱产业的布局相协调。

选择海洋支柱产业，一要选择产业关联度强、增长率高的产业；二要注意现在的发展基础；三要考虑发展前景。根据以上要求，水产业和海上运输业可以作为优先选择的目标。海洋水产业指从事海域中养殖和捕捞经济动植物的生产部门。把海洋水产业作为海洋支柱产业，理由是：（1）福建地处中、南亚热带，海洋水产资源丰富；（2）产业关联度强，涉及渔船、渔具、渔用仪器制造及水产品保鲜、冷藏、加工、贮运等相关的钢铁、机械、仪表、通讯、电机、制冷、运输等行业；（3）福建海洋水产业发展已有相当的基础。选择海运业的考虑是：（1）福建海岸线长，有良好的深水港口；（2）运输业是国民经济命脉，发展海运业对促进沿海与山区各部门的经济发展均有重要作用；（3）关联度强，能推动钢铁、造船、仪表仪器、通讯、内贸、外贸等部门及港口建设、港口工业的发展；（4）福建海运业已有相当基础；（5）发展前途广阔，是对外开放的极为重要的手段。

海洋开发需要解决的问题很多，最主要的：其一，要在全省上下达成共识，提高对海洋开发重要性的认识。其二，解决体制问题，建议省上建立海洋领导小组，下设办公室，把海洋开发统管起来。其三，对海洋开发实行海洋机构统一领导和全省各产业部门分别领导相结合的领导体制。其四，制订海洋开发（1994—2020）规划和"九五"计划。其五，建立海域有偿使用制度，制定海域使用法，依法行事。其六，加强融资工作，建立海洋开发基金会，为海洋开发注入新的资金。其七，成立海洋大学，培育海洋开发人才，加强对海洋科学的研究。

四

实行山、海、洋整体推进，对加速闽东南开放并形成繁荣地带具有重要的现实意义。

其一，有利于拓展闽东南经济发展空间，合理进行资源配置，促进生产力布局的转换。闽东南以往安排生产力布局着重于陆域，近期才对港口、海洋运输重视。如不从根本上解决好利用开发海洋的问题，势必制约闽东南自身的发展。要树雄心、立大志，充分利用闽东南海域再造一个海上闽东南。闽东南陆域面积 4.2 万平方公里，如按全省海域面积大于全省陆域面积 12% 推算，闽东南海域面积大约有 5 万平方公里。过去往往是考虑临海产业多，考虑产品如何出海少；考虑陆域工业布局多，考虑海洋产业布局少（渔业除外）；考虑近海养殖多，考虑外海捕捞少；考虑单项开发多，考虑综合开发少。现在闽东南已经到了拓展新空间、综合配置资源、形成新格局的时期了。

其二，有利于增强闽东南地区的经济龙头作用。开发闽东南海域，能够有效增加经济总量，为福建省经济发展注入活力。改革开放以来，闽东南的外向型经济格局已经形成，1994 年国民生产总值 1131.51 亿元，约占全省国内生产总值的 2/3；三次产业结构由 1978 年的 34：40：26 变为 1994 年的 20：47：23；地区市场化和国际化程度较高，成为带动全省经济发展的重点。如能充分利用海洋资源，再造一个海上闽东南，必能增加经济总量，为福建经济实力和福建在全国经济地位的提高提供雄厚的物质基础。

其三，有利于强化闽东南地区对外窗口作用。对外开放以来，闽东南已出现经济特区、沿海经济开放区、沿海开放城市、台商投资区、经济技术开发区、高新技术开发区、保税区、国家级旅游度假区等多层次、多方位、多领域的开放格局，成为全省、全国对外开放的重要窗口。海上交通的进一步开发，必将大大加强闽东南与世界各地的相互往来；引进更多的资金、技术和管理；在更多领域更大范围内开展闽台经济合作。因此，可以把闽东南的对外窗口作用提到一个更高的层次。

开发闽东南海域的重点与布局是：

闽东南是我国海岸线长、深水良港多的地区，发展港口的有利条件很多。这里港口的地理位置正处于中国海岸线中部。从大西洋到印度洋，经过新加坡、中国台湾地区，再到韩国、日本，是一条繁忙的国际海运线，闽东南港口就在这条国际主航道的中段。以优良港口为枢纽，是闽东南经济发展战略的出发点。在港口建设方面，要以湄洲港为中心，以福州、厦门港为两翼，辅以配套建设罗源港、福清港、泉州港、东山港等，逐步形成不同层次的对外开放港口格局和具有总体功能和对外辐射力的港口综合群体。

湄洲湾为世界不多、我国少有的深水良港，完全有可能开发成为我国的南方大港和国际中转港口之一。目前肖厝、秀屿二港建设进度较快，应争取在"九五"期内把肖厝、秀屿忠门港继续建成大港。斗尾港水位更深，可建30万吨泊位，应争取在本世纪末启动，建成大型国际中转港。福州港是省内外综合性港口，岸线长，水源充足，供电、陆上交通条件好。近期已在福州新港建设深泊位4个，并已着手研究通航2.5万吨轮船的可行性。福州港的目标是建成多功能综合性枢纽港。厦门港是我国东南沿海深水良港，水深港阔，条件优越。厦门东渡已建5万吨级与1.5万吨级泊位各1个，万吨级泊位2个。厦门港已和五大洲84个国家和地区有贸易往来。根据厦门经济发展的需要，建设大型专业化深水泊位是发展重点。九龙江口南岸的港尾中银集团已建成3.5万吨的新港泊位1个，拟再建设同样吨位的泊位2个。

发展海洋航运业从根本上说一靠港口、二靠船队。新中国成立初期，闽东南海上运输主要靠小海轮、木帆船，也租用少数外轮进行外贸和部分进省物资的运输。1957年，闽东南交通部门只有沿海货轮31艘3.9万吨位，木帆船3.65万吨；1958年，才建立了一支海上船队，分别航行于南、北两个航区。至1978年，闽东南沿海主要港口全年才完成货物吞吐量373.66万吨。改革开放以来，闽东南海洋运输业有了很大发展，1993年主要港口完成货物吞吐量2567.56万吨。

建设一支装备精良的现代化庞大船队是形势发展的迫切需要。据有关方面意见，沿海货轮总吨位要从1990年的150836吨位发展到2000年的500000吨位；远洋船队总吨位要从1990年的210426吨位发展到2000年的700000吨位。特别要着力发展集装箱轮、专业货轮。到2000年，远洋航线要遍及欧、非、澳、美的主要港口，为福建经济走向世界创造基础条件。

闽东南滩涂面积1623平方公里，各处曲折海岸段均有分布，可以养殖蛏、蛤、蚶、蛎等，是发展海水养殖的重要场所。潮间带生物种类多种多样，除已养殖的种类外，还有不少种类具有发展活力。目前，滩涂、浅海的利用率都较低，发展潜力很大。沿岸渔场和近海渔场的捕捞量已大大超过可捕量，今后一个时期中，应以休养生息为主，合理调整作业结构，解决资源开发与保护相结合的问题。本区远洋渔业开始于20世纪80年代，近年来远洋船队不断扩大，形成了以群众渔业为主体、以南太平洋海域为发展重点的海洋渔业格局。今后应把福州和厦门两地渔港建设成为远洋渔业中心，同时在东山渔港建立远洋渔业基地。海产品加工业与海洋渔业发展要相适应。福建省是一个渔业大省，但海产品加工业很薄弱，许多深加工附加值白白流失了。应于福州、厦门建立海产品综合开发增值和保鲜运输中心；在东山渔港建立综合开发和保鲜基地；在沿海渔港建立海产品综合开发厂和保鲜库，形成闽东南大、中、小三级海产品加工和保鲜网络。

科技兴海是发展海洋的必然选择。1993年，全省组织海洋各路专家和领导考察讨论，明确了"科技兴海"的战略重点，对此，我们完全可以借鉴。其主要是：必须加强海洋科技工作，努力解决海洋资源开发中一些关键性技术难题；各地应根据海洋功能区划，确定开发重点和步骤，完善发展规划；近期要加快发展港口和海洋运输业、海洋水产业，建立海洋农牧化基地，发展海产品加工业和滨海旅游业，中、远期应积极发展海洋化工业、海洋药物业，配套发展海洋第三产业；健全海洋科技服务网络，建立海洋产业示范辐射基地；提高对海洋资源开发之间和开发与环境保护之间的综合协调管理等。

（原载于《西北开发与东南发展》，闽新出 2000 内书第 122 号，第 247－254 页）

农村经济与集镇建设 ■

甘肃农村产业结构调整对策①

一、制定切实可行的产业结构政策

产业结构政策是产业政策的核心部分，是决定经济发展、生产力布局成败的关键。其内容是通过确定全省和各个区域的产业构成、产业比例、产业相互联系、产业发展序列，制定产业结构合理化政策。也就是要确定基础产业、主导产业、支柱产业、发展产业、出口创汇产业等不同类型的产业；明确这些产业的地位、作用和发展目标，从而制定出产业组织政策和产业技术政策。这是产业结构调整方案得以实现，各产业相互协调发展的措施保证。

（一）确定基础产业

基础产业，是指具有稳定全局意义的产业。调整三次产业的比例关系必须依靠稳固的第一产业，特别是粮食生产，所以，发展粮食生产就是发展具有全局基础意义的战略产业。但解决粮食问题的途径，不是重走"以粮为纲"的老路。甘肃粮食生产的现状是占全省耕地面积 1/4 的水浇地产占全省 1/2 的粮食，交售占全省 3/4 的商品粮。问题是这类地区发展也很不平衡。中低产田比例大，增产潜力大，由于已具备稳产的条件，投入效益高，见效快，因此应当向这类地区投入更多的技术，加快发展，以提供更多的商品粮。占全省耕地 64.5% 的山旱地是多灾低产区，不能自保，每年要供应 40 万～60 万吨口粮。这类地区必须把推广旱农耕作技术作为根

---

①　本文为甘肃省承担的国务院农村发展研究中心下达的任务，并列入省科委 1987—1988 年软科学研究计划，是《甘肃农村产业结构调整研究报告》中的一小部分。

本出路。各地的实践证明，只要把坡地修成水平梯田，单产就可以提高50% 至 1 倍。因此，甘肃有条件实现稳产自给，但需要国家给予更大的支持和经过较长时间的努力。至于陇南少数土石山区，坡陡土薄天凉，不适合种粮，但药材、裘皮等土特产驰誉中外，就不宜强调粮食自给，而应引导他们扬长补短，实现经济自立。

（二）确定主导产业和支柱产业

主导产业是指在当地商品经济中起主导作用和能带动其他产业协调发展的产业。支柱产业是指在当地经济发展中起支撑作用，社会需求较大、利润较高、能安排较多的劳动力就业的产业。从甘肃省农村自然资源状况看，畜牧业及畜产品加工业是全省农村商品经济的主导产业。它既适合甘肃省土地广阔的条件，又能为种草种树、改善生态带来经济效益，还可以促进能源工业、饲料工业、交通运输、食品加工、储藏、流通等行业的发展。而且，城郊、灌溉区、山区、国营企业、集体、个人都可以根据自己的劳动力、资金、技术条件，发展不同形式的养殖场和家庭副业。因此，在产业结构调整中，应从各方面创造条件，保证它在发展中的主导地位。支柱产业，要因地制宜、各有侧重。建筑建材业、食品加工业、采矿业及第三产业中的商业、运输、技术服务体系、旅游等，在不同地区都可根据自己的条件作为支柱产业。

（三）确定创汇产业

确定创汇产业甘肃省应充分利用和发挥自己的特殊资源和传统优势。如利用河西绿洲自然隔绝条件好，发展育种业；利用当归、牦牛等传统名特产品，扩大国际市场和进行系列开发。现在国际贸易主要通过东部港口进行，不久的将来，新疆、阿拉木图中苏铁路接轨以后，古丝绸之路将会恢复其重要作用。在决策上要早做准备，迎接陆上口岸的发展，做到东西并进、全面发展。

二、优先发展农村教育和科技

经济落后，根子是人的文化素质落后。据 1982 年人口普查资料，甘肃少、青、壮年中的文盲、半文盲比例居全国第三位。1986 年抽样调查资料表明，甘肃农村劳动力中文盲、半文盲比例达 44.72%；小学水平的占

28.27%；初中水平的占 19.50%；高中水平的占 7.12%；中专、农中水平的占 0.37%；大专水平的占 0.02%。由于文化水平低，科学知识少，因而人们视野不开阔，生产门路少。为此，必须切切实实地从普及国民义务教育做起，大力发展职业技术教育，提高教学质量，增强各类教育为当地经济建设服务的功能和机制。但当务之急是抓紧对在乡劳动的中学生进行适用技术的再教育，使其掌握一技之长，成为农村发展商品经济的骨干。

甘肃农业科技人员数量少，后备力量不足，除畜牧兽医专业技术力量较强外，其他方面力量都比较弱，特别是乡镇企业科技人员更少。全省 1532 个乡镇中，只有三分之一的乡镇有农技站，平均每个站 1.7 个科技人员。全省 4000 个林业生产机构，平均每个机构只有 0.5 个科技人员；1475 个乡畜牧兽医站，平均每个站也只有 3 个科技人员。人才缺乏，已严重影响农村产业结构的调整和发展。

要加速人才培养，除通过正规教育培养人才外，还要注意：（1）调整干部的知识结构和通过轮训提高他们的科技文化水平；（2）注意培养农民技术员，加强基层科技队伍的建设；（3）落实知识分子政策，进一步发挥现有专业人员的作用；（4）用优惠政策吸引城市和外地人才到甘肃农村开发创业。

三、要把交通和流通作为先行产业重点抓好

甘肃地处边远，交通不便，特别是第二类地区，交通问题更为突出。据有关资料，甘肃有 46 个乡、3507 个村没通汽车，分别占全省乡镇总数的 3%、村总数的 20%。铁路、公路是商品经济的大动脉，是必不可少的先行产业。要利用现阶段贫困地区剩余劳动力多且费用低廉的有利条件，继续组织"以工代赈"修建公路。这方面的投入，较多的是利用棉、布等积压物资，不会导致通货膨胀从而冲击市场。

现在甘肃农村流通领域问题较多：一是商业改革进展不快，国营商业对二类农产品放而不开，基本上还是独家垄断经营；二是农民进入流通刚刚起步，层次低、能量少；三是在农民和市场之间尚未形成有吞吐调节能力、代表农民利益的中间组织；四是农产品和工农产品价格体系不合理，严重挫伤了农民种粮和发展其他农产品的积极性。这些都需要在深化改革

中逐步解决，为农村调整产业结构、发展商品经济创造一个比较理想的经济环境和增加内在动力。

四、农村劳动力要多渠道、多形式地向二、三产业转移

据预测，2000 年甘肃人口将增长到 2524.70 万人，农村劳动力近 1000 万人。随着农业机械化的发展和农业劳动生产率的提高，农村剩余劳动力必将随之增加。这既是很大的潜力，也是很大的压力。因此，把束缚在单一农业生产上的大批劳动力转移到二、三产业，已成为农村经济发展的一项战略任务。

解决劳动力就业问题，应以产业结构调整为导向，以劳动力市场为纽带，要注意研究劳动力流向、流速、流量的规律性，结合城乡三次产业的发展和农村生产力的合理布局，制定出相互协调、全面配套的政策。要通过农村产业结构的调整和布局，大力回升拓展二、三产业，为劳动力转移创造条件。甘肃农村资金、技术不足，劳动力大量剩余，因此，起步阶段要以发展劳动密集型产业为主，以廉价劳动力资源增强产品的竞争能力。但是，劳动密集并不是素质很差的劳动力的简单的集中。在市场机制下发展商品生产，不提高产品质量和服务质量，是无生存之地的。因此，必须提高劳动者素质。如上所述，要把在乡中学生的职业技术教育摆在重要的地位，要根据甘肃农村商品经济发展的不平衡性采取相应的对策。在一类地区，劳动力有较为充分的就业机会，应就地发展二、三产业；在二类地区，劳动就业机会较少，应把劳务输出作为重要措施。在保证当地二、三产业发展需要的同时，大力发展劳务输出，并尽可能向沿海经济发达地区多输出一些，以使劳务人员增加收入、开阔眼界、更新观念、学习技术，起到"一石数鸟"的多功能作用。同时，还应适应产业转移，引进适合家庭经营的养殖业、手工业，发挥家务劳动潜在剩余劳动力的作用。

五、完善农村土地制度，进一步调动农民的积极性

由于目前缺乏规范化的土地制度，农民对土地投入的积极性不高，且由于人口的繁衍增加，存在着小块土地继续分割的趋势。这既不利于土地

流转、合并、发展农业机械化和适度规模经营，提高农业劳动生产率和土地产出率，逐步实现农业现代化，也不利于加快二、三产业发展和农民向小城镇集中。土地作为基本生产资料，只有同劳动力、资金、技术等生产要素同样流动起来，才能实现生产要素之间的优化组合。关键问题是要明确土地承包后经营者的权利。在目前的土地制度下，排除了土地进入市场流动的可能性，必须研究制定土地流转法规，以适应产业结构调整和劳动力转移的需要。可考虑在承包期限内，农民有占有、使用、收益和转让承包权，可以有偿或无偿转给其他人经营；可以出租给别的经营者；也可以抵押给金融机构，取得贷款；还可以以入股形式和别人联合经营。只有土地依然自由流转，劳动力才能合理流动，二、三产业才能得以更快发展。但是，鉴于甘肃农村市场发育程度较低、农民对土地的占有观念十分强烈的现状，为了加强对土地流转的管理，必须加强政府部门、基层村委会和集体经济组织对土地的管理、调节和干预的职能。这主要包括土地承包合同的管理、土地流动集中的管理和调节、土地整治与开展、市场中介组织建设等。

六、因地制宜，分类指导

甘肃农村地域辽阔、幅员广大，各地自然环境、资源丰富、经济社会条件迥异，在农村产业结构调整中应注意因地制宜、分类指导，分别制定不同的产业政策。一类地区的任务主要是扩大商品性产业的发展，在增产更多的粮食、甜菜、蔬菜、瓜果、畜产品的同时，加快发展二、三产业。二类地区有400万的人口温饱问题尚未稳定解决，粮食生产仍须抓紧，同时，要人力发展多种经营，有重点地办好二、三产业。在人畜饮水困难的边远山区，在相当时期内不具备办厂的条件，主要是大力发展劳务输出和适应东、中部产业结构调整变化，将那里因比较效益低而萎缩的产业，如蚕桑、编织、抽纱、刺绣等，引入家庭经营，丰富和延长家庭生产链。同时，由于甘肃位处偏远，运距长，竞争受限制，因而要指导农民在时序差、地域差、物产差上下功夫。商品生产特别是农产品生产具有很强的季节性、地域性，各个地区都有自己的优势。生产名、特、优产品，东南沿海地区季节早是优势；甘肃季节晚，在市场上也可以一枝独秀。小杂粮、杂豆产量低，高产区划不来不愿种，甘肃中部耕地面积大，搞豆禾轮作，可养地、肥田、增产，且市场价格较高，就比较划算。因此，必须重视差别，分类指导，利用差别，发挥各自的优势。

从横向看，农村产业结构调整涉及农村各产业之间的相互关系，还涉及自然与社会、政治与经济、城市与农村、经济与生态、局部与整体、传统与革新等诸多方面。制定产业政策在注意搞活全局、发展商品经济的同时，还要强调系统协调，注意结构的系统性、协调性，稳妥、慎重地处理各系统、各环节之间的关系，使宏观效益与微观效益、局部利益与整体利益相统一。在各产业之间及各产业内部做到既突出重点，又协调发展，使结构调整环环相扣、节节相连，在协调的基础上，使系统之间既不是简单地相加，更不是相互抵消冲减，而是几何级数式的产生和发挥系统功能，取得系统效益。

调整农村产业结构必须按照循序渐进、稳步调整的方针进行。可以考虑下面这些初步设想，但是不同地区起点不同，要因地制宜。

第一阶段，从现在到1995年，第二类地区主要是改善生产基础条件，进行综合治理；在条件适宜的地方，发展小片商品粮基地，实行集约化经营，提高粮食单产，增加总产。在此基础上，发挥各地区的特殊优势，发展商品性的名特产品，建立集中产区。在优质高产、加工增殖、批量创收上下功夫，逐步形成区域商品经济优势。第一类地区，因农业和二、三产业基础较好，商品经济已经有了一定的发展。农村产业结构调整必须以市场调节为主要手段，以开放经营的方式发展乡镇企业和农村第三产业。研究制定正确的产业政策、产业组织政策和产业技术政策。吸收、汇聚和引进资金、技术、人才，加快发展速度，增强对整个农村的辐射力，变区域优势为全省优势。

第二阶段，1995年以后，在前一阶段全省农村产业结构得到改善、总格局已经确立的条件下，从资源转换的角度，在更广阔的国际国内及省内的大系统中设计出更优化的农村产业结构。

（原载于甘肃农村产业结构及布局调整课题组著、中共甘肃省委研究室编：《甘肃农村发展方略研究》，甘肃人民出版社，1988年，第327－331页）

甘肃农村发展战略问题①

一、甘肃农村发展要从实际出发

1. 地域辽阔，但人均可耕地面积少。甘肃土地总面积 45 万平方公里，折合 68000 多万亩，人均 34.48 亩。在册耕地 5300 万亩（实有耕地约 7600 万亩），人均 2.7 亩，且大部分耕地土壤瘠薄、干旱多灾。高产稳产良田，人均仅 1 亩左右。林地只有 5400 多万亩，其中一部分为灌木和疏林地，覆盖率 6.7%。草原面积 2 亿亩，但大部分为荒漠、半荒漠草原，产草量低，宜牧草山草坡 7000 多万亩。戈壁、沙漠 10200 万亩。还有宜农荒地 1200 万亩，水域 300 万亩，城镇、工矿、交通用地 533 万亩，其他地 2000 万亩。

2. 地区差异性大，回旋余地大，但增加了生产的复杂性。甘肃地域辽阔，地形狭长，纵长 1655 公里。海拔一般 1000 ~ 3000 米，年平均气温 4 ~ 14℃，最低零下 26℃，最高 36℃。年平均降水量 50 ~ 600 毫米，由东南向西北递减，水平和垂直差异性均很明显。降水 300 毫米以下的地区占 58%。降水多集中在 7 月、8 月、9 月三个月。日照充分，雨热同期，昼夜温差大，是发展农业的优势，干旱、低温是主要局限。

3. 农村经济有了很大发展，但经济基础仍很薄弱。1983 年，甘肃农业总产值 36.2 亿元，粮食 107 亿斤，比 1919 年增长 1.6 倍。但受自然条件影响，生产很不稳定。1982 年，在全国各省中，甘肃粮食单产居倒数第二；亩均施化肥 3.2 斤，为各省倒数第三。1982 年，甘肃乡镇企业总收入

---

① 魏世恩执笔，与孙民合作。

3.8 亿元，固定资产原值 3.25 亿元，分别为各省倒数第四、第五。

4. 农村居民生活有了较大改善，但生活水平仍很低。1983 年，全省农村人口 1662 万人（城市人口 308 万人）。据抽样调查，1983 年甘肃农村人均收入 213 元，这已经比十一届三中全会前的 101 元增长了一倍。全省农村人口人均占有粮食 664 斤，低于全国平均水平，且省内地区之间不平衡，约有一半农民生活在贫困地区。

5. 农业结构中，偏重种植业的状况仍未根本改变。1984 年，甘肃农业总产值中，种植业占 66.91%，林业占 7.15%，牧业占 17.41%，副业占 8.42%，渔业占 0.11%。整个农村产业结构中，加工业和第三产业相当薄弱。1984 年，甘肃全省村办工业产值仅 2.3 亿元。由于经济基础薄弱和经营思想比较落后，因此目前全省农村经济仍停留在半自给性生产阶段。

6. 农村文化比较落后。据 1982 年人口普查，全省 12 岁以上文盲占总人口的 34.89%。科技传播应用较差。同发达地区相比，封建思想残余仍较严重。

二、战略目标

到 20 世纪末，甘肃农村必须通过社会主义农村经济制度的不断完善、农村产业结构的调整和生产技术的改革，提高生产力，发展商品经济，使农民尽快富裕起来，使党的十二大的宏伟目标得以实现。这就是甘肃农村发展的基本任务，它包括了奋斗目标和实现这一目标的主要途径。

建设文明富裕的社会主义新农村这一奋斗目标的基本内容，应当包括实现初步现代化的农业、综合的产业、商品化的经济、城市化的集镇、良好的生态环境和计划生育的人口等几个方面。

以上奋斗目标实际上也就是农村发展的模式。其一，农业仍然是农村的重要经济，它必须是建立在先进的科学技术和科学的经营管理基础之上的；其二，综合性产业，指农村产业结构要有计划地逐步进行调整，种植业、畜牧业、林业、加工业、第三产业之间要协调发展；其三，商品性的经济，指从自给半自给的自然经济过渡到以满足市场需要为主的商品经济；其四，城市化的集镇，这是建立城乡联系纽带、走城乡共同繁荣道路的战略目标；其五，建立良好的生态环境，把生态效益、经济效益和社会效益结合起来，这是关系千秋万代的长远发展目标；其六，计划生育的人口，在甘肃省农村，越是贫困地区，人口问题越是严重，如果任其失控，将会带来严重的生活、生态、生产问题；其七，我们是社会主义国家，物质文明和精神文明都要搞好。

为了达到上述奋斗目标，需要设置许多指标，从不同侧面反映规划目标的实现结果。其中，最主要的是经济效益和农村工农业总产值两个指标。

甘肃初步设想，全省农业总产值由 1980 年的 30.52 亿元，1990 年达到 58 亿元，2000 年达到 116 亿元。其中，"七五"期间每年增长 5.3%。20 年平均增长 6.9%，翻 1.9 番。乡镇企业产值由 1980 年的 3.5 亿元，分别达到 1990 年的 50 亿元、2000 年的 100 亿元。我们认为，农业总产值的增长速度，如无特大的连续的自然灾害，是可行的。在执行中，根据"七五"执行情况，再调整"八五"和"九五"计划数字。至于乡镇企业，潜力很大，究竟能发展到什么程度，现在还难以预测，可以先按这个规划试行。

为了全面反映和促进农村的繁荣昌盛，除了农村工农业总产值指标外，应增设农村总产值指标，即包括工业、农业、建筑业、运输业、商业等部门的总产值，全面发展所有产业部门。

不断提高经济效益是发展经济的根本前提，我们不能容许重复在"左"的指导思想下那种高速度、低效益的局面。经济效益高，经济才能持续地发展，农村居民生活水平才能不断提高。省里规划农村人均纯收入从 1980 年的 153 元达到 2000 年的 400 元和 700 ~ 800 元。这个指标承认了甘肃地区之间的差别，是切合实际的。但是，它和工农业总产值的纯收入的口径不完全一致。因为人均纯收入包括全部生产经营性纯收入和其他收入的平均数，而工农业产值中的纯收入仅是其中的一部分。所以，从这里还难以直接衡量工农业生产的经济效益。只有把人均纯收入和农村总产值进行对比，才能大体看出农村总产值的经济效益。

另一个问题是，400 元和 700 ~ 800 元这个指标的高低问题。从全国看，初步设想到 2000 年农村居民人均纯收入 700 元，低档 500 元，高档 900 元。据全国典型调查，1980 年农民人均纯收入 191 元，1983 年 310 元，1984 年 355.3 元，每年增长 11.2%。据甘肃典型调查，1984 年农民人均纯收入 221 元，相当于全国纯收入水平的 60% 左右。由此看来，到 2000 年，甘肃农村居民收入水平低于全国水平是符合实际情况的。如仍按 60% 计算，则可能在 400～500 元。如果我们工作做得好些，自然灾害少些，超出这个水平也是完全有可能的。

三、战略措施

（一）调整农村产业结构

调整农村产业结构，促进四个转变，即由种植业为主逐步向农、林、牧、副、渔全面发展转变；由经营农业为主向农工商综合经营转变；由生产初级产品向深度加工、综合利用转变；由自给半自给经济向发达的商品经济转变。前三个转变是产业结构调整的本身问题，后一个转变则是产业结构调整的目的。

过去，甘肃农村主要产业就是以粮食为主的种植业。几年来，甘肃虽然办了一些社队企业，但传统结构尚未突破。1984 年，甘肃农业总产值36.7 亿元（扣除村办工业产值 2.3 亿元，村办工业产值仅占工农业总产值的 5.8%）。今后，要增加工业、建筑业、交通运输业、商业等产业在农村总产值中的比重。

在农业内部，基本上还是"种植业 + 副业"，种植业中又是以粮为主。随着农业发展战略的转变、种草种树的发展，必须把饲养业放到突出的位置上。把牧草和余粮转化为肉、乳、毛、皮、蛋，提高人民的生活水平，增加农民收入。这是一项具有重要战略意义的事业。草原畜牧业也要通过建设草场、改良牲畜品种、合理经营等手段，提高出栏率、产品率、商品率，争取早日建成第一流畜牧业基地。

甘肃省农村工业十分薄弱，这是农村不能迅速富裕起来的重要原因。今后发展方向大体有以下几个方面：一是以农产品为原料的农畜产品加工业，包括食品工业、饲料工业、畜产品加工业、医药工业等；二是为农业生产服务的农具制造、小化肥生产等；三是以开发矿产资源为主的小煤窑、小金属矿、建筑材料生产等；四是发展从城市工矿区扩散出来的加工业；五是为生产和生活服务的建筑业和日用手工业。

甘肃农村的第三产业基础更为薄弱，由于统计资料欠缺和计算方法问题，目前尚难准确反映第三产业的产值。从国外初步工业化的国家情况看，第三产业产值约占国民生产总值的35%，现代化国家则高达60%～70%，可以说是"半边天"了。甘肃第三产业产值比重比国外、省外都低，而农村更比城市低。第三产业门类十分广泛，包括商业、外贸、金融、保险、运输、科研、文教、医疗、保健、旅游、娱乐、租赁、广告、信息、咨询、电讯等生产和生活服务行业。甘肃省教育科技落后，信息闭塞，交通不便，商品经济不发达，农村第三产业发展重点应放在教育、科技、信息、交通、贸易、服务等上面。

总体来说，全面发展农业，大力发展加工业，努力开拓第三产业，这就是甘肃农村产业结构调整之对策。

调整产业结构，必须运用价值规律，改革农产品统购派购制度，放开农产品收购价格。中央、国务院关于进一步活跃农村经济的十项政策对此已做明确规定，我们要坚决执行。首先，关键在于放开之后，国营商业要积极经营，参与市场调节；其次，为了积极发展多种经营，还要拨出一定的财力物力支持河西、陇东等粮、棉、糖、油集中产区发展农产品加工业；再次，还要拿出一批粮食，按原统购价销售给农村饲料加工厂、食品加工厂、饲养专业户、国营农牧场等单位，支持发展畜牧业、林业、水产养殖业。

（二）合理安排农业生产布局

各地区的农业生产布局，必须根据各地区的自然规律、资源条件和经济规律，充分利用各种有利因素，扬长避短，因地制宜，合理配置。

陇东黄土高原区应从生物措施和工程措施入手，控制水土流失，在发展粮食生产的同时，农林牧全面发展。川塬地发展桐粮间作和舍饲畜牧业、加工业；东部和西南部山地为宜林地区；西北部则宜于发展畜牧业；荒坡荒沟宜造林种草，发展经济林、果园、药材、黄花等。

陇南地区应积极改善农业生产条件，在提高单位面积产量的同时，着重发展适应暖温带、亚热带的林业和多种经营，如漆树、油桐、柑橘、茶叶等。在本区西部发展当归、红黄芪经济等，建立多种经营基地。

陇中黄土高原区要从控制植被破坏、大力种草种树入手，使生态环境由恶性循环向良性循环转化。同时积极调整农业生产结构，以种草养畜为突破口，兴牧促农，走农牧林综合发展的道路。在旱区积极推行旱作农业，在有水利灌溉条件的水川地推行灌溉农业。

河西走廊应充分利用自然资源与经济优势，农牧林密切结合，全面发展。种植业以粮、棉、油、糖为主，建立商品粮、甜菜和瓜果基地。发展饲草饲料生产，实行"三年三区轮作制"（春小麦占播种面积的2/3，秋田占1/3，麦田中套种、复种豆科牧草占一半），增加牧草，并发挥粮食高产稳产的优势，发展食品工业。利用余粮和粮油糖下脚料加工饲料，发展饲畜牧业。

甘南高原牧林区应以牧为主，牧、林、农相结合。积极建设草原，改良羊的品种，科学经营草场，提高牧草转化为畜产品的转化率，把本区建成第一流的畜牧业基地。

祁连山、马鬃山山地应以畜牧为主。要实行封山封滩育林育草，恢复植被。种植要服从牧业林业的发展，不宜农作的耕地要有计划地退耕还牧还林。所有的农业区，都要下决心把25度以上的陡坡农耕地退出来种草种树。

（三）继续进行农村经济体制改革，发展和完善联产承包责任制

在经济体制改革方面，党的十一届三中全会后，甘肃农村较早实行了联产承包责任制，1983年又完成了政社分设，1984年开始进行县级经济体制综合改革。要坚决贯彻落实上述十项规定等政策精神，联产承包责任制和农户家庭经营长期不变。要继续完善土地承包办法，并在林业、牧业、乡镇企业中实行责任制。要根据自愿互利的原则和民主管理的办法，根据发展商品经济的要求，在农村发展各种形式的合作经济，按照民主议定的简明章程把分散的生产要求结合起来，扩大生产规模，积累共有财产，增加商品生产，提高农民收入。在县级体制改革方面，去年省委以武威县为试点，从实际出发，以发挥地区资源优势、发展区域骨干经济为重点，制订了《武威县种草养畜发展设想和综合改革方案》与《武威县经济体制综合改革方案》，可供改革参考。

（四）加强农村之间横向联合

打破行政区划的界限，加强本省内外地区之间经济的横向联合。采用联营、联运、联销、物资交流、技术协作、信息往来等形式，发展双边、多边关系。特别是要先恢复地区之间的传统联系渠道，如甘南与临夏之间的农产品、畜产品交流。还要提倡东西互助，从东部沿海地区引进技术和资金，共同开发农村资源、分享利益。

（五）加强城乡联系

农村要发展，必须在城乡关系上有新的突破。甘肃已建立了综合型的中心城市兰州，还有工业型城市金昌、嘉峪关、玉门，以及天水、庆阳、平凉、定西、武都、武威、张掖、酒泉、临夏、合作等小城市。党的十一届三中全会以来，城乡关系有了新的发展，城市加强了领导农村的作用。今后，城乡之间还要建立更广泛的多渠道、多层次的联系。城市对于农村应发挥更重要的信息中心、流通中心、人才培训中心、科技推广中心的作用，领导农村由自给半自给性生产向较大规模的商品性生产过渡。

小城镇是农村最基层的政治、经济、科技、文化教育和信息中心，也是城乡联系的纽带，它和大中城市联合起来形成技术培训、智力输送的网络和信息交通网络。应做好城镇建设的规划。目前，甘肃省各县城总体规划尚只完成了一部分，县以下的小城镇规划多是空白，应随着经济的发展早做调查研究。

（六）向国际市场开放

甘肃的一些中药材、畜产品、粮油产品及林产品、农副产品等是传统的出口商品，但均属出售原料的初级产品。根据许多发展中国家的经验，要换取更多的外汇，必须根据国际市场需要，出口更多的加工品，并具备一种原料加工成多种产品的能力，以适应市场变化的需要。甘肃可供加工出口的农产品和农村工业资源十分丰富，要做好资源调查，统筹安排，一致对外。外汇分成要在城市、农村之间，国家、企业、生产者之间合理分配，使农村比过去多得些利益。

（七）由自给半自给经济向商品经济转化

由自给半自给的自然经济向商品经济转化，由传统农业向现代农业转化，是农村富裕昌盛的必由之路。在两个转化中，第一个转化是物质基础，第二个转化是第一个转化的必要手段和目的。当前，大力促进商品生产是农村发展的关键环节。甘肃农村大部分偏僻闭塞、贫穷落后，自给半自给经济占的比重很大，资源优势还是潜在状态，没有变成产品进入市场。所以，发展商品经济尤为迫切。上述各项途径最后落脚点均在于促进商品经济的发展。

（八）建设一个繁荣昌盛的农村，要靠科学技术

科学技术的发展和推广应用需要正确的决策。作为宏观决策来说，首先要明确科技发展方向。在科研和推广、使用的关系上，甘肃省畜牧业科技研究队伍力量较强，但管理体制不完善，教学、科研、推广、生产结合不紧密，未能发挥应有作用。今后应在重视基础和应用研究的基础上，改革体制，使科研成果尽快转为生产力。在劳动、资金和知识密集的关系上，要逐步从劳动密集过渡到知识密集、资金密集，以便大幅度地提高农村劳动生产率。在有机农业和无机农业关系上，把二者结合起来，走中国式的农业发展道路。在传统科学与现代科学的关系上，既要积极采用现代技术，更要重视适用技术，注意总结推广优良传统科学经验。

组织多学科、多层次的科技研究，解决农村发展中带有关键性的问题。如综合防旱抗旱生产技术、耐旱草种和树种选育引进、防冻防雹、保证稳定增产的研究，黄土高原控制水土流失、恢复生态平衡的研究，光能、水等资源合理利用的研究，牧区冬春牧场饲草不足与草原改良的研究，农畜产品综合加工利用的研究，饲料加工与营养的研究，城乡食品结构与农村食品工业新技术新工艺的研究，防止和预防泥石流、滑坡的研究等。

我们目前的农业经营形式是土地集体所有制下的家庭承包制，生产力水平和所有制结构都是多层次的。因此，在技术上也应建立多层次相结合的技术网络：属于高精尖的技术、需要大量投资的生产、科研机构、整体性的规划和设计等应由国家投资兴办，以便推广先进技术，提高加工深度，提高产品质量，对推动社会生产力发挥主导、骨干作用；一般性的饲草种植、畜禽饲养，则以千家万户为基础。

（九）强化教育事业，搞好智力开发

甘肃农村的上层建筑与经济基础结构中，突出的矛盾是教育事业十分落后。全省学龄儿童入学率80.5%，巩固率比这个统计数字更低，毕业合格率仅为20%。文盲半文盲占全省总人口的35%，其中少年文盲占15%，而且大部分在农村。全省每万人中仅有大学生8.4人，农村中比例则更小。由于文化水平低，科学知识少，因而农村人口视野不够开阔，生产门路较少。应该破除守旧自满、故步自封的小生产思想，提高智力开发和智力引进的自觉性。

要增加国家在农村教育上的投资，在办学上采取国家、集体、个人一齐上的方针，尽快普及小学教育。提高教育质量的关键是培养和补充师资，除对现有师资抓紧培养提高外，重要一环是调整教育结构，把师范教育作为重点来建设，以补充师资和提高师资水平。同时，应增加农村职业中学和技术学校，探索建立科研、教学、推广、生产体系和发展区域性经济相结合的方式。应根据经济发展需要，有计划有目的地把农村青年一代培养成有理想、有文化、有技术、守纪律的生产者。

要广义地理解人才的培养，除通过正规教育培养人才外，还要注意：一是调整干部的智力结构和轮训，提高农村干部的科技文化水平，通过他们尽快地把文化科技转化为生产力；二是注意培养农民技术员，加强初级技术队伍的建设；三是落实知识分子政策，进一步发挥现有专业人员的作用；四是要适当引进人才。

（十）生态从恶性循环转变为良性循环

历史上长期形成的生态环境恶化，是甘肃农村普遍面临的严重威胁，如河西的沙漠南移、河东黄土高原的水土流失、陇南山区和甘南草原的森林采伐过度等，都造成国土资源的流失、缩小和破坏，导致人民生产、生活条件日趋恶化。最严重的是以定西为代表的中部地区，干旱多灾，广种薄收，片面经营，植被破坏，"三料"（燃料、饲料、肥料）俱缺，越穷越垦，越垦越穷，陷于恶性循环之中。根本原因是人口的失控。现这一地区人口密度每平方公里77人，数倍于联合国关于半干旱区、干旱区农业生态的合理人口密度的分析。而且，在落后的经营思想支配下，甘肃在本来就很脆弱的生态条件下，仍日益严重地不断地进行掠夺性的经营，致使水土流失加剧，土壤蓄水力下降，地力越来越差，有机质含量越来越少。加之"左"的思想错误的干扰，形成了目前的局面。因此，改善甘肃的生态环境，必须下决心。首先要扭转中部地区的生态恶化。从长远方针看，必须控制人口的增长，改变不合理的耕作制度，改变经营方针，由单一抓粮转为种草种树、发展畜牧。从当前看，应把解决农村燃料作为突破口，大力发展草木樨、薪炭林和开发小煤窑，增加燃料；改灶改炕，节约燃料；改变燃料结构，增加生活用煤等，以此控制和停止铲草皮、烧山灰、乱砍树、滥垦荒、扩大过牧等破坏行为。从此入手，因地制宜地扩大种草种树面积，改变农村产业结构，把生物措施和工程措施结合起来。甘肃中部地区的古浪、景泰、靖远、皋兰、华池等 5 个县，1984 年已经基本停止了植被破坏。

控制农村人口的增长仍是一项艰巨任务。据 1984 年甘肃的 50 个县、220 个乡（镇、街道）、496 个村民小组（居民小组、集体户）、86549 人的抽样调查，1984 年人口出生率为 19.7‰，死亡率为 6.01‰，自然增长率仍然很高。今后十多年甘肃仍须努力控制人口增长率，把生活、生产与生态问题，即把人、生物与环境放在一个统一体中协调处理。

（原载于兰州大学西北开发综合研究所汇编：《西北开发探索文集》，四川科学技术出版社，1986 年，第 146-152 页）

青海省柴达木地区种植业发展问题①

一、现状和问题

（一）生产条件有了改善

1. 耕地面积迅速扩大

1950 年，柴达木地区耕地只有 14547 亩，农作物播种面积 11877 亩，其中粮食作物面积占 97%。20 世纪 50 年代中期以后，以国营农场为依托，本区进行了较大规模的垦殖。1983 年，耕地面积和播种面积分别扩大到62.19 万亩和 44.54 万亩（其中粮食作物播种面积占 80.3%），分别比1950 年增长了 41.8 倍和 36.5 倍。

在种植业经济中，柴达木地区国营农场占很大比重。农场的耕地面积、粮食产量均占全区总数的 2/3 左右；粮食、油类、肉类的商品率分别为 42%、35.7% 和 10%。截至 1983 年，国营农场累计提供商品粮 8 亿多斤，对柴达木地区的开发起了重要作用。

2. 水利建设取得了成绩

柴达木地区降水少，蒸发大，干旱对农业有严重威胁。为此，国家兴建了不少水利工程，截至 1980 年，投资 8100 多万元，建成自流灌溉渠道59 条、水库 6 座，蓄水能力 3832 万立方米；电灌站 8 处、机电井 393 眼，年供水能力约 11.2 亿立方米，实际供水能力 6.12 亿立方米。有效灌溉面积达 105 万亩，其中农田灌溉面积 62.18 万亩、林地灌溉面积 3.8 万亩、

---

① 柴达木地区早期为少数民族游牧地区，本地区种植始于 19 世纪，自 20 世纪 50 年代起才有了较大发展。

草原灌溉面积 39.4 万亩，确保并提高了农业生产，为种植业的高产稳产创造了条件。

3. 农业技术装备日益加强

农业机械化建设较快，1983 年全区拥有大中型拖拉机 519 混合台，25649 匹马力；小型及手扶拖拉机 887 混合台，10644 匹马力；农用排灌动力机械 118 台，4178 匹马力。农业机械总动力为 65435 匹马力，平均每亩耕地 1.03 匹马力。国营农场机械化水平高，1983 年全区实际机耕面积 13.69 万亩，占可机耕面积的 82.8%。农业技术装备的日益加强，标志着传统农业正在向现代农业转变。

（二）农业生产总量不断提高

由于生产条件的改善，柴达木地区农业发展较快，1983 年粮食总产量达到 13248.2 万斤，比 1950 年的 197.7 万斤增长了 66 倍，平均亩产从 171 斤提高到 350 斤，粮食已能自给；油料作物产量从 1.31 万斤增加到 650 万斤，增长了 495 倍。

（三）农业生产结构发生了变化

本区历史上以牧业为主。1954 年垦殖以来，本区农业的产业结构发生了很大变化，1985 年与 1950 年相比，农业生产总值构成中，种植业由 9% 上升到 41.73%，牧业从 90% 下降到 57.07%，林、渔、副业从 1% 上升到 1.2%。

二、种植业发展中存在的问题

（一）种植业生态系统脆弱

本区自然环境严酷，低温、霜冻、大风、干旱等自然灾害频繁，其中尤以低温、霜冻最为严重。如德令哈农场春小麦产量与霜冻的相关系数为 0.762，相关显著。

（二）种植业的内部结构不合理

在 1985 年全区总播种面积中，粮食作物占 84.8%，油料作物占 11.4%，其他作物占 3.8%。在粮食作物播种面积中，春小麦又占了 75.1%。春小麦之中，又以高原 338、阿勃、甘麦为主。这种结构失调、单一种植、单一品种的不合理现象，使土壤肥力减退，农田生态平衡遭到破坏，光能利用系数很低，从而影响了单产的提高。

（三）耕作粗放，重用轻养

由于人少地多，物质技术条件不充足，种植业内部比例不合理，管理水平差，耕作粗放，因而重用轻养倾向突出。加之还田生物量少，缺少有机肥，土壤肥力下降，土质瘠薄，不少耕地停耕撂荒。1984 年与 1978 年相比，耕地面积减少 15.3%，播种面积减少 7.2%。

（四）种植业增长年际起伏大

本区种植业虽有较快发展，但粮食和经济作物在不同年份增长数量和增长幅度起伏较大。从粮食产量看，1950—1956 年、1962—1967 年、1974—1977 年三个时期是持续上升的，尤其是第一个时期上升幅度最大，平均年增 54%。其他各个时期产量则很不稳定，特别是 1959—1961 年、1967—1968 年，产量大幅度下降；1960 年比 1959 年减产 5.31%，1961 年又比 1960 年减产 75.52%。经济作物也有类似情况。

（五）地区差异性大

东西部之间在生产布局、生产类型、发展方向上存在明显的地域性差异，种植业主要分布在东南一隅的都兰和乌兰，西北部的大柴旦、冷湖和茫崖分布极少；小麦主要分布在都兰、乌兰县境内的诺木洪、香日德、查查香卡、赛什克、德令哈等地，播种面积和产量分别占全地区的 92% 和 96%。

三、规划、步骤与措施

（一）规划

1. 种植业规模

据测算，柴达木地区水资源 49.051 亿立方米/年，近中期可利用水量 30.13 亿立方米/年。按常规计算，效益面积为 143.46 万亩。

1983 年全区耕地 63.13 万亩，尚有荒地约 200 万亩，其中宜农荒地 180 万亩。从现有水与地的关系看，地表水效益面积为 85.89 万亩。除去工业、人畜用水外，同现有耕地面积基本上平衡。如果考虑到远期地下水的开发利用，还可以增加耕地 70 万亩。

2. 农产品产量安排

据预测，全区1990年人口为31.6万人，2000年将达到41.9万人。按每人占有粮食700斤计，到2000年共需粮3亿斤。其中，人均口粮500斤，需2.1亿斤，占总需求量的71%；其余29%（8400万斤）用于工业和各类饲料。到20世纪末，粮食播种面积可达63万亩，按亩产495斤计，总产量可达3.12亿斤。

此外，居民集中地附近应尽可能地提高蔬菜、肉、奶、蛋等畜产品的生产，以免远距离运输造成浪费。从本区自然条件看，绿洲麦、豆、绿肥轮作区适宜种植蔬菜。为满足新增人口的需求，蔬菜面积扩大到1990年的4万亩、2000年的6万亩。今后，除在地区东部的德令哈、诺木洪、香日德、希里沟、察汗乌苏等地发展蔬菜生产外，尤其要创造条件，在乌图美仁、阿拉尔等灌区发展蔬菜生产。

3. 垦殖计划

柴达木地区为荒漠生态系统生态，环境条件差，加之人为的破坏，短期内难以恢复。从生态效益看，垦殖应适度，并要与人工生态系统的建立相结合。从经济效益看，在这里开荒一亩，包括水利投资、农业投资及种植初期的亏损，需要1000元。如136万亩全都垦殖，则需13.6亿多元，为财力所不允许。而且，大面积开荒所需要的农业劳动力也较难解决。

据以上分析，设想在2000年前，应在稳定现有耕地面积的基础上，本着先易后难的原则，先改造低产田30万亩，扩建高产稳产田，恢复撂荒地10万亩，再新开垦25万亩，把耕地面积控制在100万亩内。

待垦宜农荒地主要分布在乌兰戈壁、怀头他拉、希里沟、赛什克、查查香卡、察汗乌苏、香日德、诺木洪、马海及格尔木、乌图美仁等地。自然条件复杂的地方，应先搞试验后垦殖。

对柴达木地区的种植业开发利用规划，现提出三个方案（见表1），以供比较。

表 1 柴达木地区种植业发展规划方案

年份		耕地面积（万亩）	播种面积（万亩）			总产（万斤）		单产（斤/亩）		人口（万人）	人均占有	
			合计	其中		粮	油	粮	油		粮（斤/人）	油（斤/人）
				粮	油							
1983		68.13	49.67	39.86	3.99	15603	532.06	391.4	133.3			
第一方案	1990	84.01	67.21	53.77	5.70	23926	854.50	445	150	31.6	757	27
	2000	105.78	84.62	67.70	8.41	33510	1429.76	495	170	41.9	800	34
第二方案	1990	78.01	62.41	49.93	5.70	22217	854.50	445	150	31.6	703	27
	2000	98.72	78.98	63.18	8.41	31276	1429.76	495	170	41.9	746	34
第三方案	1990	75.47	60.37	48.30	5.70	22217	854.50	460	150	31.6	703	27
	2000	95.83	76.66	61.33	8.41	31275	1429.76	510	170	41.9	746	34

说明：

1. 粮食作物和人均占有量：根据 1983 年的实际给出两组数据。
2. 粮食单产：根据 1983 年实际给出三组数据，按人均占有量与单产的不同搭配，分别计算出三个方案。
3. 油料作物：人均占有 170 斤/亩计，1990 年实际，根据 1983 年实际播种油料作物播种面积。2000 年前按 170 斤/亩计，据此计算油料作物播种面积。2000 年前按 27 斤/人，1990 年按 150 斤/亩，根据 1983 年实际。单产，2000 年前按 34 斤/人计，这个比例是根据 1983 年实际得到的。
4. 播种面积＝耕地面积×80%，粮食作物面积＝播种面积×80%，播种面积的分配将有困难，故表中未单独列出，但由表列数据可知。
5. 蔬菜面积：若按 1983 年实际 0.65 万亩计算，各时期蔬菜面积可达 4 万 ~ 6 万亩算。

分析：

第一方案，虽然人均占有粮食较多，但 1990 年和 2000 年的耕地面积大。

第二方案，到 2000 年时人均占有粮食基本够吃用，而 1990 年和 2000 年的耕地面积小于第一方案，控制在 100 万亩以内。

第三方案，人均占有粮食与第二方案相同，但其 2000 年粮食单产超过 500 斤，这在理论上和实践上均需论证。1990 年耕地面积仅 75 万亩，比较现实。

意见：第二方案为最佳方案。

（二）步骤与措施

1. 步骤

第一步：1993 年前，以提高单产为主，开垦部分熟荒地。首先，改造低产田 30 万亩。改造后，按 80% 播种面积、每亩增产 200 斤计，可增产粮食 4800 万斤。其次，恢复撂荒地 5 万亩。按 80% 播种面积、每亩产粮 400 斤计，可产粮食 1600 万斤。以上共可增产 6400 万斤，1993 年总产量可达 2.2 亿斤。经济作物（主要是油料作物）5.7 万亩，单产 150 斤，总产 845.5 万斤。

第二步：1993 年至 2000 年，以巩固老场为主。首先，恢复撂荒地 5 万亩，按 80% 播种面积、每亩产量 400 斤计，共产粮 1600 万斤。其次，开垦耕地 25 万亩，按 80% 播种面积、平均亩产 350 斤计，可产粮 7500 万斤。到 2000 年，共产粮 3.1 亿多斤（按粮田 63 万亩、亩产 495 斤计算）。经济作物（主要是油料 78.41 万亩）单产 170 斤，总产 848.5 万斤。如果各方面条件好，可再增垦 9 万亩。

2. 措施

柴达木地区种植业资源的开发利用，应立足于合理利用与保护相结合，建立高效的人工生态系统，相当长的时期内不宜大规模开荒，以巩固现有耕地、提高单产为主；以现有农场和乡为依托，发展一片，巩固一片；按照"水—林—田"的有效程序，建立绿洲农业。第一步，兴修水利。第二步，种草种树，建设防风固沙林带和田间林，保持水土，调节气候。第三步，灌溉耕地和开垦农田。主要措施有：

（1）合理利用水资源

水资源的合理利用决定着绿洲农业规模及其发展前途。目前，各灌区可利用的地表水资源为 57.26 立方米/秒，如能合理利用，可灌溉 86 万亩，但实际上现有耕地用水已感不足。除以节约用水为主要对策外，还应有计划地开采地下水，补充水源。

在水利设施上，应以加强水利工程管理和工程配套、充分发挥已有水利设施的作用为主。根据本地区淡水运动的规律，要把引水渠道接到"淡水集散点"，以避免在山口河床覆盖层上的渗漏。据测算，由此可提高水资源 30% 的利用率。与此同时，要研究灌溉和排水方式，严格控制灌溉水量和土壤的盐渍化。

（2）种草种树，建立防护林网

种草种树是把单纯地向自然界的索取和掠夺，变为保护、改善、增殖和合理利用自然资源建立良好生态系统的有效措施。

实践表明，发展柴达木地区的农业必须搞好林业建设，营造防护林网，保护和建设绿色屏障。林业建设要因地制宜、因害设防、以水定林、乔灌结合，树种多样化。

（3）改良土壤，建设稳产高产农田

改良土壤的关键是降低浅水层的地下水位，将之控制在临界深度以下，以防止土壤盐渍化。耐盐植物（如草木樨）和喜盐作物（如甜菜）能使土壤脱盐，改良土壤结构，增加土壤有机质，经济效益也较高。在盐渍化地区的排水渠口种树，利于降低地下水位，减少土壤次生盐渍化。

用地与养地结合。改变农作物品种结构不合理、豆科作物数量很少（仅占播种面积2%）、大部分播种小麦、重茬严重等现象，有助于土壤肥力上升，减少草荒和病虫害。耕制改革要因地制宜。人多地少的地方，实行豆麦轮作和粮肥（绿肥）轮作，倒茬种植一定面积的豌豆、蚕豆、油菜等；人少地多的地方，改变以休闲为主的麦闲轮作，增种一些豆科牧草和绿肥，实行粮草、粮肥（绿肥）轮作，提倡种草养畜。对于退耕还牧的土地，一定要种上草料绿肥，为用地养地结合创造条件。要搞好作物优良品种的培育和推广，实现良种化，确保增产。

（4）提高农业机械化水平

本地区地广人稀，第二、三产业的发展还要从农业中吸收部分劳动力，使得农林劳动力趋于紧张。因此，解决劳动力问题的出路之一是机械化。近期要抓农机具的配套更新和技术、管理人员的培训，逐步实现耕、种、收、脱粒、烘干、运输、农产品加工等环节全部机械化。引进的农机具，要注意技术的适用性、经济的合理性和生产的可行性等。

（原载于青海省计划委员会、青海省海西蒙古族藏族自治州：《青海省柴达木地区国土规划》，1988年，第34-37页）

农村集镇

一、农村集镇的形成与类型

（一）农村集镇的形成与演变

农村集镇的形成是和农村集市的发展相联系的。从历史顺序看，在人类社会初期，市与镇并没有直接联系，在农村集镇形成之前，农村集市早就存在着。人类古代社会的市，是"以其所有，易其所无"，即物物交换。这种意义上的市，起源于原始社会氏族、部落之间，早在四千多年前我国就已经出现市。在那个时候，这种市一般表现为定期的集市，虽然是在一定的场所进行的，但并不具备房屋、店舍和其他基本设施。这种集市在北方叫作集，在南方叫作墟、场、会，有的三天一集或五天一集，也有一年一次或数次、每次为期几天的庙会、香会、骡马会等大型集市。农村集市的发展，客观上要求修道路、盖房子，提供固定的商品交易场所，并且为了方便交易者，还要开旅馆、饭店，发展公用事业。随着人口的集聚和经济活动的多样化，这种集市就逐渐发展成为具有多功能的农村集镇。

我国古代农村集镇的基本特征，大致可以做如下概括，即在经济上以商业和手工业为主体，在政治上以保护封建主财产为目的，是封建地主阶级统治农村的依托。集镇的市场是官方根据"礼法"设置的。他们设置官吏管辖市场，实行"抑商"政策。古代集镇的商业长期停滞在农民出售农产品和家庭手工业品状态，即使是商人，也多从事单纯贩运性商业。到了封建社会后期，虽有资本主义萌芽稀疏地出现在集镇手工业生产部门中，然后缓慢地通过各种渠道渗透到农业生产部门，但因封建制度的羁绊，资本主义因素发展十分缓慢。鸦片战争后，外国资本主义乘虚而入，一方面，农村中自给自足的自然经济开始解体，农村商业与集市贸易受到极大打击，许多集镇走向衰落；另一方面，一些地区的民族资本主义工商业有了一定发展，并在一定程度上促进了这些地区农村集镇的发展。但是，从总体看，封建制度仍然严重阻滞着集镇经济的发展。

新中国成立后，被破坏了的农村经济得到了恢复和发展，商品经济日趋活跃，农村集镇也因而有了转机，出现了繁荣景象。1956 年，私营工商业社会主义改造基本完成之后，否定了多种经济成分长期并存的必然性，农村集镇的行业全面合作化，店铺全面集体化，取消了个体商贩，店铺大为减少，农村集镇因此一蹶不振。1958 年，在"共产风"的影响下，一度企图用产品配给制代替商品交换，致使农村集镇的商业活动消沉下去。1962 年，因搞所谓弃商务农，进一步导致了农村集镇的衰落。"文革"期间，农村集镇更是遭到惨痛的冲击，传统招牌被砸，名胜古迹被毁，集市贸易被封闭，个体工商户被取缔，农村集镇急剧萎缩。我国农村集镇的真正转机是在党的十一届三中全会以后。在解放思想、搞活经济的正确方针指导下，随着农村经济体制的改革和农村商品生产的迅速发展，农村集镇经济呈现一派兴旺发达的景象，许多农村集镇由单纯的消费型变成了生产与消费结合、农工商建运结合的新型集镇。

（二）农村集镇的类型

由于我国的农村集镇大都是由原来的集市演化而来的，同时一般的农村集镇都有从事手工业（或工业）生产和从事商品交换的工商业者，只不过是有的农村集镇是以商品生产为主的，因而，形成了性质上略有区别的两种基本类型的农村集镇。

以商品生产为主的工业型的农村集镇，一部分是传统手工业的发源地，它的兴起与繁荣始终与传统手工业紧紧联结在一起。如景德镇一带的陶瓷业，苏州、杭州一带的丝织业，番禺、东莞一带的制糖业，武夷、瓯宁、普洱一带的制茶业，济宁、平南一带的制烟业，等等，从古到今，都曾经带动着一批农村集镇的形成与发展。另一部分是由商业型向工业型转化而来的。新中国成立以来，尤其是党的十一届三中全会以来，我国的农村工业有了很大的发展，许多农村集镇的经济结构也因此发生了根本性的变化，即由主要从事商品交换的商业型农村集镇转变为主要从事产品加工的工业型农村集镇。还有一部分是由于工业点的合理布局，即城市工业向农村地区适当分散，从而形成了一批小工业基点，成为联结城乡的纽带和改变周围农村面貌的前进基地。由于这些分散开的小工业的发展要求有农村集镇作为它的依托，因此一批新的农村集镇便应运而生。不过，这种性质的农村集镇已经不是初始形态的农村集镇。

由于农村集镇一般都是由农村集市演变而来的，因而大多数的农村集镇在其形成与发展过程中，都曾经呈现出以商品交换为主的商业型的特点。商业型的农村集镇能否转化为工业型的农村集镇，取决于当地的商品经济、社会分工，以及专业化、社会化等方面的发展程度。在一个自然经济占主导地位、商品经济极不发达、专业化和社会化程度很低的落后地区，不可能建设起工业型的集镇。正是从这一理论出发，我国农村多数地区的集镇属于商业型的农村集镇，或由商业型向工业型转变中的农村集镇。对于大多数农村集镇来说，要完全实现由商业型向工业型的转变，需要经历一个较长的发展过程。

我们之所以把农村集镇区分为以商品交换为主的商业型农村集镇和以商品生产为主的工业型农村集镇，是以农村集镇与商品经济的内在联系作为基本出发点的。如果再考虑农村集镇形成的条件，农村集镇还有以下几种类型：

（1）农村经济的发展带动了农村集镇的兴起。农村经济的发展是农村集镇形成和发展的主要因素。我国历史上早期开发的黄河、长江流域的农村地区经济发达，物产比较丰富，处于这两大流域和沿海河口等地区的许多农村集镇都是这样发展起来的。

（2）农村资源的开发促进了农村集镇的发展。丰富的农村资源是农村集镇发展的物质基础。这类农村集镇的兴起，大多是因为当地有丰富的土特产和矿产资源。随着这些资源的开发利用，一大批农村集镇就发展起来了。

（3）交通要道、水陆枢纽也是农村集镇发展的好条件。便捷的交通，对商品流通和物资集散起着促进的作用。不过，这类集镇的兴衰往往伴随着交通条件的变迁。

（4）还有一些特殊意义的农村集镇是由于政治军事上的需要而形成的。这种类型的农村集镇，有的是由于建立地区性的行政管理机构而设置的，有的是由于镇守边陲要冲的需要而建造的一些设施，从而，本来并不出名的村落逐渐地兴旺起来，其中有的还成为历史名镇。

（5）名胜古迹的开发也往往使农村集镇得到发展。我国历史悠久，山河壮丽，古迹众多，名人辈出。有一部分农村集镇就是由于纪念名人先贤、修造庙堂祠社、开发风景资源等活动而发展起来的。

二、农村集镇的地位与作用

农村集镇是这样一种社会经济实体：它是以一批不从事农业生产劳动的人口为主体组成的社会经济实体。农村集镇从地域、人口、经济、环境等方面看，都具有与城市、乡村不同的特点，又都与城市、乡村保持着密切的联系。因而，农村集镇作为城乡之间的中介，即上通城市，下联乡村，在农村经济中的地位与作用是十分明显的。

（一）农村集镇是农村商品交换的中心

在一般情况下，农村集镇的发展总是呈现着一定的阶段性。但是，不论农村集镇的发展处于哪一个阶段，农村集镇作为农村商品交换的中心，却是始终没有改变的。

农村商品再生产过程是十分复杂的，它是生产、分配、交换、消费等环节不断进行的过程。一个生产单位、一种商品的再生产过程是互相衔接、互相交错、互为条件、往返不息的。从商品生产组织来看，从自然经济向商品经济转化的一个重要特征，即安排农业生产，不是单纯根据农民本身的生活需要，而主要是根据市场需要来安排的。二者的比例，随着转化的程度而有所不同。农村的各个商品生产者，不一定能够按照商品生产规律的要求组织商品生产，所以需要有一定的计划指导和具体的组织工作。集镇作为农村的商品交换中心，比起单独的商品生产单位和生产者来说，既能了解全面行情，又具有一定的调节生产和流通的职能，因此能够协调农村商品经济的发展。

按照商品交换的种类和范围，农村集镇作为农村商品交换的中心，大体可以分为三种类型：一是小区域范围内的农村集市贸易中心；二是大区域范围内的农村商品交换中心；三是城乡之间的工农业商品交换中心。这三个中心互相联系、互相依存、互相制约、互相转化，形成一个纵横交错的商品流通网络。由此可见，与城市不同，农村集镇在商品交换体系中具有它本身所固有的特殊功能。这主要表现为：（1）农村集镇地处农村地区，能够及时而具体地了解农业生产情况和农民对工业品的需求，并迅速地将这些经济信息传送给城市，使城市的工业生产更好地适应农业生产和农民生活的需要；（2）农村集镇与城市有着密切的联系，能够及时而具体地了解城市的生产情况和城市工业、城市居民对农产品的需求，并迅速地把这些经济信息传送给农村，使农业生产更好地适合城市的需要。

在农村经济区域中，每一条商品流通渠道都有各自涉及的范围，并联系着一定区域的乡村，但是，不管哪条商品流通渠道，最终都要在农村集镇上汇集。农村集镇是城市与乡村、工业与农业、乡村与乡村、农民与农民之间商品流通的中心。如果没有农村集镇这一四通八达的商品流通网络，商品生产者要实现其价值就会遇到重重困难，农村的商品再生产就难以顺利进行。从这个意义上说，要发展农村商品生产，就必须搞活农村集镇的商品流通。

（二）农村集镇是农村商品生产的中心

农村的商品生产过程，广义地说，包括产、供、销三个环节，由产前、产中、产后三个部分所组成。从个别企业的生产看，产中属于生产过程，产前和产后属于流通过程。为了保证整个商品生产过程和再生产过程的顺利进行，对于任何一个生产企业来说，都需要一系列的经营单位为其提供各种产前、产中、产后的社会服务。农村集镇，作为农村的经济中心、交换中心和服务中心，集中了一定规模的商业、服务业和其他公共服务设施，可以很好地发挥这方面的作用，从而使之成为发展农村商品生产的中心。

随着农村集镇的发展，以农产品为原料的农副产品加工工业也必然会跟着相应的发展。有什么样的农副产品加工工业，就需要有什么样的农副产品原料；办多大规模的农副产品加工工业，就需要多大规模的农产品原料。因此，农村集镇工业的发展必然会对农产品原料提出新的需求，促进农业内部的进一步分工，促进农业生产社会化程度的提高，促进农产品生产的不断发展。

此外，随着农村集镇的发展，为农业生产提供生产手段的重工业也必然跟着相应地发展，它和城市大工业一起，对农业生产的发展起着重要的主导作用。要促进农产品商品生产的发展，需要有足够的机器设备、动力资源、交通运输、化肥农药及塑料薄膜等，而所有这些，完全依靠城市大工业是不行的。在取得城市大工业支援的同时，大力发展农村集镇工业，对促进农业技术改造、推动农村商品生产将发挥重要的作用。

（三）农村集镇有利于吸收农村大量剩余劳动力

我国农村的一个重要特点是人口多、耕地少。随着人口的增加和耕地面积的逐渐减小，将来剩余劳动力还会增加。

我国解决农村剩余劳动力的出路和资本主义国家有很大区别。资本主义国家城市和工业发展初期，伴随而来的是农村破产，继而众多农村无产者涌入城市谋生。我国是社会主义国家，必须走自己的道路。农村剩余劳动力问题将基本上在农村解决，走城乡共同繁荣的道路。一部分剩余劳动力在农村搞多种经营，另一部分脱离或半脱离农业进入集镇，这两部分人均不能离开集镇的作用。农村集镇吸收剩余劳动力又有两种方式，一是农业人口到集镇落户，二是务农兼务其他。农村剩余劳动力可以按照不同季节或不同时间，分别在集镇和乡村劳动，这种方式比较灵活，不增加集镇负担，将更适合我国农村情况。

农村集镇容纳农村剩余劳动力的能力决定于农村集镇的经济发展水平，尤其是农村集镇工业的发展水平。工业集中必然引起人口集中，这是社会经济发展的普遍规律。农村集镇发展工业，就要招收工人，使农业剩余劳动力转化为工业劳动力，使农业人口转化为非农业人口或半农业人口。农村集镇工业发展起来了，又会带动建筑业、交通运输业、商业、服务业及饮食业等。

农村集镇容纳劳动力的潜力很大。农村第二产业和第三产业的发展，为剩余劳动力的就业提供了广阔的前途。根据预测，20世纪末，我国人口将达到12亿人，其中农村9亿人、城市3亿人（城市中有8千万人口来自农村）。在农村的9亿人口中，乡村为6亿人，集镇可容纳3亿人。

（四）农村集镇是农村科学、文化、教育和卫生中心

物质文明建设和精神文明建设同时进行，是我国农村发展的基本模式。社会主义物质文明建设是精神文明建设的物质基础。以共产主义思想教育为核心的社会主义精神文明建设，是保证社会主义物质文明建设的重要条件。

在农村精神文明建设中，集镇具有重要作用，因为集镇是农村文化、教育、卫生和科学的中心。

第一，集镇是农村中文化、教育、卫生和科学比较发达的地方。据典型调查，农村中一半以上的中学、农业中学、中等专业学校、科研机构、图书馆、影剧院、戏剧院、医院和卫生院多集中在这里。

第二，集镇的文化团体可以在业务上帮助分散的各文化点，如小戏剧团、业余演出队、放映站等提高和进行培训。

第三，集镇的学校水平较高，能够为乡村培养高一级的人才，还能够对农村中小学进行业务上的指导。

第四，来自乡村的科技成果一般也是先集中到集镇，经过一定机构筛选、补充、总结、提高后，再向乡村推广普及。

党的十一届三中全会以来，由于农村经济迅速发展，农民收入逐年增加，因此农民对文化生活、教育和科技水平的提高和卫生条件的改善有了迫切要求。几年来，集镇的精神文明建设也取得了一定成绩。但从全国情况看，集镇文化建设方面的设施远远不能适应农村发展的需要。因此，在提高集镇物质生产能力的同时提高精神生产能力，是摆在所有集镇面前的一项重要任务。

（五）农村集镇是城市伸向农村的依托

农村集镇一头连着城市，一头连着乡村，是城乡联系的桥梁。农村集镇所处的特殊地位，决定了农村集镇作为城市伸向农村的依托作用是十分明显的。

第一，集镇工业是大工业的重要补充。大、中城市和工矿区的大工业是国民经济的骨骼，是经济发展的主导力量。但是，要建立一个全面的工业体系，还必须有乡镇工业作为补充。乡镇工业就地加工农产品的条件最方便。农村食品工业、饲料工业、畜产品加工业等都是建立在这个加工基础上的；乡镇工业能为农业生产制造和修理农具，以弥补城市工业之不足；可以开办以矿产资源为原料的小煤窑、小金属矿、建筑材料制作厂等增加工业原材料；可以建立为生产和生活服务的建筑业和日用手工业；可以发展从城市和工矿区扩散出来的加工业，大、中城市工业采取外联横联方式，把一些零部件加工、包装，甚至部分主件，扩散到集镇，使集镇成为城市工业不可缺少的部分。

第二，城市支援农村的新技术一般是通过集镇传给农村的。城市用新技术武装集镇工业，再从集镇工业扩散到乡村。一些支援农业的装备，一般也要经过集镇再转到乡村。

第三，集镇经济的发展带动了农村商品经济的发展，同时又通过集镇收购更多的工业原料和粮食。

第四，集镇经济的发展为大、中城市提供了更大的工业品市场，城市工业品下乡大部分是通过集镇的批发、零售机构过渡到农民手中的。

第五，集镇是城市商品信息转播站，通过它，各地信息迅速向四周农村传递。

第六，集镇还是社会主义文化教育的前沿阵地，它有一批文化教育机构传播城市的文化和教育。

三、农村集镇建设与规划

农村集镇是我国农村经济发展的必然产物。党的十一届三中全会以来，我国农村发生了历史性的变革，大批农民正在有秩序地进入农村集镇，乡镇企业蓬勃兴起，农村城市化的道路正在开拓。在这种新的形势下，农村集镇在农村经济乃至整个社会经济中的地位与作用越来越明显地表现出来。为了使农村集镇所固有的功能能够得到充分的发挥，客观上要求把农村集镇的建设摆到重要的议事日程上来。而要切实搞好农村集镇的建设，就必须切实搞好农村集镇的建设规划。农村集镇建设规划应该以县城规划为基础，以农村集镇本身条件为依据，统筹安排各类项目的建设。农村集镇建设规划可以分为两个部分：第一部分是总体规划，这是一种控制性规划，它规定农村集镇建设的目标、规模、生产布局和生活安排等；第二部分是详细规划，这是一种建设性规划，它根据总体规划的要求使各类建设有计划、有步骤、协调地进行。

（一）农村集镇规划的任务

根据国家关于农村集镇发展和建设方针、经济技术政策、国民经济和社会发展的长远计划、区域规划、国土规划，以及集镇所在地区的自然条件、历史情况、现状特点和建设条件，科学地确定集镇在规划期内的经济和社会发展的目标、规模和布局，统一规划、合理利用集镇的土地，综合部署集镇的经济、文化、公共事业等各项建设，保证集镇有秩序地协调地发展，是农村集镇规划的重要任务。

集镇规划的目标是由多层次发展目标总和而成的，其中经济发展速度、产业结构、经济效益和居民生活水平等是规划目标的主要内容。一个集镇的规模虽小，但从总体上说，必须考虑上述因素。具体确定这个目标，要根据县域规划和集镇的自然、经济、社会等客观条件进行分析研究、综合归纳，从中选出最优目标。

集镇的规模从根本上说取决于它的经济与人口的发展规模。集镇规划要以其经济和社会发展规划为依据。经济发展目标和任务确定之后，就可以确定集镇发展的规模了。

规模的涵义，有内涵与空间两个方面。从内涵说，近期规模应根据集镇的现有建设面貌、当前生产力的发展状况、居民的生活水平和经济结构来制订；长远规模，应结合集镇人口的发展趋势、农业现代化的进展状况、农业人口的增长和集镇居民生活水平提高的幅度等因素制订。规划中的人口增长速度主要取决于机械的增长速度，原因是集镇工业劳动力来源多数依靠外进或由农业户转化为工业户。

集镇规模从空间上说主要指集镇占地面积和建筑面积。经济、合理地利用土地，是确定集镇规模的重要原则。

集镇建设应当节约土地。应尽量利用荒地劣地，少占耕地、菜地、园地和林地。如需扩大用地，也应本着节约的原则。占地范围确定之后，一定时期内应当严格控制发展的规模，立足于旧镇的利用和改造，调整各项用地结构和建筑布局，逐步改善居住、生产、服务和环境条件。

不论是旧集镇的改造，还是新集镇的建设，都必须正确处理集镇与乡村、生产与生活、基础设施与生产项目、局部与整体、近期与远期、需要与可能的关系。

公共建筑设施既要面向集镇，又要面向乡村。如集镇广场、中学等的建设应考虑集镇周围乡村居民的方便。

生产用地应根据生产过程对环境影响的程度，按生产性质，在不影响集镇发展的区域内统一规划。对水、电、路的规划，应按普遍用电、全面供应自来水和建筑永久性的路面的标准，从长远考虑安排。

集镇生活生产用地要注意合理安排。基础设施要先行，不要只顾盖厂房、住宅而把基础设施置于一旁。生产方面，诸如工业废水、运输干道；生活方面，诸如市场、商业服务网点、教育、卫生、体育、交通、信息等设施，都应有统一的规划。

（二）农村集镇规划的内容

农村集镇规划的内容包括两个方面：农村集镇总体规划和农村集镇详细规划（或建设规划）。

1. 农村集镇总体规划

农村集镇总体规划是农村集镇建设规划的主体。它一般是在县城规划、国土规划的基础上进行的。农村集镇总体规划的主要内容有：（1）根据生产发展的需要和建设的可能，确定本集镇的位置、性质、规模和发展方向；（2）确定农、林、牧、渔业及工副业生产基地的位置和第三产业的规模；（3）建立集镇内部、城镇之间、集镇乡村之间的交通运输系统；（4）确定电力、电讯线路的走向，确定计划中主要水利设施（如水库、干渠等）的位置；（5）确定主要公路建筑物和居民点的位置。

研究总体规划的内容，首先应明确集镇的性质。集镇一般是周围地区政治、经济和文化生活的中心，这是它的共性。但由于历史、地理、自然资源条件的不同，各个集镇又有不同的性质和特点。如有些集镇以商品交换为主，则为商业型；有些以加工农副产品为主，则为加工型；有些以旅游业为主，则为旅游型；有些则是综合型的；等等。这些个性的特点，反映出集镇不同的性质。在总体规划中，应对各个集镇的性质进行科学分析，把它明确起来。

确定集镇人口的规模和占用地规模是总体规划的重要内容。规划期内的人口规模，应参照集镇中各行各业在规划期限内的发展计划。一般采用多因素叠加法，即把人口分为非农业人口、农业人口、亦工亦农人口三部分，按各自的增长规律和机械扩张可能性进行综合分析和计算，然后叠加。有些地方把集镇人口类型分得更具体，也是可以的，如：（1）现有农业人口及自然增长人口；（2）第二产业人口，其中国营企业职工人口由国营企业数量和规模决定；（3）第三产业人口；（4）乡村专业户入镇人口及被抚养人口（即一部分家属）；（5）其他未列入上述几类的人员。应该说明的是，目前集镇中一人从事两种以上职业的情况占相当大的比重，如亦工亦农、亦工亦商等，在统计和分析时，应按主要的一种统计。

人口规模计算的结果，不是确定集镇规模的唯一依据。有些地方受自然条件的限制，人口只能有一定的容量，所以还要根据其他条件来确定。

经济发展规模是决定集镇规模的重要因素之一。如珠江三角洲、长江三角洲、厦漳泉三角地带临江沿海，交通方便，经济发达，集镇的规模可以大些；深山老林地区地形复杂，交通不便，集镇规模就应小些。城市郊区经济发达，人口密集，集镇规模可以大些；西部地区的半荒漠地带经济正在发展，集镇规模可以小些。

集镇用地面积是反映集镇规模的重要指标。集镇在规划期内人口规模确定之后，根据当地的建设用地条件确定每一人口的居住用地标准后，将规划期末人口总数乘以居住用地面积，即得规划期末集镇居住用地面积。生产区用地、公共设施用地等，也应根据当地用地条件精打细算，分别求出。以上几部分土地面积相加就得出总用地面积。此外，集镇还须适当留出一部分后备用地，以便因规划不周或临时需要之用。

2. 农村集镇建设规划

详细规划是在总体规划的指导下，对集镇近期建设区域内新建或改建的各项建设做出具体的安排。主要任务是：把集镇建设的各个部分组织成一个有机的整体，使各项建设都能按计划协调地发展。主要内容包括：

第一，规划功能分区。在已确定的用地范围内，划分居住区、公共建筑区、工副业生产区、农业生产区、畜禽饲养区和名胜古迹保护区等。各个集镇应根据自己的性质、特点与条件，使规划具有不同的特色。以上功能区域内各种用地往往又是错综交叉的，如生活居住区、生产区都要穿插绿化用地，而绿化区中也可能建筑若干建筑小体。

生活居住区是集镇用地的主要部分。人的一生中大约有三分之一以上的时间是在居住环境中渡过的，因此，要重视提高居住环境质量。在生活居住区的规划设计中，应注意环境整体的科学性、合理性和全面性，既包括住宅的室内外环境空间质量，又包括与住宅、道路、绿地配套的建筑小品及其设施。一般地说，生活居住区应布置在工副业生产区的上风上游位置，以避免环境污染；最好也不要和牲畜饲养区近邻，以免人畜混杂，病害感染。

公共建筑区应充分利用原有建筑物。新建筑物要适合农村特色，不要一味追求洋、高、大，一些公共设施尽量做到一物多用。如一般集镇的体育场可和中、小学体育场合用，集镇广场和露天剧场、贸易市场也可合并。在较大的集镇中，影剧院、饭店等公共娱乐服务场所对居民有较大的干扰，可单独规划一个区。另外，中心镇应统一划出商业服务区，对商业网点和服务设施做出统一的规划。

工副业生产区内，新建的工副业项目应切实注意环境污染问题，为了避免对其他区的污染，应将其部署在下风下游地段。个别污染严重的工厂应布置在集镇以外的独立地段，并对其排出的废水、废渣加以严格处理。对于现有污染严重的企业，应将其消除污染的计划纳入总体规划中。

多数集镇目前都保留一部分种植业用地用于种植粮食作物和瓜果蔬菜。这些耕地大都布置于集镇周围。在规划农业生产区时，要对山、水、田、林、路做统一安排。为了保证耕地的面积，今后应严格控制占用耕地建房。农业生产区规划与居民建房规划应同步进行。乡镇企业、集镇机关和企事业单位必须在集镇建房的，也应列入计划。

畜禽饲养区是指规模较大的畜禽饲养场所。它应布置在生活居住区和公共建筑区的下游、下风地段，以避免畜禽区的排出物和空气对居民的影响，同时也要避免工副业区排出的有害物伤害畜禽。因此，畜禽饲养区应布置在工副业区的上风或侧风和上游位置。

第二，规划基础设施。同以上各个功能区相适应的设施是详细规划的重要内容之一。

道路网规划：在一个集镇内部，要在其他各个功能区之间建立有机的网络，还要在集镇与周围乡村，以及附近城镇之间有广泛的交通运输联系。规划集镇内部道路网时，应从当地的客观情况出发，根据地形、地貌和各功能区的具体需要，分析研究集镇内外的车流、货流、人流量的大小和走向，科学地进行总体设计。修建道路时，应本着节约原则对原有的道路尽量加以利用和改造，根据实际需要再修建一些新路，以形成合理的交通网络。

为了解决公路穿过集镇出现的交通事故、污染环境等问题，新规划的集镇不应让公路穿过，更不应在现有公路两旁建立新集镇。对于已在公路两侧建设的集镇，则应尽可能地将公路移出去，或向一个侧面发展建设项目。

给水与排水规划：摸清情况，搞好规划，是保证供水工程有秩序、有步骤进行的前提。规划在深入进行研究，以及摸清集镇人口、地理、水资源、技术力量和经济、卫生情况的基础上编制，而后根据轻重缓急，分期分批建设。

水资源的利用：要进行技术经济论证。一般地说，水源应根据当地条件优先选用地下水。水源水质一定要经过当地卫生部门检验。要做好水源卫生保护，防止水源污染。

排水规划要解决好雨水排放和污水处理，尽量做到雨、污水分流。对工业废水和生活污水要统一排出，一般以暗沟为好。在一些较大的集镇中，也可以把工业废水和生活污水分别排出。

供电规划：在供电规划中，首先要计算出生产、生活和公用电的总负荷，再确定电压、变压器容量，然后进行电源和线路的选择。为此，在有两个以上电源的条件下，要根据供电质量的优劣和资金技术力量，对供电线路做技术经济论证，确定一个经济合理、生产可行、技术先进适用的供电方案。

各类建筑的布置：一是住宅建筑的布置。在确定每户宅基地面积和总面积后，在划分的居民区内部进行住宅建筑的布置。可采用多种多样的住宅布置形式。住宅间距最少应为对面住宅高度的 1.5 ~ 2 倍，以保证冬季室内获得 3 小时以上的日照。二是公共建筑的布置。集镇公共设施不仅为集镇居民服务，还要为城镇的农民服务。应结合地形灵活布置，保持原有特色，多一点乡村气息。在住宅建设中还会遇到这种情况，即一部分农商户、农工户、专业户要求生活和生产安排在一起。对此，应尽量将农商户安排在集镇街道两旁，下层开商店，上层住家；将农工户安排在一个集中区域内，或安排在居住区边缘；对专业户可考虑租赁合作经济组织用地的方法。农贸市场必须避开过境交通线，其规模以平时赶集人数来确定。农贸市场除市场设施外，还要有停车场地、饮食、旅店、货栈及公共厕所等服务设施。农贸市场也可兼做露天影剧场，在条件许可的地方，还可修建适当规模的影剧院。

（原载于全国十三所综合性大学编写组：《中国农村经济学》，辽宁人民出版社，1986 年，第 301－318 页）

种草养畜、农牧结合与生态经济█

通渭县"三年停止破坏"调查报告[①]

一、基本情况

通渭县共有 23 个乡、331 个行政村、2464 个合作社、62140 户，农业人口 343575 人，大家畜 71980 头。土地总面积 4361800 亩，其中可利用的"三荒地" 23 万亩，在册耕地 1864000 亩，人均 5.5 亩。在耕地中，山地 174 万亩，占 94%，坡度在 15° 以上的 608900 亩，15° 以下的 1131100 亩；川地 118000 亩，占 6%。历年粮田面积约 140 万亩左右，油料 14 万亩。1984 年人工种草 31 万亩。造林保存面积 12 万多亩。全县属黄土高原丘陵沟壑区，土地瘠薄，有机质含量不到 1%。海拔在 1400 ~ 2500 米。境内有大小河谷百余条，其中较大的 4 条，均属黄河支流渭河水系。地下水储量少，水利资源缺乏。气候属温带半湿润向干旱带过渡的季风气候区，复杂多变，春季多风，冻、冷、干旱，增温快；秋季阴雨连绵，温度下降也快。年平均降雨量为 440 毫米，蒸发量为 1314 毫米。日照时数 2200 ~ 2430 小时。全年平均温度 6.6℃。无霜期 98 ~ 169 天。按照降雨量和自然特点，全县可分为三类地区。

（一）灌溉区：仅有县城周围的 8 个农业合作社，共 356 户，1908 人，占全县总人口的 0.56%。海拔 1800 米左右，土地面积 6788 亩。其中，耕地 6043 亩，水浇地 3165 亩，林 123 亩，人工种草 1075 亩。自然条件好，主产冬小麦。近 5 年人均产粮 381 斤，人均现金收入 94.6 元。

---

① 1984 年甘肃省委决定中部地区 18 个县 3 年停止植被破坏，后再种草养畜解决温饱问题；要求各县先做调查研究措施。通渭县是 18 个县之一。本文共 4 个部分，一、二、四由魏世恩执笔；第三部分数学模型由林国宁执笔，在此省略。

（二）半湿润区：系西北部华岭、马营两个乡的 33 个行政村，204 个农业合作社，共 5889 户，31344 人，占全县总人口的 9%。海拔 2000 ～ 2500 米。土地总面积 509400 亩，其中耕地 183796 亩，人工种草 14500 亩，畜均有草 2 亩。主要作物以春小麦、莜麦、豌豆为主。近 5 年人均产粮 396 斤，人均现金收入 58 元。

（三）半干旱区：反映通渭自然的基本特点，海拔 1600 ～ 2100 米，梁峁交错，沟壑纵横。此区域包括 20 个乡的全部和平襄乡的大部，共 295 个行政村，2252 个农业合作社，55895 户，310333 人，占全县人口的 91.2%。土地总面积 3845600 亩，耕地面积 1674100 亩，占全县总耕地的 90%。人工种草 273400 亩，畜均有草 4.6 亩。主要作物以冬小麦、洋芋、糜、谷为主。近 5 年来人均产粮 335 斤，现金收入 55 元。

二、植被破坏的现状和原因

通渭农业的基本现状是干旱多灾，广种薄收，单一经营，植被破坏严重，"三料"俱缺，越穷越垦，越垦越穷，处于恶性循环之中。

粮食生产：1979—1983 年，平均年总产 12221 万斤，人均年产粮 339 斤，口粮仅 227 斤；年均吃国家回销粮 2414 万斤，人均 73 斤。

农业总产值：1978 年为 3157.02 万元，1983 年达到 5107.09 万元。其中，种植业 3763.92 万元，占 73.7%；林业 270.68 万元，占 5.3%；畜牧业 857.99 万元，占 16.8%；副业 214.5 万元，占 4.2%。

饲草情况：从点上调查的资料推算，全年共种粮田 140 万亩，除去不能作饲草的洋麦、荞秸秆外，共产饲草秸秆 18000 万斤。苜蓿、红豆草等 288929 亩，可产草 14446 万斤，总计产饲草 32446 万斤。全县的大畜、羊、猪每年共需饲草 44113 万斤。这样全年实产的饲草仅供所需的 73.6%，相差部分就靠野草补充，一遇灾年差额更为严重。以 1981 年为例，共产饲草 2.6 亿斤，仅占所需饲草的 58.9%，除拔野草和放牧外，全年用于购买饲草的贷款 44000 元、救济款 26.12 万元。

燃料状况：全年可作燃料的洋麦、苦甜荞、油料的秸秆和草木樨等共产烧柴 23565 万斤，实际需要 51078 万斤。这样，生产的烧柴仅占所需的 46.1%。124000 多眼炕，全年需燃料 3.5 亿斤，估计扫树叶解决 2113 万斤外，其余大部烧牲畜粪。据调查推算，全县一年可产牲畜粪24400万斤，其中就有54%约19520万斤烧掉了，不足部分全靠铲草皮补充。按调查实测每平方米按可铲草0.33斤计算，每年铲草皮的面积达228738亩，户均3.68亩，可铲草皮5078万斤，需12万多个劳动日。

总的情况是：收成较好的年景，饲草勉强可以维持，燃料尚缺一半以上。主要是取暖煨炕无法解决，唯一出路是烧畜粪、铲草皮。虽然从统计数字上看，全县耕地已从新中国成立初期的200多万亩减缩到186万亩，实际上现在是开荒已到山顶。原有的荒坡草场越来越小，植被破坏严重，其主要原因：

一是人口失控。全县1949年总人口为238000多人，到1982年人口普查时增长了48.7%，净增人口113000多人。特别是1964—1974年，平均每年出生近2万人，净增11000多人，造成粮食的压力越来越大。1949年，粮食总产16400多万斤，人均产粮708斤，人均口粮500斤以上；而收成较好的1980年，总产15700多万斤，人均产粮467斤，口粮269斤。同时，"三料"俱缺的状况越来越严重。

二是掠夺性经营。耕作粗放、广种薄收使地力越来越差，有机质含量越来越少。据调查，1969—1979年犁翻地面积仅占总耕地的62%，施肥面积仅占71%。施肥的地包括土杂肥每亩也不过2000斤。同时，合理倒茬的传统耕作制被破坏。所以，平均亩产常在七八十斤左右。

三是错误路线的干扰。长期以来，由于极"左"思潮的影响，政策方针脱离实际，违背客观规律，从而严重挫伤了农民群众的生产积极性。特别是提出抓高产、压低产，消灭扁豆、压缩豌豆，减少夏田、扩大秋田等错误做法，严重破坏了作物的合理布局，使豆科作物失去了固氮肥田、用地养地的作用，导致产量逐年下降。

四是频繁的自然灾害。全县旱、涝、风、冻、病虫，五灾俱全，以旱灾较多。据记载，1957—1982年，程度不同的旱灾年年有。其中，严重干旱21年；1982年干旱达10个月之久，1—8月份降雨只有235.1毫米。1979年，晚霜一直到6月12日，使各类作物严重受冻。7、8两月又降雨6次，总量为228.5毫米，带来连续低温，使秋田未能成熟。1981年有4次倒春寒，连耐寒的洋麦也大量死亡。历年冬耕作物死亡率均在30%以上。1970—1979年，遭受雹灾的就有7年。

三、治理对策和规划（略）

四、措　施

（一）种草种树

把种草种树作为恢复生态平衡、发展农业生产的突破口。尤其要大力种植草木樨，加速红豆草基地和薪炭林基地的建设。1984—1986 年，每年新种草 8 万亩；到 1986 年，全县种草累计达 55 万亩（模型解为 57.92 万亩，订规划时考虑具体情况，调整为 55 万亩）。

1984 年，人均 5 亩耕地以上的地方，每人种草木樨一亩，全县种228000 亩；5 亩以下耕地的 21086 户，户均种一亩多草木樨，共 21000 多亩；两项共约 25 万亩。以后三年草木樨留床面积连原有面积，保持在 25 万亩左右。仅这一项就可解决烧柴 1.75 亿斤。

大力营造以灌木林为主的薪炭林，因地制宜、适地适树、适时适法地种植酸刺、柠条、杞柳等。全县现有造林面积 122933 亩，社员零星树木1100 多万株，折 4 万亩，苗圃 2000 亩。三年内每年造林 3 万亩，育苗4000 亩，新建薪炭林基地 65000 亩。灌木薪炭林发挥效益的周期较长，到1986 年才能平茬利用，约能提供树枝树叶 4200 万斤。

（二）改灶、改炕

群众普遍欢迎改革炉灶，其节柴节煤效果非常显著。全县共有灶62140 台。现有已改节柴灶 4354 台、节煤灶 7606 台，其余 5 万台计划1984 年全部改完。就此一项，全县可节省燃料 30% 左右。

煨炕燃料占农村生活燃料一半以上，主要烧畜粪、草皮。因此，改炕问题在停止生态破坏中居举足轻重的地位，必须立即提到议事日程上来加以认真研究解决。

（三）供煤植薪

1983 年，全县供煤 8700 吨，到 1986 年，计划供煤增加近一倍，达1.5 万吨。其中，社会供煤 5000 吨，供煤植薪 10000 吨。

在特别困难地区，林草生长慢，解决燃料难度大，需适当扩大供煤植薪范围。1984 年在原有 2500 户基础上，新增 7500 户，累计达 10000 户。每户植薪一亩，供煤一吨，连供三年。与此同时，在有条件的地方积极辅以太阳灶、沼气池，逐步形成多能互补、综合利用。

（四）有计划、有重点地组织移民

寺子、义岗等地区自然条件差，植被破坏严重，"三料"奇缺，粮食生产水平低下，应有计划地向河西灌区组织移民。三年内考虑移出 1 万人。

（五）在恢复植被期间，要适当控制羊只的发展

目前，羊只发展超过了草场承载能力，林牧矛盾也比较突出。因此，在生态停止破坏期间，羊只要控制在现有 10 万只之内，重点应放在提高质量、搞好畜种改良、提倡舍饲和提高商品率上，为今后畜牧业大发展创造条件。

（六）增施化肥，提高粮食、秸秆产量，补贴燃料

解决燃料问题除抓长远建设外，搞好当前农业生产也是一项极为重要的措施。据典型调查计算，如果每户供应 120 斤复合化肥，按每斤化肥增产 3 斤粮食计算，还可增收 750 斤左右秸秆，可解决两个月的燃料问题。以此推算，全县约需复合化肥 3728 吨。

（七）支持"两户"，扶持贫困户，发展商品生产，增加收入

1. 支持专业户、重点户

现有"两户"1590 户，三年内达到总户数的 10% 以上。要从政策上鼓励关怀，从技术上具体指导，满足他们对信息、供销和技术进步等方面的需要，使之健康发展。

2. 扶持贫困户

1984 年，全县在 12 个乡扶贫，在其他 11 个乡做好调查、摸清底子。各乡贫困户控制在总户数的 30% 以内，扶贫款每户按 200 元计。扶贫款项主要用于多种经营。

3. 发展商品性种植业、养殖业和加工业

洋芋，三年内由 20 万亩扩大到 22 万亩，总产 2.5 亿斤。胡麻，三年内由 14 万亩扩大到 16 万亩，总产量 1000 万斤。豌豆，三年内由 8 万亩扩大到 10 万亩，总产量 1500 万斤以上。红豆草，三年内由 7000 亩扩大到 10 万亩，产草籽 700 万斤。药材，1984 年比上年播种面积扩大一倍，总产量 80 万～100 万斤。其他如养鸡、养兔、养猪等三年内均应有所增长。

在提高现有县办企业与乡镇企业经济效益的基础上，从 1984 年起，逐步新办粉条加工厂、豌豆加工厂和配合饲料加工厂、食品综合厂各 1 家，混合饲料加工厂 23 家。

（八）做好燃料、饲料、肥料的计划平衡工作

"三料"的计划工作应当有专人管理。建议由县农建办负责做好这项工作。鉴于平衡——不平衡——新的平衡是计划工作的规律，所以每个年度要和其他经济计划一起，进行一次综合平衡工作。虽然从全局看是平衡的，但局部地方可能出现不平衡，要采取有力措施，适时帮助解决。

我们认为，只要各级领导重视，干部工作得力，把群众真正发动起来，坚持实事求是，分类指导，突出重点，抓住主攻方向，将上述措施切实落实到乡、村、社、户，三年基本停止植被破坏是可以做到的。在近期内逐步转向生态的良性循环也是有希望的。

（原载于甘肃"三停"调查研究领导小组编写组、甘肃省"两西"建设指挥部编：《甘肃中部地区三年停止植被破坏资料汇编》，甘肃人民出版社，1984 年，第 87－92 页）

宁夏盐池县农业生态经济考察[①]

1980 年 3 月中旬，我们到宁夏盐池县进行为期一个半月的考察，深感改善农业生态系统、研究农业生态经济是个迫在眉睫的问题。为此，以盐池县为典型对上述问题做初步探索。

一、盐池县的农业生态系统

经济再生产和自然再生产相结合是农业生产的一个基本特征。农业自然再生产过程，包括农业生物自身的生命繁衍过程和农业生物与环境相互联系的过程。所谓农业生态系统，是指农业生物（人工培育和饲养的植物、动物）、环境（土地、气候、水等）和人（农业生物的生产者和消费者）的相互联系和依存的集合体。农业自然再生产就是在这个集合体中进行的。

盐池县地处鄂尔多斯台地和黄土高原接壤地带。台地前期的地质构造和后期的侵蚀堆积形成了梁滩相间的地形，局部地区白垩纪、第三纪基岩裸露地表。近期，由于风蚀引起土地沙化，不少滩地洼地被流沙淹没。该县南部为黄土丘陵区，地表被黄土覆盖，属灰褐土和垆土。中部和北部为平缓丘陵滩地，中部为薄层和黄土覆盖，属淡栗钙土；北部地表以沙质为主，属棕钙土。全县土地总面积 7182 平方公里，其中，耕地 8.0%，林地 2.2%，可利用草场 68% 以上，流动沙丘和村庄道路 21.8%。

盐池县是干旱半干旱地区，年均降水量只有 300 多毫米，而且在时间和地区上分布不匀，降水时间多集中在秋季，从南到北雨量逐渐减少。该

---

① 魏世恩执笔，与方昆合作。

县风多风大，年均刮风 332 次，平均风速 2.8 米/秒，年均无霜期 140 天，年均日照 2875 小时，辐射热量 140 ~ 160 大卡/平方厘米，年均 10℃ 以上积温为 2920℃。

盐池县水资源十分贫乏，地面水约 1.961 万立方米，除苦水河、萌城河外，其余地面水大都径流在沟地山坡，可利用者甚少。地下水约 900 万立方米，浅层水分布虽广，但贮量不大。

盐池县共有种子植物 331 种，分属 57 科，211 属。其中，栽培作物 101 种，28 科。草原有草甸草原、半干旱草原、干旱荒漠草原等类型。由于光热条件好，牧草种类多，其中豆科牧草蛋白质含量高，从而为发展滩羊提供了良好的物质条件。同时，长期的自然选择和人工选择所形成的内在遗传基因的作用，使滩羊成为该地区的独特品种。

农业生态系统除了农业生物及其环境外，还包括人。人是农业生物的栽培者和饲养者，人类活动是农业生物生产的前提，农业生物的产品是人类存在的基础。

1949 年，盐池县人口 26940 人，1979 年年底增加到 111108 人，30 年增长了 3 倍。1979 年，全县人口自然增长率为 27.2%，比全国平均自然增长率高出 15.2%。从文化教育和科学技术水平看，全县小学普及率 46.6%；小学升初中升学率 90%，初中升高中升学率 15%，高中升大学升学率 8%。

上述表明，盐池县农业生态系统有以下特点：

其一，两种自然地貌单位接壤，自然生态十分复杂。如各种类型草原上的植物互相交错，半干旱草原的建群种长芒草可以在干旱荒漠草原出现，而刺叶柄棘豆等荒漠灌丛一直伸展到草甸草原。这样，在一个大的自然地貌单位内，又会出现若干小的不同区域。

其二，农业自然资源呈现明显的不平衡性。这里夏秋日照长，热量大，积温高，对牧草生长有利。但是，水资源十分贫乏，加上风多风大，是风不调雨不顺的地方。但从发展前途看，一旦薄弱因素有所改变，如两处引黄水利工程竣工后，自然就会给人们以厚硕的报酬。

其三，农业生物生存的条件十分薄弱。由于环境条件差，因而不利于某些生物（如小麦）的生存。如生态平衡稍为失调，这些生物生存的条件就会改变，它们就将枯萎，甚至死亡。

其四，环境对生物品种有很大制约性。盐池的土壤、气候、水质和植被适合发展滩羊。滩羊目前只分布于宁夏、内蒙古、甘肃和陕西等少数地区。过去曾做试验，把滩羊引入外省区，结果不是变种就是死亡。

其五，人口数量与质量同农业生产发展不相适应。

二、盐池县农业生态系统的经济问题

农业生态系统是农业生物、环境与人的集合体，农业生产是人类的生产实践，因此，盐池县的农业生态关系不仅以自然形态表现出来，而且以经济形态表现出来。据观察，该县农业生态经济问题主要是下列几个生态关系问题：

1. 环境与绿色植物生产者的关系

以粮食作物为例，该县 1949—1979 年的 30 年中，增产和减产的各有 14 年，其余 2 年平产；产量升降幅度很大，最高单产是 1954 年的 107 斤，最低是 1951 年的 8 斤；最高总产量是 1967 年的 6900 万斤，最低是 1957 年的 303 万斤。产量低而不稳当然和农业体制、生产、方针、劳动组织、经营方式等有关，但经常而直接起作用的因素则来自环境。

据记载，该县平均两三年就出现一个旱年。一般说，年降水量小于 250 毫米便是严重干旱，粮食产量会大幅度下降，亩产在 45 斤以下。若降水量超过 400 毫米，则是丰收年，亩产可达 70 斤以上。降水量在 250 ~ 400 毫米，就是平年，亩产在 45 ~ 70 斤之间。全年降水量在各季分布不匀，也是造成阶段性干旱的一个原因。在盐池，4—6 月是农作物最需水季节，但这期间降水很少，而到 7—9 月农作物不太需水时，却又降水过多。如将盐池 1954—1976 年每年 5—7 月的降水量同粮食作物产量画一个相关曲线图，则可看出，两条曲线基本上是一致的，即粮食产量高低随着降水量多少而变动，呈现不规则的锯齿形。可见，自然环境对农业影响甚大。

现阶段农业生产力还很低，还不能完全摆脱靠天养畜、种田的状况。盐池县的同志总结了 30 年农牧业生产经验，认为在干旱半干旱条件下，以牧为主、农林牧结合是有利的。因为牧草多属多年生草本植物，生长期长，对自然条件适应性大。每年 4—6 月雨水少，7—9 月雨水多，这对粮食作物很不利，但对牧草则影响不大。前期雨水少对牧草生长虽有些不利，但后期雨水多，牧草仍能增长。所以，发展畜牧业比较稳定。由于人口增长而必须解决粮食问题，因此，农林牧要有一个合理比例。

2. 绿色植物生产者与第一级消费者的关系

据测定，该县各类草场年均亩产199斤，按青草利用率75%计算，全年可食青草量为121733万斤。目前牲畜放牧标准每个羊单位全年需草2185斤，用这个数字除可食青草总量，全县草场可载牧554592羊单位。可是，目前全县已有617996羊单位，草场已经超载，如不及时调整草畜关系，后果严重。今后，一方面须大力建设和保护草场，使用权划到队、户、劳，不断增加产草量；另一方面，须控制羊数，在头数稳定的前提下，逐渐减少山羊，增加滩羊。

3. 消费者与消费者的关系

据1976年的典型调查，该县羊群结构很不合理。山羊在山绵羊总数中占60%，滩羊群中繁殖母羊仅占40%左右。1950—1975年，羊只平均净增率只有5.7%，春乏死亡率却达6.7%，冬季掉膘损失比死亡造成的损失还要大4倍。两项相加，每年损失肉量约为全县收购量的4～5倍。为了改变不合理的畜群结构，县草原站从1976年开始进行了试验。根据草原畜牧业生态规律，针对草畜关系的季节不平衡，决定冷季以保存繁殖母畜为主，及时宰杀公羔，提高二毛裘皮商品率，减轻冷季牧场的负担；在暖季，根据草场载牧能力增加幼畜，然后于冷季前按计划淘汰。通过试验，缩短了生产周期，加速了畜群周转，提高了牧草—家畜—畜产品的转化率，也提高了畜产品商品率。平均每羊产值从1975年的6.25元提高到1978年的11.86元，同期总产值也从3160元提高到9389元。

4. 人与生物圈的关系

人是农业生态系统中最高级的消费者，但也可以直接食用绿色植物如粮食、油料，也可以牛、羊等草食动物即第一级消费者为食，更重要的是，人类直接参加绿色植物和其他各级消费者的生产，直接影响这些生物及其环境（即生物圈）。

人口增长和农业提供的营养总量必须相适应。盐池县由于人口盲目增加，给粮食生产带来很大压力，虽然耕地面积由1949年的73万亩增到1978年的86万亩，但同期人均耕地却由33亩降到9亩，人均粮食也由666斤降为517斤。耕地不断扩大，草场逐年减少，影响了畜牧业生产。

人类生产实践对生物圈的影响有好有坏，但无论哪一种影响，都有经济问题。该县苏步井地区历史上以牧为主。20 世纪 50 年代前，这里植被完整，草肥畜壮。50 年代后，因为人口剧增，因而用"倒山种地"（即撂荒制）的办法垦草种田 12 万亩，约占土地总面积的 1/4。这种耕作从不施肥，一般是头一两年丰收，第三年平收，第四年歉收。所以，过了几年就撂过，重开一片好草场。结果，1954 年苏步井群众除粮油自足外，还向国家交售商品粮 40 万斤、商品羊 500 余只。可是到了 1976 年，由于土地沙化，粮食减产，口粮相当紧张，羊只存栏数比 1967 年减少了 51.4%。

为了治理流动沙丘，苏步井公社自 1977 年以来建设治沙库伦 21 处，在沙丘和低洼地种植了沙柳、杨树、沙蒿、柳条。经过 8 年封闭治理，已初见成效。对半流动沙丘和平沙地，公社也建设草库伦 15 处，控制了沙化发展。同时，采取了禁垦、拦樵、退耕还牧等措施。1977 年以来，农牧业生产稳定，社员收入有所增加。

5. 分解者与消费者、生产者的关系

由生产到消费，能量转化和物质循环并没有结束。许多微生物和细菌分解消费者的废料和遗体，还原为绿色生物的营养。上面提到的撂荒制，从生态上讲，其根本弱点是绿色植物得不到营养补充，生态平衡失调。只有从根本上解决肥源问题，同时固定草场使用权，才能彻底改变这种落后制度。

畜粪是重要的肥源。例如羊粪，是一种肥效很高的农家肥料，含氮 0.83%，磷 0.72%，钾 0.67%。目前全县有 50 多万只羊、80 多万亩耕地，假使把一半左右的羊粪用来积肥，每亩耕地可施羊粪数百斤。但是，羊粪必须经过微生物、细菌的活动才能分解出易被作物吸收的有效氮、磷、钾，并形成土壤所需要的腐殖质，从而产生肥效。

6. 保卫者和生产者、消费者的关系

森林是环境的保卫者。该县现有林地 24 万亩，占土地总面积的 2.2%，这比全国森林覆盖率低得多。由于树木稀疏，南部黄土高原沟壑区水土流失严重，沟涧纵横，坡梁陡峭，土壤保水保肥性能差；北部、中部平缓丘陵滩地沙化严重，风吹沙动，积沙成丘，严重影响农业和牧业发展。因此，大力植树造林是恢复盐池县生态平衡的迫切任务。除了造好防风固沙林带外，还要发展薪炭林、经济林、用材林，增加经济收入。

上述种种现象充分说明了农业生态系统中存在的经济问题：（1）人类为了获得农产品，要投入活劳动和物化劳动。这两种劳动投入量及其效果与自然环境好坏关系密切。（2）某些农业自然资源，虽然不是人类劳动产物，但它们是农业生物生活的环境和条件，直接影响农业生产的经济效果。反过来，人类对农业自然资源的利用是否合理，对农业自然环境改造得如何，也有经济效果问题。（3）农业生态系统各个营养层之间存在一定的能量转化和物质循环的平衡关系。这种关系协调得怎样，往往与人类的生产实践分不开。它们之间的关系如果是平衡的、合理的，那就是经济的。（4）人类是农业生态系统中的高级消费者，人和营养物质之间存在严格的比例关系。这种关系假如遭到破坏，不但影响整个农业生态系统，而且波及整个国民经济。（5）农业生产结构和农业布局在很大程度上受到农业生态平衡的制约，而生产结构和布局是否合理，这是农业经济的一个重要问题。

三、认真研究农业生态经济学

农业生态经济学是农业生态学与农业经济学相结合的边缘学科。它研究农业生态系统的自然规律和经济规律，保持农业生物、环境与人之间的平衡关系，根据自然资源的特点趋利避害、扬长避短、因地制宜、因势利导，合理安排农业生产结构和布局，改造自然，改善农业生物环境的最优方案的选择及其经济效果。

盐池县的农业生物、环境与人之间的关系是复杂的，问题也是严重的。应该运用农业生态经济学正确处理三者之间的关系，认真研究农业生态平衡与农业生态经济问题，分析各项因素的影响，从经济上进行综合评价。这对于合理利用各种农业资源，发展农业生产，繁荣农村经济，改变贫穷落后的面貌，逐步实现农业现代化，具有重要意义。

（原载于《生态学杂志》，1982 年第 3 期，第 16 页）

畜牧业与草原畜牧业

重视研究畜牧业经济，加速发展畜牧业①

畜牧业是农业中的一个主要生产部门，也是国民经济中一个十分重要的生产部门。新中国成立以来，我国畜牧业生产有了很大发展。到1977年，畜牧业总产值比新中国成立初期增长了1.5倍。但是，由于林彪，特别是"四人帮"的破坏，我国畜牧业生产发展速度慢、水平低、不稳定，远远不能满足国家建设和人民生活的需要。我国畜牧业经济研究工作，也遭到林彪、"四人帮"的扼杀。

粉碎了"四人帮"，畜牧业得到解放，年青的畜牧业经济科学也获得了新生。时任中共中央主席的华国锋同志在视察新疆时强调指出，对畜牧业不能轻视，一定要把牧场建设好，要注意调查研究，科学实验；要切实把牧民的积极性调动起来。华主席的指示为加速发展畜牧业生产和畜牧业经济的研究指明了方向。

农业是国民经济的基础，它提供了人类生活和社会经济发展的基本物质条件。有了食物，人类才能生存；社会劳动生产率有了提高，人类得到剩余产品之后，才能去从事其他部门的生产，各个生产部门才能从农业中独立出来并得到发展。农业提供给人类的食物，包括粮、肉，乳、蛋、鱼、油、菜、糖等，其中最主要的是种植业生产的粮食和畜牧业生产的肉类。因此，畜牧业和粮食种植业一样，都是国民经济基础的组成部分。

目前，在许多国家，畜牧业产值在农业总产值中占相当大的比重，如丹麦为90%，加拿大为63%，美国为60%，德国为57%。畜牧业比重大，畜产品多，肉类的消费量很大。1977年，美国平均每人肉食量237斤，英国174斤，西德140斤，法国106斤。当然全国平均肉食量和各个阶层平

---

① 魏世恩执笔，与许宗望合作。

均肉食量是极不相同的，富者比穷者消费水平要高得多。

我国是发展中的社会主义国家，1977年畜牧业产值仅占农业总产值的13.9%，平均每人一年肉食量只有十几斤。这个水平同上述国家相比较，差距很大。今后，随着生产的发展，我国人均肉食量也一定会增加。

畜牧业除了可以提供肉、乳等食物外，还可以为轻工业提供原料。我国轻工业原料中，来自农业的仍占三分之二左右，其中畜产品又占重要部分。我国皮革工业每年加工量约为几千万张牛皮，毛纺工业每年加工的原毛成亿斤，这些原料都来自畜牧业。此外，畜牧业也是油脂工业、日用品工业、医药工业等重要原料来源。

畜牧业又是工业品的市场。我国草原面积为耕地面积的两倍以上，载畜潜力大，需要大量草原机械、动力机械、牲畜饲养设备和畜产品加工机械。在国外，农牧业需要的机械约各占其半，如美国的农用拖拉机和牧用机械现有400万台。可见，畜牧业是重工业的重要市场；同时，广大牧民也是轻工业品的重要消费者，他们除了需要一般日用品外，还需要特需用品。

活畜、畜产品又是重要的出口物资。这些商品输出港澳地区和上百个国家，换取了不少外汇，支援了社会主义建设。

畜牧业和粮食种植业之间存在着互相制约、互相促进的内在联系。一方面，粮食对畜牧业生产关系极大。粮食是牧民的重要生活资料，又是牲畜的饲料。养一只母猪，每年需要饲料粮几百斤，每斤仔猪也需用饲料粮3～5斤，育肥猪每增重1斤约需相当于3.5斤玉米所含的能量。牛、羊等反刍动物虽以食草为主，但粮食仍是不可缺少的精饲料。在草原放牧的条件下，牲畜的营养随牧草养分的变化而变化。在营养期，牧草所含消化营养最多，花期、结实期次之，枯黄期更次之。这就出现了牲畜夏壮、秋肥、冬瘦、春乏的现象，所以，冬春之季要补充饲料粮。

另一方面，畜牧业对粮食生产的关系也很大。在农区和半农半牧区实行草田轮作，既可以解决饲草饲料，又可以通过豆科牧草的种植提高土壤肥力，轮作粮食，增产显著。牲畜又为粮食生产制造肥料。厩肥营养元素多、肥效长、肥劲稳、成本低，增施有机肥，培养地力，也可以提高氮化肥的肥效。在我国目前条件下，以有机肥为主，有机肥和化肥并重，是经济用肥、增加粮食产量的有效措施。厩肥还可作沼气发酵的原料。沼气的用途很广，可以照明、做饭；可以发电，为机械化提供部分动力能源；沼气作燃料，能节省秸秆、沤制肥料或增添饲草；沼气的渣肥又是优质有机肥。耕畜、役畜又是粮食种植业的生产资料。发展畜牧业又可为粮食种植业积累资金。畜牧业和粮食种植业的关系十分密切，只要安排得当，发展畜牧业就会促进粮食种植业生产的发展。那种认为发展了畜牧业就排挤了粮食生产，或者只有粮食过了关才能发展畜牧业的观点是不对的。

落实新时期的总任务，必须尽快把畜牧业搞上去，加强牧区建设。我国牧区幅员广大，草原有 43 亿亩，主要分布在东北、华北、西北和西南的 10 个省、自治区，200 多个县、旗，可利用的有 33 亿亩。我国牧区自然资源丰富，类型多样，适宜饲养各种牲畜，载畜潜力很大。牧区建设是我国社会主义建设的一个重要方面。畜牧业是牧区的主业，现代化的农业要求极大地提高了畜牧业的比重；现代化的工业、国防和科学技术，也都需要畜牧业高速度的发展。我们党根据社会主义建设的需要和牧区的实际状况，提出了"以牧为主，围绕畜牧业生产，发展多种经济"的方针。这是一条指导牧区建设的正确方针。这条方针把畜牧业摆在牧区经济的首位，能够调动广大牧民的生产积极性，可以充分利用牧区自然资源，挖掘草原生产潜力，这对于建设社会主义牧区具有战略性的意义。

发展畜牧业生产，对于加强各族人民的大团结，提高兄弟民族的生活水平，调动兄弟民族的社会主义建设积极性，也有重要意义。居住在广大牧区的各兄弟民族，是勤劳勇敢的民族，其中许多民族以经营畜牧业为主。他们从事畜牧业生产有悠久的历史，积累了丰富的经验。广大兄弟民族是牧区的主人，建设牧区，首先就要调动兄弟民族的社会主义积极性。新中国成立以来，随着畜牧业生产和多种经济的发展，集体经济和个人收入不断增加。1976 年统计，内蒙古牧区公社总收入中分配部分占 79.5%，其中直接分给社员部分占 54%，每人平均收入为 150 元。集体经济和个人收入的不断增加，对调动牧区各兄弟民族的积极性起了有力的作用。

为了加快畜牧业发展的步伐，适应现代化大农业发展的需要，我们也必须加强畜牧业经济问题的研究。以下三个方面都是当前亟待研究的问题：

（一）关于经济规律和畜牧业经济政策

畜牧业是国民经济的一个重要生产部门。社会主义畜牧业经济科学，首先要研究政治经济学所阐明的客观经济规律在畜牧业中的作用，力求使我们的工作符合这些客观经济规律的要求。例如，社会主义基本经济规律、国民经济有计划按比例发展规律、按劳分配规律、价值规律等在畜牧业中的作用问题，都是要认真探讨的。

同时，畜牧业又是一个独立的生产部门。因此，在畜牧业内部，还有特殊的经济问题或者说特殊的客观规律。这些同样要认真探讨。

经济科学的主要对象是研究经济规律，当然也要在研究经济规律的基础上研究经济政策。在这个方面，当前应着重研究如何尊重和保障集体经济基本核算单位的自主权，克服一平二调、瞎乱指挥的不正常现象；在牧区如何试行经济合同制，正确处理各种经济关系；牧区经济特点和贯彻按劳分配原则问题；调查活畜和畜产品的生产费用、成本、价格，以及工牧产品剪刀差的历史和现状、农牧产品比价等问题。

（二）关于畜牧业生产方针及其客观依据

我们党关于发展畜牧业的生产方针本来是十分明确的，但是，被林彪、"四人帮"搅乱了。他们把粮食种植业同畜牧业对立起来，打着"以粮为纲"的旗号，排挤畜牧业。他们把牧区以牧为主的方针篡改为"农牧并重"，乱垦荒地，毁坏草原，结果是农业挤牧业，风沙吃农业。在半农半牧区，他们把农牧并重方针篡改为"以农为主"，这个流毒至今还未肃清。在农业区，他们把发展集体饲养业当作资本主义倾向来批，把社员家庭饲养业当作资本主义尾巴来割，搞得六畜不安、鸡犬不宁。为了拨乱反正、正本清源，必须认真研究以下问题：一是畜牧业生产方针与生产规律的关系。生产规律是客观存在的，生产方针是在研究生产规律基础上制定的。认清了规律，就会加深对方针的理解。二是"以粮为纲，全面发展"方针与畜牧业生产方针的关系。着重研究粮食种植业和畜牧业的关系。三是在不同类型的地区采取不同的畜牧业生产方针的客观依据。四是畜牧业生产方针与实现畜牧业生产专业化、联合化、社会化的关系。

（三）关于畜牧业现代化的经济问题

畜牧业现代化就是在畜牧业的社会化大生产中采用最新科学技术，大搞草原建设，实现畜牧业机械化、电气化，改良牲畜品种，实行科学养畜，到20世纪末，使我国主要畜产品的单位草原面积产量和每人平均占有量达到或者超过世界先进水平，把我国建设成为世界上畜牧业稳定、优质、高产的国家。

实现畜牧业现代化，有许多经济问题需要研究。首先，要研究草原建设的经济问题。大搞草原建设是为发展畜牧业建立物质基础，是一场改变旧的生产和生活方式的深刻革命。目前，在我国牧区畜牧业中，天然草原提供的饲草保证率大约是85%～95%，足见草原的重要性。草原问题有两个方面，一是草原建设，二是草原的合理利用和保护。草原建设中，主要应研究：基本草场和一般草场的关系；基本草场建设中，水利建设资金的投放及其经济效果。草原利用中，应提出各种利用方案并进行经济分析，比较粗放放牧、分段轮牧、划区轮牧的经济效果。在草原保护中，主要研究草原沙化、碱化、退化的经济原因。

其次，研究畜牧业机械化、电气化的经济问题。畜牧业现代化的重要标志是劳动生产率的大幅度提高。目前，我国还只有少量的畜牧业机械和电气设备，因此劳动生产率不高，和世界先进水平比较差距很大。1974年，美国每个农业劳动力平均生产肉类1万斤、牛奶2.5万斤、蛋1500斤，比我国多得多。

畜牧业机械化、电气化，主要有三个方面：一是草原生产加工机械化，包括整地、播种、施肥、灌溉、管理、收割、搂、集、捆、垛及运输等。二是牲畜饲养管理机械化、电气化，包括饲料加工、舍饲牲畜喂养、厩粪清除等。三是畜产品加工机械化、电气化，包括剪毛、抓绒、打包、挤奶、打酥油等。

在实现畜牧业机械化、电气化过程中，要研究机械化、电气化资金的来源，实现机械化、电气化对于提高劳动生产率、提高牧草和畜产品质量、降低成本、节约开支、节约劳动力、开展多种经营的关系，以及现代化畜牧业经济管理、现代化畜牧业措施与经济效益等问题。

再次，研究牲畜品种改良和科学养畜的经济问题。畜牧业生产是通过人类的劳动促进食用草料的牲畜的生长和繁殖的过程。而草料和牲畜的生长、发育和繁殖过程又是生物因素（品种及生物的生长、发育和繁殖）与环境因素（既包括光能、雨量和气温等大环境，又包括水、肥、土等小环境）矛盾统一的发展过程。目前，一些国家发展畜牧业的一个重要措施就是利用生物因素改良牲畜品种。这是畜牧业现代化的一个重要标志。在这方面，主要研究改良牲畜品种对于提高畜产品质量、增加畜产品数量、缩短牲畜周转时间、节约草料成本、提高劳动生产率和畜产品商品率的关系。

科学养畜是畜牧业经营管理的重要内容。因此，管理好种畜场和配种站、采用合理的畜群结构、提高劳动生产率等都是十分重要的经济问题。

最后，关于畜牧业现代化的目标问题。实现畜牧业现代化的目标是最大限度地提高主要畜产品的单位面积草原的产量和平均每人占有量，达到或者超过世界先进水平，使我国成为世界上畜牧业稳定、优质、高产的国家。

我们要坚决贯彻畜牧业生产方针，逐步提高畜牧业在农业总产值中的比重，建立一批畜牧业生产基地，大幅度地增加畜产品产量。在牧区，要充分利用草原发展牛、羊等食草牲畜，提高草原载畜量和产品率。在农区，要大力发展猪、牛、鸡、鸭、兔等畜禽，建立机械化养鸡场、养猪场和养牛场，以提供大量肉食、乳类、蛋类，使畜牧业在农业总产值中的比重提高到 50% 左右，为完成新时期的总任务做出更大的贡献。

（原载于《经济研究》，1978 年第 12 期，第 22－25 页）

关于畜牧业经济效益及其提高的途径

党的十二大的报告中，把经济效益作为从 1981 年到本世纪末的 20 年间我国经济建设总的奋斗目标中的前提，突出地摆在全国人民面前。当前，国民经济各部门正在把经济效益作为中心环节来抓。我们畜牧业部门应该怎样正确理解经济效益问题，实际工作中存在什么问题，解决的具体途径有哪些？

一

进行畜牧业生产要投入一定的生产资源，它包括生产所必须具备的劳动资料、劳动对象（其货币表现称资金）和劳动力等生产因素或条件。此外，还包括阳光、空气、水分、热能、微生物等自然资源。

在生产中，劳动资料、劳动对象和劳动力的投入和畜产品（产值）的产出之间表现为一定的比率。这种比率，实质上是在生产过程中，在人的劳动和科学技术的推动下，借助于各种自然生产资源的作用所产生的一种物质交换关系。这种比率的大小，在数量上反映人们是否能够获得经济效益及其多少。

在畜产品生产、加工、流通和畜牧业基本建设等领域中，都存在经济效益问题。从生产领域来看，其经济效益包含着三个互相联系、彼此衔接的内容。首先，在数量上是指用尽量少的劳动耗费取得同样多的畜产品（产值）；或者用等量的劳动耗费取得尽量多的畜产品（产值）。它反映了产出的畜产品（产值）和投入的劳动耗费之间的比率。这个比率，可以表现为三种情况。如果产出量与投入量相等，则生产者不赔不赚，这时经济效益维持在保本水平上，这是第一种情况。假如产出量抵偿投入量后还有盈余，则获得了经济效益，这是第二种情况。如产出量不够抵偿投入量，则经济效益将出现负值，就是说亏本了，这是第三种情况。因此，产出量等于投入量是经济效益的最低界限，低于这个界限，则生产难以扩大，生活难以提高；超过这个界限愈多，则经济效益愈大，才能为扩大再生产提供积累，为提高人民生活水平增加必要的物质条件。其次，在质量上是指畜产品质量高。产量再多，如果质量不好，畜产品的使用价值差，出售的价格也就低，拿不到更多的产值。畜产品的质量应有严格的科学标准，如单位鲜奶及其奶制品的蛋白质脂肪含量等。再次，在适销对路上是指生产出来的畜产品是否社会需要的，这是能否实现经济效益的现实基础。假如某种畜产品暂时不是市场上需要的，即使它的质量好，也会引起产品积压。产量愈多，积压愈多。这样，国家、集体、个人均将遭受损失。这里所谓社会需要，包括生产者自给部分和商品部分。只有在上述三种含义统一的基础上生产出来的畜产品，才能给生产者带来更多的经济效益。

不断提高畜牧业经济效益是社会主义基本经济规律和节约原则的要求。基本经济规律告诉我们，必须在提高科学技术水平的基础上增加生产，满足国家和人民不断增长的需要。这一条规律的要求，制约着畜牧业生产。首先，从生产的目的来看，畜牧业部门生产出来的产品必须是符合社会需要的各种畜产品。其次，从生产的手段来看，畜牧业生产必须从落后的科学技术水平过渡到先进科学技术水平的基础上。这两个方面，也就是提高经济效益的目的和主要手段。

为了达到上述要求，畜牧业生产必须遵循节约原则。进行畜牧业生产，需要投入草场、饲草、饲料、种畜、种禽、机具、设备、兽药等生产资源。这些资源，都是和人们的劳动成果分不开的。在一定时期一定范围内，这些资源又是有限的，如果保护、利用得不当，会产生浪费。所以，人们应以尽量少的劳动耗费取得同样多的畜产品（产值），或者用等量的劳动耗费取得尽量多的畜产品（产值）。

劳动耗费包括劳动占用和劳动消耗两部分。畜牧业的劳动占用是指畜牧业生产占用的物化劳动。从劳动占用的角度考察，畜牧业生产的经济效益，是考察一定时间间隔期内所生产的劳动成果量，同这一间隔时间内占用的物化劳动量的比例关系。一定的劳动占用量所获得的劳动成果多，经济效果就大；反之则小。由于物化劳动实际上都是统一以价值形态表现的，所以物化劳动占用量通常也就是资金占用量。

畜牧业生产占用的资金又分为固定资金和流动资金。固定资金是固定资产的货币表现。畜牧业机械是现代化畜牧业固定资产的重要构成。其中，通用机械的使用范围大，因而每单位畜产品对它的占用量少。至于专用机械，则因畜牧业生产季节性的限制和机械本身性能的专门化，因而在生产过程中直接使用时间短，而闲置的时间长。但它们的价值转移却是在一个年度内，不论其使用时间长短，都按其可使用年限提取折旧费。因此，它们在单位畜产品生产中不仅占用量大，而且相对地物化劳动摊销（指物化劳动的实际消耗方面）的数额也大。畜牧业使用的生产性建筑物，包括畜舍、禽舍、仓库、渠道、水井等也是重要的固定资产。考察这些设备的占用效益，要讲求充分利用这些建筑物的使用面积或容积，还要注意在节约造价的原则下保证质量，并尽可能地延长使用年限。种公畜、种公禽、生产母畜、生产母禽是畜牧业中特有的生产资料。在生产中，要使种用或生产用的畜禽被占用得经济合理的话，一要在饲养和生产过程中最大限度地发挥其生产性能；二要充分利用生产性能旺盛期，逾期即行淘汰，而不是尽量延长其使用寿命。

畜牧业生产中备用的原材料，如种蛋、饲料、饲草、肥料、兽药等属于被占用的流动资产，其货币表现为流动资金。从节约原则来看，生产单位对这些备用原材料的占用量应当适当。少了，有一定风险；多了，引起资金积压。

畜牧业劳动消耗指畜牧业生产过程中实际消耗的劳动，具体又分为活劳动的消耗和物化劳动的消耗。活劳动，是指人们在生产过程中人的体力和脑力的支出，亦即人的劳动力的使用。物化劳动也叫作对象化的劳动、死劳动，是指过去人们劳动所获得的成果。畜牧业中的物化劳动，主要指种畜、种禽、饲料、肥料、兽药、牧业机械等。实际消耗的活劳动，可以直接或间接地计量它的时间，而实际消耗的物化劳动量在目前还难以准确地还原为时间。所以生产资料的消耗，除了分别具体化为实物量来表示外，只有用价值形式较为简便。可是活劳动和物化劳动二者如用不同度量单位，仍然无法计算劳动消耗总量。因此，在实践中往往也用货币量（价值量）来表示活劳动的消耗量。这样，劳动总量就能以所费的货币金额近似地表示出来，从而劳动消耗与劳动成果量的比较就表现为"所费"与

"所得"的比较。在畜牧业生产中，要以尽可能少的劳动耗费生产出尽可能多的畜产品。

节约劳动消耗，就是在畜牧业生产中节约活劳动和物化劳动的支出。在畜牧业生产中，活劳动和物化劳动的消耗构成畜产品成本。畜产品销售价格减去成本的余额，称为纯收入。单位成本纯收入额越大，则经济效益越高。畜产品销售价格减去不完全成本（即不计算活劳动的成本），称为净收益。净收益虽然不如纯收入那样准确地反映经济效益（因其中包括劳动报酬），但是，在现阶段畜牧业经济管理水平不高的情况下，净收益可以比较实际地反映物化劳动的节约状况。所以，净收益仍不失其作为一种衡量经济效益的指标。

畜牧业劳动成果可用价值和使用价值两种指标表示。不同效用的畜产品量是不能相加的，必须用价值量表示。相同效用的畜产品才可以用使用价值量（产品量）表示，但也可以用价值量表示。畜产品质量的优劣，也必须在评价时予以反映。从使用价值量方面看，由于畜产品质量不同，因而应按质量等级计算其使用价值量。从价值量方面看，在计算中应坚持优质优价，价格合理，以使数量和质量合理地反映在价格指标上。这样，通过价格才能正确地进行价值量的计算和比较。

<h2 style="text-align:center">二</h2>

新中国成立以来，我国畜牧业有了较快发展，猪、牛、羊肉产量从1953年至1981年的年平均增长速度为4.6%。畜牧业产值在农业总产值中的比重已占15.5%。但在过去，经济效益问题没有引起人们的重视。党的十一届三中全会以后，随着各项经济政策的贯彻落实，畜牧业经济效益才比过去有了较为明显的提高。1981年，宁夏的生猪每斤毛重成本0.401元，比1979年的0.54元降低了26%。每头肥猪的利润，由1979年的1.28元增加到1981年的36.58元，增长27.5倍。湖南源江县100个承包专业户的调查，1982年养殖业（养猪、养鸭、养兔、养蜂、养鱼、养殖珍珠等）总收入345589元，扣除各项费用108489元后净收入237100元，人均664元。其中，生产费用占总收入的比重由1981年的27%降到23.1%，下降了3.9%。北京市所属17个国营农牧企业，1979年获利润20073万

元，比上年增长 18%，其中畜牧业利润 369 万元；1981 年 17 个企业全部实现盈利，全年销售总收入 30023 万元，净利润 2637.4 万元，比 1980 年增长 9.9%。在盈利中，畜牧业盈利 712.7 万元，占总盈利的 27%。自营饲养专业户如雨后春笋般发展起来，虽然还处于创业阶段，却以其较高的经济效益引起了人们的注意。

在畜牧业经济效益提高的过程中，存在着一些差别与特点。

第一，与经济发达国家相比，我国畜牧业经济效益还很低。1981 年，我国猪的存栏数为 3 亿头，比美国多 3.6 倍，产肉 238 亿斤，只比美国多 0.6 倍。国外养一头 160～200 斤的肉猪，全周期 150 天；我国养 160 斤的肉猪，要 180～200 天。我国肉猪的饲料消耗水平要比国外先进水平高 40%～50%。

第二，地区之间畜牧业经济效益有较大差别。东北地区的辽宁省 1979 年每百斤肥猪纯收益 10.74 元，而黑龙江省才 1.21 元，前者是后者的 9 倍之多。

第三，经营方式不同，畜牧业经济效益也不同。现以黑龙江省 3 个经营水平都较高但类型不同的经营单位为例。第一个是国营宝泉岭农场 27 连猪场（农垦系统养猪先进单位），第二个是八家子公社的集体养猪场（专业承包联产计酬的先进单位），第三个是绥化县家庭养猪专业户全贵忠（经济效益较高的户）。据调查，1978—1980 年这 3 个单位每头肥猪的盈利分别是 2 元、55 元和 74 元。可见，在目前生产条件下，以手工劳动为主、投资少、设备简陋、物质耗用省的中小型农场，尤其是家庭养猪，经济效益比较高。

第四，科学饲养管理与传统饲养管理的经济效益不同。黑龙江省本地黄母牛年产奶量一般只有 500 公斤，经过改良的杂交一代母牛产奶量可达 1500 公斤。但由于饲养管理不当，散养散放，越冬条件差，严重影响奶牛生长发育，因而在 2 万头母牛中只有 4260 头可以挤奶。杜蒙自治县改变散养散放方式后，有 300 头升级的改良母牛与黑白花奶牛同样饲养，产奶期可达 10 个月，年均产奶量提高到 2250 公斤。

第五，饲料消耗水平不同，经济效益就不一样。1980 年，上海市郊区共饲养 611.59 万头猪，消耗饲料 19.3 亿斤，平均每头耗料 315 斤，其中苗猪消耗了三分之一以上。据 4 个公社调查，平均每育一头苗猪耗用精料

120 斤以上，按猪体重 22 斤计算，每斤苗猪重约耗料 5.5 斤。饲料消耗比较节省的国营农场种畜场每斤苗猪重仅耗料 3 斤左右。如按种畜场单耗计算，则上海郊区总共多耗料 18871.5 万斤。

第六，加工生产与原料生产经济效益不同。天津市渤海农工商联合企业的奶牛业，1976 年以后从原料生产为主转到以加工生产为主，获利从 1976 年的 9.1 万元增加到 1981 年的 219.3 万元，增加了 23 倍。

第七，流通领域的工作做得好不好，经济效益不一样。1979 年提高生猪收购价格后，群众养猪积极性很高，出现"养猪热"，出售的肥猪猛增。但由于流通渠道堵塞和群众购买力低，因而出现肥猪积压现象。由于滞销，猪越养越肥，平均头重从 1976 年的 177 斤上升到 1980 年的 226 斤。养猪成本越来越高，经济效益不断下降。于是阉割母猪，仔猪跌价，养猪减少，全国 1980 年下半年生猪头数比 1979 年下降了 2.5%，共减少 805.5 万头。这个问题说明，价值规律在起调节作用，同时也说明，流通工作搞得好不好，经济效益不一样。

形成以上情况的原因是多方面的，有历史的，也有现实的；有社会经济的，也有自然条件的；有生产关系的，也有生产力等的原因。下面列举其中数点，以示强调。

（一）提高农村畜牧业经济效益的潜力尚未充分挖掘出来

我国商品畜产品大部分来自农村。饲养专业户、重点户的出现，是农村畜牧业生产向专业化、社会化转化的明显标志。但由于历史形成的原因，在农村相当大的范围内，畜牧业仍未摆脱种植业副业的地位，农本畜牧业还占相当大的比重。牲畜吃的多半是原饲料，投工也不计量。提高畜牧业经济效益的潜力尚未充分挖掘出来。

（二）牧区草场退化，草畜矛盾尖锐

草场退化问题，有关方面连年呼吁，但在实际中扭转得很慢。一些地方退化现象仍在继续，产草量减少，牧草质量也有所下降。因此，牲畜个体产品量低，死亡率高，直接影响经济效益的提高。

（三）经营管理水平低

畜牧业生产与畜产品流通中的经营管理水平低，如有些牧区至今还沿袭落后的游牧方式；活畜的收购不称体重而是数个给价；更为欠缺的是科学的经营体制，信息不灵，决策不明，方法不活，措施不力，很难适应商

品市场的需要。

（四）科学技术水平低

我国目前畜牧业的科学技术水平还是落后的。虽然一些科研项目的研究有所突破，成绩很好，但离在实际中推广还有很大的距离。有些过去已经推广的项目，如品种改良等，由于提纯复壮等工作跟不上，又出现退化现象。

通过以上简要分析，可以看出提高畜牧业经济效益是有很大潜力的。只要我们面向现实，抓住重点，采取相应措施，一定能够出现在提高经济效益的前提下畜牧业产值翻番的新局面。

三

提高畜牧业经济效益，要一靠政策，二靠科学技术，主要途径有三个方面。

（一）畜牧业生产经营管理方面

1. 稳定和完善畜牧业生产责任制

畜牧业生产是畜牧业生产力多种因素（劳动力、生产工具、劳动对象与科学技术）综合作用的过程。在这些因素中，最重要的是劳动力，因为生产工具要靠人去操作，劳动对象要靠掌握生产工具的人去加工，科学技术也是由人发明和掌握的。

稳定和完善生产责任制是进一步调动劳动者积极性、提高经济效益的根本途径。现阶段在集体所有制的合作经济中，普遍实行了联产承包责任制，它对提高经济效益具有显著的作用，必须坚持长期不变。今后在完善生产责任制过程中，要处理好统与分的关系，建立与健全各种合同制，处理好国家、集体与个人的关系，进一步发挥生产责任制的优越性。那些群众有迫切要求但尚未实行联产承包责任制的地方，应汲取各地经验，加快落实贯彻的步骤，以调动群众生产积极性。

2. 充分调动各种经济成分的积极性

全民所有制的国营经济是社会主义经济的领导力量。国营农牧场、种畜场的技术力量、设备、资金等条件比较优越，要充分发挥其作用。现阶段我国畜产品主要是靠社会主义集体所有制中的合作经济生产出来的，他们是生产的主体。这几年出现的自营饲养畜牧专业户是社会主义经济的必要的有益的补充，是一支不可忽视的力量。总之，发展畜牧业，提高其经济效益，要国家、集体、个人一起上，充分发挥各种经济成分的优越性。

3. 充分利用各种地区的优越条件

广大牧区是我国传统的畜产品生产基地。北方牧区所在的 10 个省区，占国土面积的 30%；草场面积占全国草场总面积的 70% 以上。全国大型国营农场、种畜场、肉牛良种和细毛羊等主要畜产品生产基地、牧工商联合企业、畜牧业现代化综合科学试验基地、牧草机械成套设备引进试验，大部分集中在北方。以上说明，要把牧区畜牧业搞上去，要推动全国畜牧业迅速开创新局面。同时，也要重视农区畜牧业。目前，农区牲畜头数占全国总量的 86% 左右，产肉量占全国的 95% 左右，产奶量占 80% 左右，禽蛋主要是由农区提供的。农区的农作物秸秆、麸皮、糠壳、绿肥、草田轮作的牧草等是极为丰富的饲料饲草资源。应该让农区畜牧业摆脱附属于种植业的地位，成为一个相对独立的生产部门。半农半牧区兼有牧区和农区的特点，资源丰富，具有农牧结合、互相促进的良好条件。此外，城镇郊区是发展商品畜产品的重要基地。这种地方具有饲料渠道多、科学技术条件好、劳动者文化水平高、接近畜产品消费、进行畜产品加工比较方便、农民收入多可以转为发展畜牧业资金等优越条件。几年来，北京、天津、上海、重庆、哈尔滨、沈阳、兰州等城市郊区畜牧业的经济效益都有了较大程度的提高。总之，应该牧区、农区、半农半牧区和城镇郊区一起抓，充分利用各类地区的优越条件。在条件许可的地方，应提倡各类地区之间的协作，如牧区的小畜可以进入农区育肥，农区牲畜夏秋季可到牧区放牧。

4. 调整畜种结构

调整畜种结构是充分利用饲草资源、增加畜产品量、提高经济效益的一个途径。我国畜种结构是不够合理的。据 1980 年 6 月底的统计，全国猪存栏数 3.14 亿头，羊 2.06 亿只，牛、马、驴、骡、骆驼等大牲畜总头数 9525 万头。我国畜种占世界各畜种的比例分别是：猪 1/3，羊 1/7，大牲畜 1/12。过去片面强调猪为六畜之首，在一定程度上影响了其他牲畜的发展。我国粮食比较紧张，猪的饲料难以得到充分保证，养猪经济效益较差。我国高原和山地面积大，大部分草山草坡均可利用。因此在发展养猪的同时，大力增加草食动物的比例是完全可能的。发展草食动物可以多给人们提供低成本、高蛋白、低脂肪的畜产品，又适合我国人多地少、粗饲料多精饲料少的条件，可以少与人争粮。

5. 采用科学的生产指标

为了加速畜群周转，增加畜产品产量，在商品畜产品生产中，要认真改变过去片面追求存栏数、纯增率指标的做法，提倡以总增率、出栏率、商品率、个体畜禽产品量等作为主要考核指标。几年来，许多地区的实践证明，提高总增率有利于改变不合理的畜群结构，并在一定数量的母畜中获得更多的仔畜。提高出栏率，可以缩短饲养周期，加速畜群周转。提高商品率有利于发展商品畜产品，增加农牧民收入，满足人民生活需要。提高个体畜禽产品量，可以增加商品畜产品总量。

6. 商品畜产品生产要适销对路

生产单位生产国家派购和收购基数以外的商品畜产品，要注意适销对路。除了通过计划工作加强指导外，还要沟通商品畜产品的信息，让生产单位及时了解产销、供需行情，避免盲目生产。甘肃平凉县木瓜湾生产队农民加工的皮褥规格标准、板质柔软、线缝平整，达到国内先进水平，由天津、土畜产品公司收购外销，1982 年生产皮褥、皮衣 920 件，总产值 5 万多元。

7. 保证足够的饲草饲料

据新疆、青海、内蒙古和甘肃省甘南州的统计，长期以来牛羊死亡率在 5%～10%，有的年份竟达到 20%～30%。据新疆 1950—1981 年的统计，交售国家牛羊总数 5300 万头（只），而同期牛羊死亡总数达 6700 万头（只），死亡头（只）数占交售给国家的 126.4%。死亡率高的主要原因是入冬草料紧缺，牲畜难以抗灾。在农区，畜禽发展也受到饲草饲料的限制，特别是集约经营的生产单位对饲料的要求尤为迫切。如果草（料）畜关系失去平衡，草料供不应求，畜产品产量必然减少。可见，提高畜牧业经济效益的主要问题是饲草饲料，这是发展畜牧业的物质基础。

我国北方草原草山草坡近 45 万亩，要从政策上落实草场的权、责、利，调动群众保护管理草场的积极性。同时，应抓紧当地草种的繁殖，推广人工种草的技术指导工作，把草场建设和牧草种子基地建设搞好。我国南方也有可利用的草山草坡 4 亿亩左右，这是发展畜牧业的丰富资源，要

区域发展的探索与思考：魏世恩自选集

逐步加以开发利用。要把国家、集体和社员种草养畜的积极性调动起来，搞好草场的种植和管理工作。此外，还要提倡草田轮作、套种豆科牧草。在那些不宜种粮食的地方，可以退耕还牧还草，以扩大饲草来源。

为了适应畜牧业的大发展，不断提高畜牧业经济效益，还必须建立好饲料工业体系，积极发展饲料工业。这个体系包括：由中央部门和省市区联办，生产蛋氨酸、赖氨酸、维生素、添加剂、预混饲料供应各地；由省市区和大中城市办较大型饲料厂，生产配合饲料、浓缩饲料供应专业户和郊区畜禽场；由县、社办小型饲料厂，对自有的各种饲料进行加工，再配入饲料添加剂或浓缩饲料，以供应集体和社员的畜禽需要。在这样分工协作基础上建立起来的饲料工业体系，可以节省投资，避免盲目性，经济效益将十分显著。同时，各个企业还要注意饲料生产效益，要在短期内制定出饲料配合标准和质量标准，用最小的耗费获得最大的效益。

8. 降低畜产品成本

据 1979 年四川、上海等 23 个省市区的统计，社员养肥猪每头平均售价 120.47 元，其中物质费用 105.72 元，而物质费用中的 75% 是饲料费。又据同年浙江、天津等 20 个省市区的统计，集体经济养猪平均每头猪物质费用 107.85 元，其中饲料费也占 68.75%。再据 1981 年山东省农垦系统 19 个农牧场的统计，在畜牧业物质总费用 1739389 元中，饲料费 1284245 元，占物质总费用的 73.8%。可见，降低畜产品生产成本，关键问题是要节约饲料开支，提高饲料报酬的标准，用同等数量的饲料生产出较多的畜产品来。

（二）畜产品流通的经营管理方面

畜产品流通中的经营管理工作做好了，是提高经济效益的又一方面。这是因为：（1）商品畜产品的经济效益要通过流通才能实现。（2）流通不仅是畜产品转移、贮藏的过程，也是部分生产过程的继续。因为国营商业收购的活畜，由于赶运、育肥、候宰的需要，还需要进行放牧与饲养，因此可以继续增加活畜的产量和产值，增加其经济效益。（3）流通本身也有经济效益问题。下面谈几个在畜产品流通中提高经济效益的主要途径：

1. 增加畜产品流通的设备

商品畜产品生产的一个重要特点是季节性很强。到了一定的季节，畜产品就成批地要求出售。所以，流通渠道要有很大的吞吐能力，使畜产品畅通无阻。过去，由于商业设备太少，大大影响了畜产品的收购量，引起牲畜等畜产品的滞销、掉膘和死亡，因此经济损失很大。近几年来，各地添置了一些冷藏车，修建了一批冷库，给畜牧业生产以很大支持。但是，大型冷藏车数量极少，小型冷藏车费用高，冷库的布点还不很普遍，所以仍赶不上需要，今后应继续增加设备。添置与修建的数量，应根据每年牲畜出栏率、屠宰数和收购数来计算。冷库的修建还需考虑到平面分布，尽量满足牲畜屠宰进库的需要。

2. 办好育肥场

国营商业部门收购活畜后，有一部分需要在育肥场中育肥，这种牲畜在流通中的育肥实际上是生产在流通领域中的继续。在新疆，建设一个羊只育肥场每只羊需投资 16 ～ 20 元，经过育肥后，每只羊可增产 10 ～ 15 公斤，净盈利 8 ～ 15 元。如经营得好，两三年可以收回投资。

3. 建立和发展牧工商产供销体系

畜牧业部门要积极组织牧工商产供销联合企业，主要经营国家派购和收购基数以外的畜产品，以增加畜牧业生产单位的经济效益。北京华都牧工商联合公司 1981 年生产鉴别母雏 270 万只、鲜蛋 1772 万斤，其中商品蛋 1578 万斤，占全市收购量的 29.1%，平均每只鸡产蛋 230 斤，蛋料比为 1：2.8。全公司实现利润 609 万元，提取折旧费 240 万元。此外，还要进一步放宽政策，允许个人从事某些畜产品的简单加工和贩运。目前，牧工商体系一个薄弱环节就是畜产品的加工。有了加工业，既便于长期保存畜产品，又可以增加经济效益，使畜牧业摆脱种植业的副业地位和工业原料生产地位。

4. 进一步研究调整部分畜产品价格

1979 年，部分畜产品价格调整后，调动了广大农牧民的积极性，各种畜产品产量均有不同程度的增大。但是，由于历史上遗留下来的原因，现行的某些畜产品的价格仍然偏低。如一张牛皮才 20 多元，一斤细羊毛或半细羊毛仅 2 元多，影响了农牧民生产积极性。由于牛皮、羊毛供不应求，并耗用大量外汇进口牛皮和羊毛，因而很不划算。此外，近几年城镇居民对瘦猪肉的要求愈来愈多，但现行的生猪收购等级和价格不利于发展瘦肉型猪。所以，对牛皮、细羊毛、半细羊毛、瘦肉型猪及其他价格偏低的畜产品的收购价格，应当进行研究和调整。

5. 采用科学的畜产品流通经济效益指标

制定科学的畜产品流通经济效益指标，对提高流通经济效益具有重要意义。我们认为，现行的商品畜产品流转额指标只是商业部门衡量完成商品畜产品流转任务的指标，而不是经济效益指标。只有商品畜产品流转额中的占用劳动和劳动消耗指标，才能反映流通过程所得与所费的关系。但是，这个指标还只是从数量方面反映经济效益的大小，而没有反映经济效益的质量。我们认为，采用畜产品在流通中的价值增长量和保鲜、保活程度等指标，可以从质的方面衡量其流通经济效益。至于商业网点的分布、营业服务态度的质量等，有的同志也把这些作为衡量经济效益的指标，这是欠妥的。因为这些指标，只能用来衡量商业布局是否合理和商业服务工作的质量问题。

（三）畜牧业科学技术方面

1. 改良畜禽品种，建立和健全良种繁育体系

畜禽是畜牧业的基本生产资料，良种畜禽对增加产品数量、提高畜产品质量和经济效益具有关键性的作用。甘肃省的一般土种母羊年剪毛量仅0.75公斤左右，而细毛羊产毛量比土种母羊高5倍左右。同时，由于细毛羊羊毛质量高，因而其经济效益远比土种羊高。甘肃永登县土种鸡平均每年产蛋99.7枚，而引进的星杂288良种鸡平均年产蛋达144枚，如能改善饲养管理，可达到220枚左右。可见，通过推广良种，提高经济效益的潜力是很大的。

今后要在研究和掌握畜禽遗传规律的基础上，继续有目的地培养和推广优良品种。对适合当地条件又有大量来源的良种，可以大量引进，大力推广，对良种来源少的，可引进一些种畜或冷冻精液，在纯种繁育的同时大量进行杂交改良。要注意把改良品种与本品种选育提高结合起来，不断提高牲畜质量。对于地方牲畜品种资源，同样要注意保存。那些有特殊经济价值的畜禽良种，如湖羊、滩羊、中卫山羊、绒山羊、青山羊、莎能奶山羊等，要以本品种选育为主，不断提高质量。

建立和健全畜禽良种繁育体系是做好品种改良和推广工作的重要措施。中央有关部门拟通过与地方合资经营的方式，办一些种畜、种禽原种场和畜种中心。这些原种场和育种中心主要向各省、市、区提供良种。省、市、区主要是办好面向本地区的畜禽良种场，向地县提供良种。地县

则主要是办好良种繁殖场，向本地区提供良种，由集体和个人进行经济杂交和商品性生产。此外，在这个体系中，还有国营冷冻精液站、液氮站、配种站等是良种繁育体系的骨干力量，要配好技术装备，调整技术力量，把它办好。

2. 加强疫病防治体系的建设

加强疫病防治是保障畜禽健康生长、提高畜产品产量与质量的重要保证。尤其是发展商品畜产品，大批畜禽集中饲养，防疫治病尤为迫切。

疫病防治体系的建设，主要是指省（市）、地（市）、县、乡四级畜牧兽医站和检疫站。其中，乡畜牧兽医站和广大防疫员是这个体系的基础力量。对这四级机构，要配备必要的仪器和设备，要充实科学技术人员，使它们能承担起防疫治病的作用。

为了加强疫病防治工作，许多地方的基层防疫机构建立了各种形式的疫病防治责任制。这种责任制把责、权、利紧密结合起来，对疫病的防治起了很好的作用。兰州市郊区柳泉等4个乡，由乡畜牧兽医站与500多个养鸡专业户试行签订鸡病防疫保险合同，每只鸡无论大小每年收保险费两角。受保险的鸡如因新城疫等5种传染病死亡，育成鸡赔1.4元，蛋鸡赔3.2元。试行一年中，受保险的44000多只鸡全部生长良好，而没有保险的4户专业户有860多只鸡因病死亡。

3. 建立畜牧兽医科学技术服务体系

实行生产责任制后，广大农牧民迫切要求学习和掌握畜牧兽医科学技术。因此，要建立一个健全的畜牧兽医科学技术服务体系，为畜牧业生产和提高畜牧业经济效益增加农牧民收入服务。畜牧兽医科学服务体系，当前应该包括省、地、县、乡的草原工作站、畜牧兽医站、家畜改良站、配种站，以及种畜场和国营农牧场。随着专业化、社会化的发展，将要出现许多专业服务公司，进行生产前的饲料加工供应、育雏、繁育、防病防疫、气象和生产后的运输、贮藏、加工、屠宰等技术服务工作。各级草原畜牧兽医科研部门要面向实际，研究解决畜牧业生产和流通中存在的问题，还要注意搞好科研成果的推广工作。甘肃草原工作队畜牧师王素香从1979年开始在通渭申家山生产队成功地种植红豆草，为发展养羊业、增加农民收入、改善生态环境做出了贡献。1983年起，她把试点经验推广到面上，和其他同志组织了种草养畜技术服务公司，承包通渭等5个县种草

100 万亩的技术指导任务，为畜牧科技人员服务生产树立了榜样。

专业户、重点户是科学技术服务工作的主要服务对象。可以通过各种学习班、培训班、短训班、报告会、科普讲座等形式帮助群众学习。特别要注意发挥农村牧区知识青年的作用，尽快把他们培养起来，为打开畜牧业生产新局面而贡献力量。

要不断提高在职草原畜牧兽医科技人员本身的业务知识水平，特别是基层科技人员的培训工作要抓紧抓出成绩。

（原载于《兰州大学学报（社会科学版）》，1984 年第 2 期，第 1－10 页）

一个养鸡专业户的经济效益

　　兰州市西固区西固公社养鸡专业户陈世功是该区 1287 个养鸡专业户中规模稍大的一户。他于 1981 年 3 月正式开始养鸡，1982 年又增添了孵鸡生产。仅仅经过一年多的时间，他就增加了收入，改善了生活，也为社会做出了贡献，1982 年 4 月当上了兰州市劳动模范。那么，他的养鸡经济效益究竟有多大，这些效益又是怎样取得的？这些情况的介绍，对于其他养鸡专业户也许是有参考价值的。因为随着专业户的增加和发展，一个怎样帮助他们搞好经营管理、提高经济效益的问题，已经现实地摆在我们面前。当然，一个专业户的经验很难带有普遍意义，但是，如果能够积累起千家万户的经验，就不难找到普遍规律了。

一、经济效益比较高

　　陈世功在 1982 年 2 月至 8 月的孵鸡和养鸡的生产季节中，获得了较高的经济效益。在这个阶段，他支出物质生产费用 15723.25 元，其中用于孵鸡 13585.85 元，用于养鸡的 2137.40 元；总收入 29575 元，其中孵鸡收入 23400 元，养鸡收入 6175 元；净收入 13851.75 元，其中孵鸡净收入 9814.15 元，养鸡净收入 4037.6 元；纯收入（利润）10276.75 元，其中孵鸡利润 7759.15 元，养鸡利润 2517.6 元。

　　用较少的劳动耗费获得同等数量的产品（产值），或者获得较多的产品（产值）耗费了同等数量的劳动，是衡量经济效益大小的重要标准。下面我们根据上述材料，从资金生产率、成本利润率和劳动生产率三项指标观察 1982 年旺季（2 至 8 月）生产中效益的大小。首先，资金生产率（%）为 29575 元 ÷ 15723.25 元 = 188%，即每百元资金可得到收入 188

元。其次，成本利润率（%）为 10276.75 元÷19298.25 元＝53.25%，即每百元成本可得利润 58.24 元。再次，关于劳动生产率的价值指标，按 5 个劳动力计算，劳动收入为 5915 元，劳均净收入为 2770.35 元，劳均利润为 2055.35 元。劳动生产率的实物指标方面，劳均孵鸡 9360 只，生产鸡蛋 6000 个，养鸡 185 只。

上述三项指标反映出来的经济效益最终落实到每个人的实际收入上，根据计算，陈世功一家 1982 年 2 至 8 月月均收入 1978 元（净收入），每人月均收入 219 元。如果把 8 月份以后的淡季收入平均起来，每月人均收入也在 100 元以上。这比生产队的劳动报酬高多了。1979 年，陈世功等 5 人和他父亲共 6 个人在生产队做了 2226 个劳动日，以每个劳动日报酬 2 元计算，共收入 4452 元，劳均年收入 556.5 元，月收入 46.3 元。两项对比，专业户养鸡的人均收入比过去多。

从另一角度看，专业户养鸡改变了城镇副食品的供应，这可以说是一种养鸡的社会经济效益。陈世功买蛋孵鸡，鸡下的蛋大部分自孵自用，少量出售。这种经营方式比单纯养鸡下蛋的社会经济效益的计算复杂一些，但是如果从西固区养鸡户的整体看，社会经济效益就比较明显了。截至 1982 年 11 月底，西固区养鸡已发展到 1287 户，养鸡 24 万只，其中产蛋鸡 8 万只。党的十二大召开后，西固、陈坪、柳泉三个公社表示决心放开手脚大干。陈坪公社提出，争取在三年内使养鸡专业户从 200 户增加到 600 户，养鸡由 2 万只增加到 6 万只。如果其他两个公社也按照这个速度发展，到 1985 年，西固区就有 74 万只鸡、24 万只产蛋鸡了。如果一只鸡一年产蛋 20 斤，20 多万只鸡就可以基本解决 20 多万人口的吃蛋问题了。

二、经济效益较高的原因

第一，相信党的政策。陈世功所在的生产队，人均耕地只有一分六厘，人多地少，劳多活少。群众要致富，只有发展多种经营，而养鸡正是家家户户都可以搞的。1980 年，邻社高学兰养鸡消息传出来后，陈世功想，党的政策是让群众劳动致富，养鸡不正是走这条道路吗？他养的头一群鸡，死了不少，失败了；后来又养第二群鸡。他养鸡的行为很快就受到有关部门的热情支持，这也使他更加相信党的政策。1982 年，他添置了孵化机，以孵鸡为主，兼营养鸡。4 月份，他当上了兰州市劳动模范，感到担子要重了，下决心一定要把养鸡事业坚持下去。

第二，搞好经营决策。养鸡是一种商品性生产，必须采取"开放"型经营方式。在整个生产和流通过程中，陈世功主要抓两头。一头是原料（种蛋）的来源，另一头是产品的销售。他和附近 13 家种鸡专业户和区养鸡联合公司联系，基本解决了种蛋来源。产品销售方面：雏鸡，按照合同规定，给附近养鸡专业户提供种鸡；商品蛋，大部分卖给区联合养鸡公司，完成交售任务后，其余自销；肉鸡，大部分也是卖给公司。由于抓了这两头，现在他一不愁种蛋的来源，二不愁产品滞销，整个生产搞活了。原料来源和产品销售这两头都是在市场上进行的，所以，对于市场情况的了解和分析，便成为经营决策的重要依据。陈世功在头一年养鸡时，从市场上了解到：一方面养鸡要大发展；另一方面雏鸡来源短缺，因而孵鸡比养鸡赢利更大。这样，他就决定以孵鸡为主，兼营养鸡了。经过有关部门的支持和筹办后，1982 年他开始孵鸡。

第三，在分工基础上辛勤劳动。陈世功家有全半劳力 5 个，考虑到生产的需要，他们进行了劳动分工。陈世功和两个妹妹负责孵鸡，弟弟和弟媳养鸡。此外，陈世功还兼外勤和总负责人。孵鸡是一件很辛苦的活，在孵鸡季节里，兄妹三人日夜值班，忙个不停。弟弟两口子也很操心，按时喂食，分群管理，一年多来未出现重大责任事故。截至 1982 年 8 月底，他们一家在孵鸡上用了 685 个人工日，在养鸡上用了 760 个人工日。在计算经济效益时，他们自己商量，养鸡一个人工日报酬按 2 元计算，孵鸡比较辛苦，按 3 元计算。

这些年轻人都有一定的文化水平，其中三名是高中水平，一名初中水平，一名小学水平。为了掌握养鸡技术，他们努力学习有关知识。陈世功和两个妹妹都进过专门训练班学习。在家中，他们还订有《家禽》等几种报刊自学。更重要的是，他们在生产实践中不断总结经验，提高技术水平，现在已经基本掌握了孵化机的操作规程和养鸡技术。

第四，依靠科学技术。科学技术带来了经济效益。按照孵化机和当地气候条件的要求，一年孵蛋季节只有 155 天左右，只能孵出 9 批 4 万个种蛋，再按 80% 的孵化率计算，能孵出 32000 个雏鸡就不错了。在 1982 年的孵蛋季节中，兄妹们动脑筋想办法，孵出的雏鸡比原定增加了 43%。先把蛋放在孵化机上孵 7 ~ 8 天，再移到别处用人工办法继续孵，这样孵化率虽然低一些，但批量和孵化量都个增加了：使原来的 9 批增加到 21 批，增加了 133%；孵蛋 68000 个，比规定的 4 万个增加了 70%；孵雏鸡 46000 只，比规定的 32000 只增加了 43%。在养鸡方面，加强喂养管理，定时定量喂食。在买进的混合饲料中，增加其他营养素，提高了饲料质量。及时防治疫病，1982 年防鸡瘟两次，坚持每周消毒鸡舍一次。

第五，加速资金周转。1982 年年初，陈世功有生产资金 10700 元，其中自有资金 2300 元、借入资金 8400 元。在 1982 年 2 月至 8 月的生产旺季中，支出物质生产费用为 15723.25 元，这样，支出的资金比原来的资金多了 46.9%。这些多支出的资金从哪里来？主要是加速了资金周转速度。陈世功的资金支出有两个特点，一是流动资金支出较多，二是流动资金支出分很多批。如购买种蛋花了 12000 多元，但它是分好几批买进的。这样就可以依靠及时销售产品，收回垫支资金并赢得利润，以应付流动资金支出。所以，他的产品几乎没有积压，出一批，卖一批。这就是他少花钱多办事的秘诀。

三、问　题

陈世功养鸡已经迈出了可喜的一步，但是，从这一户联系到其他专业户，还有些问题需要研究。

（一）如何加强对专业户经营管理的指导。专业户是现阶段社会主义公有制的必要的有益的补充，它的存在是客观形成的。目前，它在发展中除了受某些干部"左"的思想残余的影响，以及某些专业户自己怕冒富的问题以外，另一个突出的问题是不少同志认为专业户既然是客观存在的，已经把权、责、利归于一体，生产积极性已大大调动起来，就用不着多管，让其自生自长好了。事实上，专业户是一项新事物，它需要加强经营管理才能有好的效果。两个专业户虽然生产项目和生产条件相同，但由于经营管理水平的差异，效果也就不同。像陈世功这样资金在万元以上的专业户，虽在创业中干得不错，但毕竟还是缺乏经验的，至今连一本粗账目都没有。现在还能凭脑子记些账，时间长了，怕连自己也说不清了。

（二）饲料来源与质量亟待解决。陈世功养鸡固然有多种困难，但最头疼的莫过于饲料问题。目前，虽能从饲料公司购入饲料，但他尚未解忧。其一是饲料质量差。目前的混合饲料主要成分是玉米、麸皮、骨粉，缺乏动物性蛋白与其他成分。而且，各种成分没有严格比例，时多时少，优劣混杂。饲料质量差直接影响养鸡效益。1981 年的一群母鸡产蛋率只达70%，主要就是因为饲料质量差。其二是饲料供应量能否保时保量。现在，饲料供应独此一家，这与养鸡业的发展是不相适应的，如兰州市红古区饲料供应到 11 月底止已中断半个多月。所以，要鼓励各行各业多办些饲料企业。除了粮食部门的饲料企业外，对于农业、食品工业、商业、轻工、化工、医药、水产等部门和企业，利用其副产品、下脚料、废渣、废液进行加工饲料的，应在信贷、利润、税收、销路、技术设备等方面予以支持。此外，还可以试办饲料专业户，从事采集野生饲料资源，搜集城镇工业下脚料、废液和饮食业的残汤剩饭，养殖蚯蚓等昆虫，进行小规模的饲料加工……也是有发展前途的。

（三）怎样进一步向社会化发展。陈世功养鸡过程中同各方面建立了广泛的联系。如与种蛋专业户和养鸡专业户建立了种蛋来源和产品销售的关系，与区养鸡联合公司、区农业局、人民公社和银行建立了联系，受到这些部门和单位的大力支持和援助，解决了一部分资金来源；从工商管理部门领到了专业户营业执照，可以买到价格较为优惠的饲料、木材、燃料，享受廉价的电力供应（一度电六分钱）；免费从兽医防疫和技术推广部门得到家禽疫病治疗和技术援助；等等。随着专业生产的发展，以上这些经济关系将要进一步向新的经济联合方向发展。为了促进养鸡的联合，西固区已建立了养鸡联合公司。但作为社会发展的要求，仅仅在区上建立这个组织还是不够的。应该根据自愿互利的原则，在基层成立各种形式的养鸡经济联合体。这种联合体，要以养鸡、孵鸡为主体，以生产前、生产中、生产后的各种服务性经济为补充，建立起一个有机的整体。

（四）正确处理国家、集体和个人的关系。目前，兰州市郊出现的专业户有三种，第一种是生产队多种经营承包给个人经营的承包专业户；第二种是由社员家庭副业发展起来的专业户；第三种是由城镇居民、退休职工、工干家属搞起来的专业户。在第二种专业户中又有三种类型，其一是主要劳力不参加集体生产，向生产队交同等劳力的积累；其二是主要劳力不脱离集体生产，只是辅助劳力脱离集体生产，不向队交积累；其三是主要劳力和辅助劳力都不参加集体生产，实际上已成为个体经营的专业户。这种类型的专业户，目前既不向生产队交积累，也不向国家交税。随着他们专业生产收入的不断增加，应该考虑其纳税问题。如果他们不愿意正式退出集体经济，那就应该向生产队提交积累。总之，要正确处理国家、集体和个人的关系。

（原载于全国畜牧业经济研究会、中国社科院农业经济研究所合编：《全国畜牧业经济研究会通讯》，1983 年总第 9 期）

申家山农业社种草养畜经济分析①

——甘肃中部种草养畜农牧结合效益分析之一

一、三年的变化

甘肃通渭县申家山农业社，原是甘肃省草原队王素香同志主持的种草养畜试点。从 1979 年起，经过前 5 年的时间，申家山农业社成功地完成了试点任务。1984 年 6 月由省畜牧厅组织验收。从 1983 年开始至 1985 年年底，王素香、金巨和、车文信三位同志又承担起通渭、陇西、会宁、静宁、庄浪等 5 县种草 100 万亩的任务，其中，申家山脊线作为一个示范点。到 1985 年年底，5 个县和申家山的种草任务均已完成。

这后三年的申家山比起前三年的申家山，又发生了较大的变化。主要变化为：

（一）草业方兴未艾。申家山草地面积已占总耕地面积的一半左右。粮食作物面积虽然减少到总耕地面积的 45%，但是粮食总产量却不断增加，粮食总收入连年增加，1983 年为 13500 元，1984 年为 15500 元，1985 年为 21000 元，详见表 1。

---

① 从本文开始，将连续刊登研究报告。内容是笔者参加王素香同志主持的为期十年的"甘肃中部种草养畜农牧结合研究"后所写的关于经济效益分析方面的报告。王素香同志主持的这个课题，于 1979 年初春以申家山农业社为试点起点。两年后笔者加入。1983 年 9 月 18 日，《人民日报》发表了"走申家山的路"的社论，极大地鼓舞了课题组同志，坚持十年完成了预期研究任务。

表1　申家山社种植业土地结构变化表

亩

| 项目　　年份 | 总耕地面积 | 其中 | | | | | | 林业 |
		粮食作物	百分比（%）	经济作物	百分比（%）	牧草	百分比（%）	
1983	1518	716	47	82	5.4	720	47.6	100
1984	1545	732	47	82	5.4	731	47.6	124
1985	1545	706	46	80	5.4	759	48.6	134

注：林业面积未包括在总耕地面积内。

（二）商品草业的持续发展已成为农村中一个支柱产业。草业占总收入的比重，1983年、1984年、1985年分别为59%、52.6%、80.9%。如再加上畜牧业，草畜二业收入则占总收入的68%、86.2%，详见表2。

表2　申家山社农业结构变化表

元

| 项目　　年份 | 总收入 | 其中 | | | | | | | | | |
		粮食	百分比（%）	经济作物	百分比（%）	草业	百分比（%）	牧业	百分比（%）	林业	百分比（%）
1983	46700	13500	28.9	1400	3.1	27600	59	4200	9	未计	
1984	45578	15678	34.3	1520	3.3	24000	52.6	4380	9.6	未计	
1985	148264	18378	12.4	1886	1.27	120000	80.9	8000	5.3	未计	

（三）农业已非农村中唯一的产业，工业、商业、运输业也相继出现。他们虽然为数甚微，但毕竟象征着未来的希望，详见表3。

表3　申家山社农村产业结构变化表

元

| 项目　　年份 | 农村经济收入 | 其中 | | | | | | | |
		农业	百分比（%）	工业	百分比（%）	商业	百分比（%）	运输业	百分比（%）
1983	46800	46700	99.78					100	0.22
1984	46278	45678	98.68			500	1.08	100	0.2
1985	150364	1482624	87.6	1000	5.9	1000	5.9	100	0.6

注：工业系粮食加工和饲草料加工。

二、农民生活继续得到改善

（一）口粮问题已经基本解决。三年人均有粮 700 余斤，人均口粮 500 余斤，详见表 4。

表4　申家山社粮食生产变化表

项目 年份	总产 （万斤）	亩产 （斤/亩）	人均有粮 （斤/人）	人均口粮 （斤/人）
1983	114200	160	746	500
1984	107800	150	700	500
1985	116135	170	679	512

（二）人均收入显著增加。人均总收入，1983 年 303 元，1984 年 284 元，1985 年 867 元，详见表 5。

表5　申家山社农业经济收入变化表

元

项目 年份	总收入	人均收入
1983	46700	303
1984	45578	284
1985	148264	867

收入增加了，农民手中余款也多了。李海泉、李养成、李发荣、李富荣、李振江等 5 个农村住户，1985 年末共有余款 8800 元。

（三）由于现金收入增加了，因而购买商品的结构也发生了显著的变化。申家山的农民是在 1983 年开始解决温饱的，详见表 6。

表6　申家山社五户农村住户购买商品统计表

元

项目 年份	购买 食品	购买 衣着	购买 日用品	购买 文化用品	购买 建筑材料	购买 生产资料	合计
1983	692	765	141	82	225	947	2852
1984	852	1573	589	91	362	1760	5227
1985	867	1618	459	479	6792	810	11037

据上述 5 户农户的消费情况，在 1983、1984 两年刚解决温饱之初，8029 元的总支出中，购买架子车、化肥、牲畜等 2707 元占第一位，占总支出的 33.5%；衣着、铺盖等 2338 元，占 29%；自行车、收音机、手表等日用品 730 元，占 9%；盖房 587 元，占 7%。而在初步解决生产、生活需要之后，1985 年基本建设盖房 6792 元就占了支出的 62%，成了压倒一切的大事。上述 5 户，家家都备料，4 户盖了新瓦房，标准也高。如李振江过去住的是窑，1985 年连商店修了三座瓦房；李发荣家最近购进了电视机，这对山区群众提高文化生活、开阔眼界，以及实现两个"转变"加强精神文明建设都会起到积极作用。

三、经济效益与趋势分析

以红豆草为例，申家山 1985 年留床红豆草面积 612 亩，如以 4 年为一个生长周期计算，其中每亩平均产籽 98.04 斤，每斤收购价 1.2 元；收干草 300 斤，每斤价 0.025 元计算，则，红豆草总收入：$612 \times 98.04 \times 1.2 + (612 + 53.4) \times 300 \times 0.0.25 = 76991.076$ 元

（1）种子费：$612 \times 4 \times 1/4 \times 1.2 = 734.4$ 元

（2）肥料费：$612 \times 7.89 \times 1/4 = 1207.17$ 元

（3）畜力费：$612 \times 3.83 \times 1/4 = 585.99$ 元

（4）农业共同费：$612 \times 0.38 \times 1/4 = 58.14$ 元

（5）管理费及其他支出：$612 \times 0.05 \times 1/4 = 7.65$ 元

（6）人工费：$612 \times 1.48 \times 16.05 = 14537.4$ 元

则，亩产值 $= 6991.076 \div 612 = 125.8$ 元

亩成本 $= 17130.76 \div 612 = 27.99$ 元

亩纯收入 $= 125.8$ 元 $- 27.99$ 元 $= 97.81$ 元

亩利润率（%）$= 97.81 \div 125.8 = 77.75\%$

每元投资纯收入 $= 97.81$ 元 $\div 27.99$ 元 $= 3.49$ 元

每元投资产值 $= 125.8$ 元 $\div 27.99$ 元 $= 4.48$ 元

以上是以每斤 1.2 元的草籽收购价作为前提的。随着市场供求关系的变化，今后草籽价格将会下跌，因此经济效益将会减少。所以，必须把种草与养畜同步发展。从三年发展速度看，申家山的草与畜发展不够协调。

如以 1983 年草业收入为 100 元为例，则 1985 年为 4.35 倍，而牧业则只有 1.9 倍。再从三年的比重来看，1983 年，草畜产品收入 31800 元，其中草业收入占 86%，牧业收入仅占 14%。1985 年，草畜产品收入 146000 元，草业收入占 93.75%，牧业收入仅占 6.25%。

此外，还应大力提倡草田轮作。申家山一些作物的轮作试验效果很好。试验地的红豆草是 1980 年春播种的，到第四年即 1983 年 9 月翻耕种粮。轮作效果见表 7。

表 7　申家山红豆草地轮作对照表

元

项目 年份	轮作面积 （亩）	轮作后产量 （斤）	轮作后亩产 （斤）	对照产量 （1985 年平均）	亩产净增量 （斤）	增产幅度 （%）
胡麻	0.48	9.35	110.26	40	70.26	175.65
洋芋	2.7	5100	1888.9	1105	783.9	70.94
糜子	1.2	150	125	80	45	56.25
苦荞	0.6	120	200	20	180	900

可见，发展养畜业，草畜同步和实行草田轮作乃发展经济的迫切任务和必然趋势，也是今后需长期坚持的方向。此外，加工草粉、制作配合饲料，则是草畜同步之间的关键环节。

（原载于《中国草业科学》，1987 年第 2 期，第 140－143 页）

用商品经济观念指导种草

——甘肃中部种草养畜农牧结合效益分析之二

种草是治理黄土高原上水土流失、生态环境恶化、农业结构失调的重要生物措施。几年来，种草获得了很大成绩。现在需要研究的问题是，甘肃省农村还处于由自然半自然经济向商品经济过渡阶段，种草和这个特点有何联系？怎样才能使种草面积不渗水分地不断增加，而且经济效益、生态效益、社会效益越来越大？种草的效果，如何巩固与持久？应该指出，这些问题的解决，和我们种草的指导思想密切相关。

现在种草有三种情况，一是传统的自发的种草；二是用粮款鼓励群众种草；三是致富种草。从指导思想上看，第一种是农本种草，第二种是资助种草，第三种是商品种草。当然，这三种情况，在一个区域一个村庄，往往又是混杂在一起而非截然分开的。但是，由于性质不同，它们是可以分开来的。从三种指导思想来看，笔者认为，要把指导思想放在商品种草，即用商品经济观念指导种草的基本点上。但不是说，指导思想仅此一条。其实，生态观点、系统思想、因地制宜原则等也都是重要的指导思想。这里仅从商品经济角度总结一些种草经验，以便推广。下面结合甘肃通谓县申家山农业社的经验展开分析。

一、在农村经济日益商品化的今天，
要树立为市场需要而种草的思想

过去，我们对牧草的植物学、遗传学特征做了大量成功的研究，对黄土高原的土壤学、气象学、生态学课题也进行了长期的考察与探讨。这些成果都是有益的。但是，笔者觉得从商品经济方面研究种草还很薄弱。问题在于我们今天的农村正处于由自然半自然经济向商品经济过渡的阶段。在以家庭经营为主的农村中，农民是家庭经营的主人。"前天"的自然半自然经济的耕农，"昨天"的大集体经济中没有自主权的社员，已变为"今天"的商品经济的主人了。所以，要在农民头脑中，把"前天"的"种草为自己"、"昨天"的"种草我不管"，转换成"今天"的"种草为市场"的思想。市场需要的产品，包括原料产品（草籽、青草）、粗加工产品（干草、草粉）和复合加工产品（由草变出的畜产品、由草田轮作变出的商品粮，以及复合饲料）。

申家山地处黄土丘陵沟壑区，全社 154 人（1984 年），总耕地面积 1458 亩，人均 9.5 亩。1949—1979 年，抓了 30 年的粮食生产，可申家山的农民连肚子都没有吃饱，年年靠返销粮、救济款过日子。1979 年，省草原队王素香同志来到这里指导农民种草养畜，经过 5 年时间，整个山沟面貌发生了巨大变化。5 年内种草 1609 亩，经翻耕和除去部分严重缺苗外，留床面积 720 亩，占总耕地面积的 48%。此外，有两条沟的荒坡面积约 150 亩也都种上了草。人均草地 4 亩多。

申家山之所以能取得这么大的成绩，就是从改变"种田糊口"的自然经济观念为"治穷致富"的商品经济观念入手的。起初，王素香同志给群众分析了 30 年种粮吃不饱的原因，分析了当地的自然资源和气候特点，教育群众要治穷非种草卖钱不可。当年，在粮食还非常困难的情况下，农民群众在弃耕地上种了 66 亩草木樨，并套种胡麻，年终收入 460 元，人均 3 元多。以后年年收入增加。1983 年，仅卖草籽的现金收入就达到 27600 元，人均 183 元。

1983 年申家山的草地面积中，有 505 亩是红豆草（占草地总面积的 70%）。红豆草是一种新推广的豆科牧草，适宜在黄土高原上种植。其种子供不应求，因而每斤草籽价格比其他草籽高数倍（原定价为 1.2 元，现提价为 1.5 元，市场自由价格更高）。王素香同志针对这一情况，有目的地组织群众繁殖红豆草种子，并作为商品来抓。这样一则为群众开辟了一条生财之道；二则可以满足草籽的需要，推广种草面积。

有些同志可能对此有非议，认为申家山就是靠卖草籽致富的。其实这有何可非议的呢？什么商品获利大就先发展什么，既然红豆草籽比一般草籽价格高，况且其生态效益也高于其他牧草，把它当作拳头产品抓，应是顺理成章的事。至于将来草籽供过于求，价格下跌怎么办？我们以为，商品价格总是根据商品价值并和市场供求关系相联系的。将来草籽多了，价格自会下跌。这也无妨，因其一，在相当一段时期（预计数年）内，草籽仍供不应求，价格难以下跌；其二，即使将来下跌，也会有其下限，种红豆草是不会亏本的；其三，商品生产的品种将随市场需要而变化，红豆草产品也可以多样化，如草籽、草粉、浓缩颗粒等均能卖钱，还可转化为商品畜产品、商品粮、商品经济作物等，何况其综合利用前途也十分广阔；其四，到时候，如别的牧草经济效益大于红豆草，也可以多种别的牧草。总之，要根据市场需要来安排。

二、货币—商品—增大的货币，这个公式在种草中是适用的

现阶段，甘肃农村中有的还是自然经济，在口粮基本够吃的地方，根本谈不上什么商品经济；有的是简单商品经济，除了自给外，还有少量农产品可以出售。这里商品流通公式是：商品—货币—商品，商品生产者是"为买而卖"，交换的目的是使用价值，是为了满足生产和生活上的需要。现在我们要用商品经济观念指导种草，则要采用货币—商品—增大的货币这个公式。这是发达的商品流通公式。现在，商品生产者是"为卖而买"买进商品，是为了再卖出去重新获取货币，而且是更多的货币。这种流通的目的，是取得交换价值本身。

申家山种草 5 年，在一定程度上是符合这个公式要求的。由于商品交换后获得了更多的货币，因而农民种草积极性高涨。

从公式第一个环节看，先要有垫支资金，但申家山农民没有资金买进原料如何办？由草原队（现已设种草养畜技术服务公司）予以借贷：如借母羊，养殖两年后还幼羊；如借公羊，则连续三年从商品毛中扣一半羊毛款还本。以上办法，第一，可以解决群众困难，并促进群众搞好生产经营。因为草本畜本是借来的，将来要归还，所以群众借到手后总要想一想将来怎样还本。第二，这种办法比由国家单纯资助粮款好。我国人口多，底子薄，种草是千家万户的事，假如家家户户种了草都拿国

家的粮款，将会增加国家负担。第三，可以杜绝类似领取资助粮款中发生的虚报冒领的弊端（现在实行国家资助种草的地方，上报种草面积有水分）。

从公式的第二个环节看，草籽要拿到市场上出售。公司为了保证草籽的上市，在草籽未成熟前，先预付一部分草籽款给群众购买化肥，以增加草籽产量。为了不让草籽外流，加快本地种草推广速度，公司对草籽采取专购制度。即凡从公司借贷草籽的农民，必须将来年生产的草籽卖给公司，然后由公司控制草籽的投向，有计划有步骤地推广。如果一亩红豆草平均收籽 60 斤，按每亩播种量 5 斤计，来年可扩大播种面积 12 亩。这种经营方式在种草初期起了很大的作用，保证了农民的商品草籽价值的实现，并保证了牧草扩大再生产的需要。

从公式的第三个环节看，要求得到比原垫支资金更大的货币量。即扣除生产成本后，能获得更多的经济效益。据粗算材料，一亩红豆草，如以 4 年为生产周期，把投入的籽种、化肥、农肥、人工、畜工等费用按 4 年摊入，年均投入费用为 3.22 元。同期年均草籽收入 72 元，干草收入 40 元（800 斤计），共 112 元。投入与产出之比为 1：35。这样，每亩红豆草扣除成本后，年均纯收入 108.78 元。其经济效益远比粮食高。种小麦，每年每亩投入 19.26 元，产出籽实与秸秆共 35.88 元，每亩纯收入才 16.62 元。种草比种小麦每亩多收入 92.16 元。

随着经济效益的提高，申家山农民从草畜产品中得到的收入逐年增加。1979—1983 年，人均草畜产品收入从 0.7 元提高到 206.4 元。

三、利用草籽价格调整农业产业结构

由于红豆草草籽的价格较高，成本较低，因而它所创造的利润和利润率均高于农业其他部门。这样，种草部门会吸引大量的资金，使种草面积迅速扩大，从而使农业产业结构逐步得到合理调整。

申家山 5 年中农业收入结构的变动正反映了这个趋势。从 1979 年到 1983 年，其收入结构（%）如表 1 所示：

表1　1979—1983年申家山农业收入结构变动情况

年份＼收入	粮食收入（％）	草畜收入（％）	林业收入（％）	其他收入（％）
1979	84	1.3	0.6	14
1980	76	18	0.3	5.7
1981	49.5	47	3.5	
1982	40	60		
1983	30	70		

其他收入比重下降的原因，是这部分收入有许多是畜产品，因而并入草畜收入计算。

由上看出，5年中粮食收入占总收入的比重，由原来的84％下降到30％；草籽与畜产品收入的比重，由1.3％上升到70％。这个变化是至为重要的。它说明，申家山农业已从自然半自然经济向商品经济迈进了一大步，从畸型的结构向全面发展的结构过渡。

收入结构变化后，即使遇上灾年，申家山仍能以丰补歉，稳定增加收入。申家山在1981、1982年连续两年严重干旱，粮食收入从1979年的6589元降到1981年的6344元和1982年的8500元，但同期草籽与畜产品的收入从104元猛增到6043元与13329元，因此同期农业总收入仍能逐年上升，从7878元上升到12837元和21829元。

四、把种草纳入商品经济轨道才会有较快的发展速度

申家山用商品经济观念指导种草，发展速度加快了。请看以下数字：

（一）种草面积

申家山5年累计种草1609亩，其中1979年297亩，1980年381亩，1981年418亩，1982和1983年年均513亩，1983年累计面积为1979年的5.4倍。

（二）草畜产品收入

1979年，草畜产品收入104元，户均4.7元，人均0.7元。

1980年，草畜产品收入2177元，户均77元，人均14元。

1981 年，草畜产品收入 6043 元，户均 215 元，人均 39.5 元。

1982 年，草畜产品收入 13329 元，户均 476 元，人均 86 元。

1983 年，草畜产品收入 31800 元，户均 1136 元，人均 206 元。

（三）**总收入**

1979 年，总收入 7878 元，人均 53 元；1983 年，总收入 45300 元，人均 229 元。1983 年为 1979 年的 4.3 倍。

为什么会有上述的发展速度，原因是：根据市场需要安排牧草生产，可以保证商品草畜产品价值的实现，这是发展商品草畜的根本保证；用较少的资金换来较多的货币，使农民得到较大的效益，这是发展商品草畜的根本动力，也是发展速度快的根本前提；把自然半自然经济性质的农业结构变为商品经济的结构，把粮食为主的农业结构变成粮—草—畜—经济作物的结构，把封闭型的农业结构变作开放型的结构，使农业内部各部门之间比例协调发展，这是加快发展速度的必要条件。

在申家山经验的基础上，从 1984 年开始，王素香等同志又承担了在中部地区 5 年推广 200 万亩红豆草的任务（笔者也是这个课题的参加者）。如果这个任务完成了，则种草的农民将每年获得约 2 亿元的纯收入，种草速度就更快了。1984 年是头年，种红豆草 1 万亩的任务已完成。1985 年是第二年，种草 5 万亩任务也已完成。预计 1988 年 200 万亩的任务是可以完成的。

五、经济效益带来了生态效益和社会效益

申家山种草 5 年，不仅有较大的经济效益，而且带来了生态效益和社会效益。

种草改善了土壤肥力和团粒结构。随着草田轮作试验的开始，粮食产量继续增加是肯定的。种草又促进了畜牧业的发展。这几年，申家山的大牲畜从 1979 年的 29 头增加到 1983 年的 50 头，羊从 77 只增到 180 只。牲畜的增加为发展种植业提供了大量畜粪与畜力。亩施农肥由过去的几百斤增至 2000 斤以上。畜力增加，使过去部分耕地板茬过冬变为普遍耕二至三遍。同时，社员有了收入，扩大再生产的能力提高了。整个农业生产从掠夺性经营向合理性经营过渡。

过去的大片弃耕地，如今也都种上了草。石湾和水池两条荒沟已得到初步治理。沟底种上草木樨、紫花苜蓿和灌木，沟坡修了反坡水平台，也种了草和树。种草种树第三年，共收柴草7万多斤，加上秸秆，烧饭煨炕的燃料问题基本解决了，从此再不需要铲草皮挖草根了。申家山只用3年时间就停止了植被破坏，有效地控制了水土流失。1980年7月23日，申家山下了一场47毫米的暴雨后，种满草木樨和少数苜蓿的碱沟（约80亩），沟底淤土1公分厚，保土约536立方米。

申家山种草5年还收到了直接和间接的社会效益。从衣食住行来看，首先，温饱问题已经解决了，每人口粮达400斤以上。许多社员都添置了新衣裳，有些年轻小伙子戴上了手表，穿上了油亮的新皮鞋。28户中有12户盖了新房，许多农户的坑上铺了新毡、摆上了新被子，有两户买了缝纫机。过去这里是穷乡僻壤，交通不便，现在修了一条小公路，可以直达县城，以后还要通电照明哩！申家山过去因为贫苦，许多小伙子找不到对象，现在行情变了，不但本村姑娘愿在本村找对象，外村姑娘也想来到这个凤凰巢。前几年年轻人结婚的就有11对。前些年，许多适龄儿童离开学校去放羊，后来民办小学里增加了一名教师，适龄儿童的上学率也提高了。现在新校舍也盖了起来，一片兴旺景象。

申家山生态效益和社会效益的取得是以经济效益为基础的。为生态效益而抓生态效益，效果不会很好。因为种草是家家户户的事，如果无利可得，大家是不会都去干的。所以，经济效益是提高生态效益的前提。当然，生态效益好了，生态环境改善了，也会反过来提高经济效益的。

（原载于《草与畜》，1985年第4期，第1-4页）

做好推广种草的经营工作

——甘肃中部种草养畜农牧结合效益分析之三

人工种草是综合治理黄土高原水土流失、生态恶化，进而解决农业结构失调、群众生活贫困问题的重要措施。1979 年以来，甘肃省草原队和种草养畜技术服务公司具体帮助通渭、静宁、会宁、庄浪、华池、陇西、渭源等县推广种植红豆草，相应发展养畜和草田轮作，取得了显著成效。

一

通渭县位于甘肃省中部的黄土沟壑区，总土地面积 436 万亩，其中耕地 186 万亩，每个农业人口平均 5.5 亩。1976—1980 年，通渭县紫花苜蓿种植面积为 19 万~20 万亩，仅占耕地面积的 44% 左右。全县大部分耕地都种粮食作物，但口粮仍不能自给。因为片面种粮，大面积土地裸露，水土流失十分严重。又因为燃料奇缺，本来就很稀薄的草山草坡被破坏，生态环境急剧恶化。

1979 年，省草原队来到陇阳乡申家山生产队试验种植红豆草，经过四五年的种草养畜实践，申家山发生了巨大的变化。5 年共种草 1609 亩，留床面积 720 亩，占总耕地面积的 48%。1983 年，申家山粮食收入占总收入的 30%，草畜收入占到 70%，草畜收入户均 1136 元，人均 206 元。粮田面积虽从 1979 年的 924 亩减到 740 亩，但亩产却从 73 斤增至 160 斤，总产从 0.7 万多斤增至 11.8 万多斤，出现了草茂林盛、畜多粮丰、收入剧增的新局面。

省、县不断总结申家山的经验，种草由点到片、由片到面迅速推开。截至 1985 年，通渭县种草留床面积 48.9 万多亩，占全县粮草总面积的

27.6%，提前两年完成了建设 10 万亩红豆草基地的任务。

二

通过几年的实践，大家深深体会到，技术推广工作不是单纯的技术工作，而是复杂的经济工作，如果不抓经营管理，推广工作就难以奏效。

（一）端正经营思想，把种草纳入经济工作之中

在推广种草中，以两个"转变"（由自然经济向商品经济转变、由传统农业向现代农业转变）和"种草种树，发展畜牧，改造山河，治穷致富"方针作为指导思想，把种草和促进商品生产、增加农民收入、提高生活水平结合起来，帮助农民做好草籽购、存、运、销工作，以草籽的生产和收益作为吸引农民种草的第一种手段。近期，随着草籽价格变动的可能趋势，应及时引导农民种草和养畜同步发展，鼓励发展商品草畜。

（二）建立管理体制

通渭县成立了种草养畜机构。省公司对这个机构只有业务指导关系，不管行政事务工作。这样既避免了省公司的繁重负担，又可发挥县的领导作用，从而把种草工作纳入全县的经济工作中，统筹规划，集中安排。

（三）加强宏观控制手段

在种草工作中，以经济手段为主，结合思想教育手段和行政手段，加强宏观控制、调节、监督的作用。

1. 经济手段。（1）有偿信贷。省公司坚持有偿、低偿服务的原则。在通渭县，前 6 年用于红豆草的周转金（即贷款）达 26 万元。1985 年，省公司和县政府共解决籽种收购周转金 110 万元，其中银行贷款 40 万元。一般借给农户的草籽和牲畜资金，待两年效益显著后归还。这样既增强了农户自力更生脱贫致富的信心，又避免了单纯靠国家救济的思想。（2）购销草籽。种草初期，草籽缺乏。为了有效控制草籽市场，按原订合同，由县收购草籽，然后有计划地卖给备地农民种植。这个办法，在初期对迅速扩大种草面积起了很大作用。（3）价格。一方面，县根据上级精神规定了草

籽的计划价恪,这样既保证了农民较多的现金收入,也保证了另一部分农民能用较低的价格买到草籽。另一方面,实行自由价格,农民生产的草籽按合同交售后,多余部分进入农贸市场。这部分草籽价格完全放开,可以比计划价格高出一倍乃至数倍。(4)经济合同。从省公司到农户,层层都订立种草合同,例如贷款合同、技术服务合同、产品购销合同等,规定甲乙两方承担的责任和权利。合同具有约束力,保护各方利益,调动各方积极性,保证种草任务按期完成。

2. 思想教育手段。各地先后多次召开不同类型的会议,利用各种形式,广泛宣传中央和省的有关指示,深入开展种草的学习、宣传和讨论,充分认识种草的意义,统一思想,坚定信心,明确任务,抓紧规划。

3. 行政手段。在计划经济和市场调节同时存在、直接控制和间接控制同时存在的条件下,使用行政手段是必要的。它体现为:省公司与各县签订种草合同后,各县一方面向乡、村、社、户层层包下去;另一方面又作为生产任务下达。这个任务虽然不是国家的指令性计划指标,但也是一项硬任务。落实之后,按期进行监督、检查、验收。

(四)服务工作深入基层,把微观经济搞活

1985年,通渭等5个县种草点增加到129个。省公司和县里经常派出技术人员到村社为农户进行技术指导,同时还从农、林、水电、科委等部门抽出干部分头深入各点调查研究,从微观上帮助基层解决具体问题。如帮助农民制订种草致富计划,解决草籽、育种、资金困难,提供市场信息,解决产品销路等,并及时总结典型的经验。这些典型经验对面上的种草推广工作起了很好的作用。

三

通渭县是甘肃省的第一个红豆草籽基地,这个基地建设得如何,不仅关系到一个县的生产和生活问题,也关系到黄土高原许多地区的生产和生活问题。目前,这个基地要解决以下几项关键性的问题:

(一)关于红豆草的综合利用问题

红豆草是一种多功能、高效益的牧草。作为草籽基地,今后除了继续提供一部分草籽外,还应做好综合利用。

1. 要草畜同步发展。营养丰富的红豆草为发展养畜提供了物质基础，应多饲养牛、马、羊、兔等食草动物。此外，还可多养猪。按传统观念，猪是吃粮的，但我们发现猪也很喜欢吃红豆草粉。发展养畜业，收入很可观。据粗算，生长两年的红豆草，亩产千斤青干草。两亩青干草加上其他饲料，可饲养一头牛两口猪。

2. 要草田轮作。草茬种粮效果好。申家山农民李养成用红豆草轮作的春麦，亩产 335 斤，比洋芋茬种麦增产 17.5%。轮作制度可根据各地具体情况安排。庄浪提出的红豆草—红豆草—红豆草—小麦—小麦—谷子（洋芋），是一种较适用的轮作制。

3. 要深加工草产品。红豆草的青干草可以加工成草粉，一斤草粉可卖 0.05 ~ 0.10 元，一亩地产干草粉可得 50 ~ 100 元收入。如压成颗粒草饲料，既便于运输，价格也更高。以草粉为主要成分的配合饲料，成本低，营养高，适口性好，是一种有前途的饲料。草籽营养也很丰富，要进一步研究其综合利用。

（二）关于红豆草草籽基地建设问题

通渭县作为甘肃省第一个红豆草籽基地，应集中全力建设好。

1. 选育良种。红豆草本属有 140 余种，除栽培种外，还有野生种。目前，品种比较单一，且品质良莠不齐，应通过试验选育良种，还可以将栽培种和野生种杂交，培育新品种。

2. 发展良种草籽专业户。重点发展一批良种草籽专业户，专门负责良种的选种、栽培和繁殖工作。由县、乡与之订立合同。要保证这些专业户的经济收入略高于一般种草户。

3. 加强产前、产中、产后服务。做好种草养畜、草田轮作中的生产计划、技术指导、生产资料供应、防疫治病、产品加工、储运销售和信息服务等工作。

4. 县种草养畜服务机构要加强有偿服务项目，逐步办成服务型兼经营型的企业，以调动科技管理人员的积极性，增强企业的活力。

5. 筹划基地建设基金。要有专项建设基金，其来源有：从县种草养畜服务中心收入中提留；从向种草农户中适量提取的管理费中提留；从农口资金中拨出。

（三）关于基地规模问题

目前，全县 12 万亩红豆草留床面积是否适当，有待进行量化分析与研究，求出最佳方案。研究的原则应考虑：（1）保证全县粮食总产量逐年有所增加；（2）保证向甘肃其他地区提供良种草籽；（3）逐步增加草畜产品在农业总收入中的比重；（4）考虑生态环境的不断改善。

（原载于《农业技术经济》，1986 年第 5 期，第 38－40 页）

甘肃中部种草养畜的几个问题

——甘肃中部种草养畜农牧结合效益分析之四

甘肃中部是黄土高原的一部分，包括四个地区、一个州、一个市所属的一部分地方，共 18 个县、405 个乡、4776 个村（生产大队）、36850 个农业社（生产队）。土地总面积 10292 万亩，其中耕地 2121 万亩，占全省总耕地的 40%。人口 527 万多人，约占全省农村总人口的 30%。全区属大陆性气候，跨越温带干旱、半干旱、半湿润三个气候区。全年降雨量 150～550 毫米，多半集中在秋季。丘陵沟壑多，林草植被稀少，自然灾害频繁，水土流失严重。农业生产结构畸型发展，经营粗放，土地瘠薄，粮食产量低而不稳。口粮紧张，三料（燃料、肥料、饲料）俱缺，人民生活十分贫困。

在这样的地方，怎样才能使生态由恶性循环向良性循环转变，摆脱长期贫困的面貌？1983 年 10 月，我们到通渭县的申家山和常河等 12 个乡了解种草情况，走访了县农业局、区划办等 13 个部门，并结合中部其他各县的情况发现，群众性的种草养畜的典型经验虽然刚刚开始，但它标志着中部地区正在向改造山河、治穷致富的目标实行战略性的转移。

一、一个重大转变正在开始

（一）草在农业生产结构中开始占有重要地位

甘肃中部农民过去就有种草的习惯，如紫花苜蓿、草木樨、毛苕子和一年生青饲草，都占一定的面积。通渭县从 1974 到 1980 年，每年苜蓿面积都占 15 万亩至 20 万亩，约占耕地面积的 8%～10%。但是，过去的人工草地面积是不稳定的，受粮食产量高低的制约。1975 年，该县粮食丰收，总产量由 1974 年的 14418 万斤增到 21168 万斤，于是苜蓿面积就从 1975 年的 18.16 万亩上升到 1976 年的 20.68 万亩。随后，由于粮食产量平收和歉收，苜蓿面积又落到 19 万亩上下。这是因为，这里人口密度大，粮食产量低，人均口粮偏紧，在"以粮为纲"的影响下，就粮食抓粮食。粮食丰收后，口粮多了，农民才愿意多安排些耕地种草；歉收后，口粮短缺，宁可薄收，也要广种粮食，压缩种草面积。以上情况表明，过去没有把种草看成中部地区发展粮食的必由之路，它在整个农业系统中还没有居于应有的位置。结果是草少了畜也少，畜少了肥也少，草田轮作面积也受种草面积的影响而减少。最后耕地更加瘠薄，粮食也难上去，单产徘徊在低水平上。

这两三年情况变了。1981 年和 1982 年虽然粮食连年歉收，粮食总产量从 1980 年的 15798 万斤，分别降到 9647 万斤和 8598 万斤，但是，全县人工草地面积却达到 237200 亩。草地面积增加的主要原因是：实行家庭联产承包责任制后，农民生产有了一定自主权，为了增加耕畜、调整茬口、恢复地力，荒地划给农民后，他们种上了草木樨等，增加了种草面积，解决了燃料之需；申家山种草起步，以草兴牧、农牧结合、增产增收的经验，鼓励了群众种草；特别是中央领导同志关于种草的多次指示，使群众更加明确了前进的方向。

在那些种草养畜发展较快的地方，农业生产结构有了明显的变化。申家山草地面积已占耕地面积的 48%。通渭县杏树湾农业社 1982 年农业总收入中，种植业占 55.8%，畜牧业占 29%，林业占 13%，其他占 2.2%。农业生产结构已经开始从片面发展粮食逐步向农林牧结合的结构过渡了。草在农业生产结构中已占重要地位。

（二）自给半自给经济正在向商品经济过渡

过去通渭县的农村商品经济不发达。虽然随着农村政策的放宽，特别是部分农副产品收购价格提高之后，集体经济和社员家庭的多种经营发展较快，林、牧、副、工各业的经济收入在农业总收入中的比例有所增长，但是，由于占农业总产值中比重很大的粮食作物的负商品率的影响，整个农业商品率是很低的。从 1971 年到 1980 年，统购、超购粮 4516 万斤，农村销售粮 10416 万斤，两下相抵，净回销 5900 万斤。现在一些典型的情况有了变化，如申家山一方面由于草畜的发展，1982 年草籽与畜产品收入已占农业总收入的60%；另一方面，由于种草养畜促进了粮食的增加，粮食产量由1979年的49848斤增加到1982年的65840斤，增长了32%，从而，回销粮的数量大大减少。

（三）由掠夺性经营向合理经营转变

一方面，中部地区从汉到唐，本是良好的畜牧地区，但是后来砍林毁草，大面积种植粮食，林草覆盖率逐年减少，水土流失日增，明清以来，更为加剧。新中国成立后，虽采取保持水土等措施，但1958年以后，由于人口猛增和片面抓粮食、高指标、高征购的错误政策，只好继续开荒，导致出现了土地资源超负荷现象。结果，水土流失更为严重。据测定，流失面积已占土地总面积的91%，每平方公里年流失土壤5000～9000吨，生态环境急转直下。另一方面，由于粗放经营、土壤瘠薄、广种薄收，粮食生产的经济效益每况愈下。1972年以前征购与回销相抵还略有贡献，从1973年到1978年一直是回销大于征购。这两个恶性循环互相交叉，愈演愈烈。

几年来申家山的种草养畜实践表明，人们正在采用合理经营代替过去的掠夺性经营。

第一，种草扩大了地表植被覆盖率，裸露的土地受到了保护。牧草根深叶茂，可以固土保水，增强土壤抗冲刷能力。据测定，草地一般比庄稼地减少径流67%。

第二，草能肥田，能增加土壤的有机质，改善团粒结构。红豆草、苜蓿等豆科牧草的根瘤菌能吸收空气中大量的氮。种几年牧草后，地力会大大恢复，后作粮食必能增产。目前，草田轮作试验进入准备阶段。

第三，为发展畜牧业提供物质条件。一亩旱地年产鲜草量或苜蓿3000斤，或箭舌豌豆或毛苕子2000斤，或草木樨1000斤，或红豆草2000～3000斤。牧草营养丰富，箭舌豌豆含粗蛋白质26.8%，毛苕子含21.3%，苜蓿含17.9%，草木樨含17.5%。高产优质的青饲料促进了畜牧业发展。申家山的大牲畜由1979年的29头增加到52头，增长80%；同期，羊由77只增加到158只，增长102%。畜牧业的发展又为种植业增加了动力和肥力，大大地改变了粗放经营、广种薄收的老传统。

第四，种草解决了燃料问题，扭转了铲草皮、挖草根现象。几年来，申家山利用荒山沟壑薄地种草木樨450多亩，还种了柠条、酸刺、杞柳、红柳、洋槐、杨树、榆树 100 多亩。每年收柴草几万斤，初步解决了燃料问题，扭转了铲草皮、挖草根现象。

（四）由穷变富

1970—1979 年，申家山人均粮食只有 300 斤，十年有九年吃回销粮，十年共吃了 59018 斤。1983 年是个丰收年，一般人均粮食 600 多斤，有的达 900 多斤。有些社员说，明年不吃回销粮了。

过去，生活零用钱如买煤油、火柴、食盐、针线等全靠养鸡；至于治病、婚丧、补房、添衣等，则靠养猪。生活困难靠救济，生产困难靠贷款。自从种红豆草以来，仅出售草籽和畜产品一项，1980 年人均收入 14.26 元、1981 年 45.73 元、1982 年 86.55 元，今年又猛增到 198 元。28 户人家有 14 户买了架子车，17 户盖了新房，8 户娶进了新媳妇。

二、关键在于生态效益与经济效益相结合

申家山等种草养畜的经验，使我们受到了很多启发。下面着重谈生态效益与经济效益相结合问题。

一般地说，生态效益是物质基础，经济效益是目的。只有把这两种效益密切结合起来，才能调动千家万户的积极性。如果只讲生态效益，不讲经济效益，群众是发动不起来的；只讲经济效益，不讲生态效益，也不符合群众长远利益。

但是，在生产实践中这两种效益不总是那么容易结合得很好。我们往往会看到以下几种情况：第一，生态效益与经济效益都差。在同一块地上连续种植小麦，结果土壤肥力衰竭，产量下降，杂草丛生，病虫害频繁。第二，有经济效益，但生态效益是负数。砍树毁草，滥垦过牧，虽一时有些经济收入，却破坏了生态环境。第三，生态效益大，经济效益慢。种成材期长的树，对保持水土、涵养水源等均有益处，但经济效益慢。第四，生态效益大，经济效益快。种草可以产生良好的生态环境，当年又能增加收入。以上四种情况，一、二两种情况是应该避免的，三、四种情况是可取的，但要结合进行。一般地说，应该先上经济效益来得快又有生态效益的项目，如种草灌。申家山的经验为我们做出了榜样。

红豆草的生态效益和经济效益都很好。如上所述，它产量高，营养价

值高，为发展畜牧业提供基础；花钱少，收入多，每亩仅用6元的籽种费，如有条件多上些磷肥，可以连续七八年年产草籽几十斤到上百斤，每斤草籽现价1.2元，每年可得上百元的收入；保持水土作用大；为土壤贮存大量的氮，增加了土壤肥力。正因为如此，申家山群众特别喜欢种红豆草。当然，也不应片面强调种一两种草，因为各种草都有各自的使用价值。申家山除了红豆草外，还种别的草，而且把草灌乔结合了起来。为了进一步保持和提高红豆草的经济效益，还要研究红豆草的综合利用，如草籽成分分析及其综合利用、草籽的营养价值及其加工、红豆草与其他豆料牧草田轮作效益的比较等。如果这些方面的研究有所突破，它的发展前途将会更加广阔。

还要看到，种草中两种效益的结合在时间和空间上还有自己的特点。拿多年生牧草来说，从时间上看，可以分为三个阶段。第一阶段，即种草初期，生态效益已经产生，但在经济效益上除了牧草的饲用外，其他并不明显。不过，这段时间是很短暂的。第二阶段，即种草中期。这段时间很长，连续几年甚至十多年。生态效益愈来愈大，经济效益也日益提高。第三阶段，即种草后期。牧草即将换茬，经济效益减少，而生态效益的作用如草地的土壤肥力、团粒结构等仍将持续下去。

从空间上看，家庭联产承包责任制的建立和谁种谁受益政策的落实，为这两种利益的结合提供了场所与条件，从而调动了千家万户种草的积极性。还要指出，一方面，一家一户取得的效益仅仅是微观效益，同时，还存在宏观效益，即社会效益。现在种一亩草，国家补助若干元，有的还补助几十斤粮食，所以还有一个国家投资后的社会经济效益问题。另一方面，指种草的生态效益向空间扩散。如种草保持了水土，造益河流的下游，以及改善小气候、美化环境等，都是宏观生态效益。

研究种草中两种效益在时间和空间上结合的特点，是为了了解和掌握结合的规律性。

三、用系统科学思想来研究种草养畜

在甘肃中部做好种草养畜工作，有很多事情要做。我们主要强调其中一点，即要用系统科学思想来研究。

种草的目的既然是提高生态效益与经济效益，要达到这个目的，就要充分发挥草的功能。但是，这种功能决非单一的草能够具备的。例如，种草要有土地、肥料、资金、人工、水等资源。所以，这就涉及这些资源的功能，以及它们在农业各生产部门中怎样分配的问题。同时，又如上所述，从时间上看，草在生长期第三阶段以后，就要换茬，也就是说，其直接经济效益将会消失。然而，它的间接经济效益将会通过生态效益表现出来。因此，草的功能要发挥得好，必须有一个合理的生产结构。这个结构，应该是按照各个因子之间、层次之间一定的质和量的关系组合起来的整体。如牧草与灌木、粮食之间是异科异质因子之间的关系；红豆草与苜蓿、沙打旺之间是同科异质因子之间的关系；又如草畜之间，反映了绿色作物与食草动物之间的两个营养层次的关系；等等。总之，种草只是整个农业生产中的一个环节，它与其他环节是互相制约、互相联系的。这些联系和制约的整体，就是一个结构。许许多多小结构有机地集结起来便是一个大结构。

因此，第一，种草的一件重要事情，就是制订一个比较科学并切实可行的规划。这种规划，又必须和整个农业发展规划联系在一起。制订规划必须建立在农业资源调查和农业区划的基础之上，在还未完成调查和区划工作的地方，其土地资源面积可根据航测总面积和各点土地抽样测定数据来计算。一般地说，制订规划时应该掌握的基本资料有：（1）各种农业资源数量，以及可以生产哪些产品；（2）各种农产品的单位成本；（3）农产品价格；（4）农业综合区别的分区概况；（5）社会经济与生态平衡对种草养畜和发展整个农业生产的要求。

制订规划，一般使用常规方法。但在条件许可的地方，可以试行运用线性规划法。线性规划：第一、要确定目标函数。可用纯收益或净收益两种指标。纯收益能较准确地反映经济效益量。净收益则是扣除生产资料耗费后的部分。一般地说，在目前农村情况下，用净收益的指标是比较实际的。第二，要提出约束条件。种草的约束条件，主要有土地、资金、劳动力、水等。第三，为达到一定生产目的可供采用的种种途径和活动方式。

应该说明，在上述目标函数中，仅仅采用了经济效益方面的指标，而没有包括生态效益指标。其原因是，生态效益指标如何确定，它和经济效益怎样结合在一起提出，这在理解和方法上目前尚难解决。我们认为，生态效益方面的要求可在约束条件中指出，如林草覆盖率、以草定畜等。

通过线性规划计算出来的各种近期、中期、远期方案，还要与实际情况结合起来比较。例如林、草、粮的用地比例，应该根据人多地少、人少地多和人地居中等不同情况采用不同方案。如果计算出来的比例都不够理想，还要反复计算，反复比较，取得最佳方案。

第二，利用草畜资源发展加工业，搞好垂直结构。系统结构有水平结构和垂直结构两个方面。上面讲的主要是水平结构，是各个因子在空间的排列和数量，如草地林地农地的比例与布局等。另外，还要研究垂直结构，即指各个因子在时间上的序列与数量。

发展草畜产品加工业，就是畜牧业与工业两个因子之间的垂直结构问题。从中部地区来看，除了个别地方有矿业资源外，多数地方是无矿的。所以，地方工业应立足于当地的农业资源，发展农产品加工业。在这方面，通渭县的农产品加工业颇值一顾。他们按照就地取材、就地收购、就地加工、就地安排就业和产品为市场服务、为出口服务的方针，发展了毛纺、地毯、味精、草编、粉丝等加工业。通过加工，农副产品的经济价值提高了，社队和农民的收入增加了，支援了农业生产。如地毯厂和各个地毯加工点，自投产至 1982 年年底，共生产地毯 36240 平方米，给社队付加工费 1122400 元，实现利润 3046300 元。又如通渭低温适种洋芋。1980年，通渭县办起了以洋芋为原料的味精厂，从投产到 1982 年，共生产味精360 吨，实现利税 1666500 元。群众出售洋芋淀粉收入 68 万元，粉渣还可以喂猪。再如草编，人们利用麦秆资源办起草辫加工厂，全县有 14 个乡的群众搞草辫加工。自 1972 年办厂到 1982 年，共收购草辫 8988600 盘，群众收入 1997300 元，草辫及其加工品草帽出口后，实现利税 122400 元。

明年，他们还准备办一个赖氨酸厂，并在面粉厂内筹建饲料车间。这些新厂的建立，将促使通渭县农产品加工业走上蓬勃发展的道路。

上述情况表明，一个县如果有了自己的农产品加工业的支柱，就会给农业生产以很大的支持。草畜产品的加工可以从两方面去研究，一是原有畜产品加工调整、改革、整顿、提高的问题；二是必须新建一些加工厂和加工点，种草面积扩大之后，应考虑草粉加工问题。现在兰州等地愿以每斤 0.95 元的价格收购草粉。看来草粉除了自给以外，在市场上将是畅销产品。

第三，发挥县级经济作用。种草种树、发展畜牧、改造山河、治穷致富是一项伟大事业，一定要统筹兼顾，加强领导。这里要说的是必须发挥县级经济在指挥种草养畜系统和农业大系统中的职能。

种草养畜系统和农业大系统的运转，实际上是一项巨大的系统工程，没有一个坚强有力的总指挥是不行的。

在省、县、乡各级经济职能中，县级所起的承上启下的作用是十分重要的。从全省来看，只有通过县的运筹帷幄，才能把种草养畜工作和整个农业生产抓起来。

从县一级来看，县是具备这种指挥能力的。县级经济机构十分齐全，计划、统计、区划、农牧业、林业、工业、交通、水电、商业、供销、财政、金融、科技等管理机构与省对应建立。应该充分发挥这些机构在种草养畜和农业生产中的规划、组织、调节、控制、监督的职能。

现在的问题是，中部地区各个县级经济职能在这方面发挥得不平衡，有的地方发挥得好一些，有的差一些。有些同志对县级经济职能的重要性还认识得不够，虽然那里的机构也很齐全，但缺少组织和协调的工作。也就是说，没有首先把这些机构看成一个指挥系统，只是将其当作一个一个的各自做自己业务工作的业务部门。

当然，理论工作者也有一个认识问题。过去我们不但建立了整体经济学，也建立了许多部门经济学，不但有宏观的经济学，也有微观的企业经营管理学。但是，很少见到关于县级经济的研究文章，这不能不说是一种缺陷。希望实际工作者与理论工作者共同努力，在发挥县级经济职能及其研究工作上，做出显著成绩，为落实种草种树、发展畜牧、改造山河、治穷致富的方针做出新的贡献。

（原载于《兰州大学学报丛刊》，1984 年第 4 期，第 21－25 页）

关于畜牧业经济效益研究方法

——甘肃中部种草养畜农牧结合效益分析之五

正确的方法是实现理论的途径。为了全面地、科学地研究畜牧业经济效益，必须以唯物辩证法作为方法论基础，并借助统计、会计、数学、社会调查等科学手段。由于现阶段我国农村、牧区科学文化水平低，畜牧业生产管理水平落后，一般地说，宜先采用简明易懂、简便易行的传统方法。同时，也要学会掌握一些现代化的方法。研究畜牧业经济效益的方法很多，归纳起来，有调查整理资料、研究生产关系的调整以调动人的积极性、研究生产资源合理使用和安排的经济效益，以及经济效益指标及其计算方法等。

调查资料的方法，有定点登记、报表汇总、典型调查、抽样调查和科学实验等。定点登记，即按照畜牧业经济活动的目的和要求选择有代表性的点，在一定时期内，对其经济活动情况进行固定的、连续的登记。报表汇总法，即利用现有的会计、统计报表进行汇总以取得全面的资料。典型调查，即根据畜牧业经济活动的目标要求选择有代表性的点进行调查。抽样调查是统计调查的一种常用方法，对要调查的所有单位，按照随机抽样的原则，采用纯随机抽样、机械抽样、类型抽样等方式，选取一定数量的单位进行调查，再根据调查的资料，推算出全部单位的综合资料。最后，科学实验法，其特点是调查者亲自主持或参加调查单位的实践工作，以取得第一手资料。在开始试验时，要明确规定该项试验在经济研究中的具体指标。在试验过程中，对所需要的经济数据进行计量，并且准确地记载下来，然后再加以整理分析，就可以核算出该项畜牧业技术试验的经济效益。以此为基础，再结合具体生产条件进一步分析便可得出对畜牧业生产有参考价值的结论。

资料搜集起来之后要进行整理，根据研究的目的和要求，对调查得到的资料进行检查、分组、分类、汇总，使之准确、系统。首先，要检查资料是否正确可靠。这是关系分析结论是否正确的关键所在。如果发现资料不很准确、完整，应立即进行改正和补充。其次，对资料进行分组。即按照研究的目的和要求，按照某一重要标识，将经过检查的原始资料划为若干组，这样可使资料系统化、条理化。再次，进行汇总，即在分组的基础上把性质相同的资料进行卡片登记，分别计算各组各个项目的调查单位数的总和。最后，编制分析表，即按照研究的目的和要求，编制各种分析统计表，并计算各标识总数，以及必要的平均数、百分数，作为研究分析的根据。对于那些汇总数量很大，内容比较复杂的数字，可以借助电子计算机进行汇总。

分析农业经济效益的方法很多，经常使用的有：

1. 对比法。把几个畜牧业技术方案中或几个技术措施中的一系列性质相同的有关指标或由指标构成的数列进行对比，从而选择出经济效益最佳方案。对比时采用绝对数、相对数、平均数均可。这种方法简便易行，用途十分广泛。

2. 动态分析法。对畜牧业生产的运动发展过程用统计数字表示出来，形成动态数列。采用动态分析法，是为了探讨采用某项畜牧业技术措施或技术方案的经济效益在时间上的变化过程与特点，预测其发展趋势，它对于研究农作物的不同轮作期的产量、乳畜各个泌乳期的产奶量等经济效益尤为适用。动态分析指标，一般有水平与速度两个方面。水平是分析速度的基础，速度又是分析水平的持续。

3. 因素分析法。为了分析影响畜牧业经济效益的许多因素中的关键因素，应先把各种因素的计划数和实际完成数进行对比，然后采用连环代替法进行计算。即先将一个因素的计划数和其他因素的实际完成数连乘；再将第二个因素的计划数和其他因素的实际完成数连乘，如此逐个计算第三个、第N个因素的其他因素的连乘积；再把第二个连乘积与第一个连乘积进行比较，得出差异量；最后把各次差异量进行对比，找出差异量最大的因素，即关键因素。

4. 综合评分法。对各个技术方案进行综合评分，从而选出最优方案，共五个步骤。第一步，选定评价项目。第二步，确定各个评价项目的权重。第三步，根据各个项目所达到的等级进行评分。第四步，编制决策表。将各个项目得到的分数，按各项目的权重进行加权，再把各项目加权的结果相加，即得总分。

5. 边际分析法。这是畜牧业生产中对生产资源进行合理分配与利用的一种方法，用以确定在一定的生产技术条件下，生产资源投入量与产品产出量之间的比率，从而进一步掌握由这种比率所反映的经济效益发生变化的规律性。它研究以下三类重要问题：（1）利用一定数量的生产资源生产一种产品时，资源利用的最适度。这是资源与产品间关系的问题。目的在于探讨资源利用与取得最大经济效益的临界点。（2）用多种资源生产一种或多种产品时，资源利用的最佳配合比例。这是属于资源与资源间关系的问题。目的在于探讨运用多种资源之间的最低成本配合方式。（3）运用一定数量的生产资源生产多种产品时，各种产品的最佳配合比例。这是属于产品与产品之间关系的问题。目的在于探讨运用一定量资源生产多种产品时产品之间的最佳组合问题。

确定生产资源最适投入水平，就是解决用一定数量的生产资源生产一种产品时资源利用的最适度。在物质资料生产中，能取得最大经济收益的最适投入水平，通常不是能够得到最大总产量的那个水平，也不是能够得到最大边际产量的那个水平，而是通过边际收益与边际成本的对比，能使边际成本得到补偿的那个水平，即当边际收益等于边际成本时或两者最为接近时的水平。这个原理通常称为边际均衡原理。以种植饲料作物为例说明之（见表1）。

表1　种植饲料作物的边际收益分析

肥料投入单位数（10斤为1单位）	饲料总产量（公斤）	平均产量（公斤）	边际投入肥料单位数	边际产量（公斤）	增施肥料成本（单位肥料价格1.50元）	边际产品价格（产品单价0.4元/公斤）	边际产量收益（元）
0	104						
1	120	12.0	1	16	1.50	6.40	4.90
2	128	6.4	1	18	1.50	3.20	6.60
3	132	4.4	1	4	1.50	1.60	6.70
4	134	3.35	1	2	1.50	0.80	6.00

表1假定，不施肥时，单位面积上饲料作物可得104公斤的总产量。投入1个单位肥料后，总产量为120公斤，平均产量为12公斤，边际产量为16公斤。后来，随着肥料投入单位的增加，总产量相继增长，平均产量和边际产量却呈现不同的情况。当肥料增投到4个单位时，总产量达到最大，可是平均产量和边际产量均有所减少。因此，在分析肥料投资问题时，既要从增产方面考虑，也要从增收方面考虑，即不但要看总产量是否增加，还要看由于增施肥料所增加的成本是否可以从增加的收益中得到补偿。表1可见，当肥料投到4个单位时，肥料成本较3个单位时增加了1.50元，而边际产品价值仅增加0.80元，这样，边际成本比边际收益大0.70元，显然是增产不增收。而肥料投入量为1～3个单位时，边际收益均比边际成本大。其中，投入3个单位时，边际收益和边际成本最接近。再通过计算，当肥料投入量为3个单位时，总产量收入为132×0.4＝52.8元，减去在不施肥条件下取得的收入104×0.4＝41.6元，即得施3个单位肥料而增加的收入，再减去这3个单位肥料的成本3×1.5＝4.5元，得6.7元，此即增投3个单位肥料后增加的收益。再用同法得出施用1个单位肥料时增加收益为4.9元，施用2个单位肥料时增加收益为6.6元，施用4个单位肥料时增加收益为6元。可见，施用3个单位肥料时收益最大，这也就是能取得最大经济收益的最适投肥水平。通过表1并参阅总产量、平均产量、边际产量曲线示意图得知，这个最适投入水平总是处于最大平均产量和最大总产量之间，即在总产量、平均产量、边际产量曲线图的第二阶段。

生产资源利用的最佳配合比例。生产一定数量的畜产品可以使用多种生产资源，并且各种资源间具有相互代替关系，例如，劳动力可以为机器所代替等，这就需要确定变动资源之间的配合比例。这种资源代替的原理是：（1）代替后的资源组合应当是费用最低或产量最高的，史理想的是费用又低产量又高，以保证资源代替后的效益大于未进行这种代替的效益。（2）相互代替的资源必须是同质异值的，即它们能够完成相同的功能，具有不同的价格。以下介绍以最低费用达到固定产量时的资源之间的比例关系。

当产量已经给定，求成本最低的生产方案时，就必须研究费用最低的资源代替一定量的费用高的资源，或者以高效资源代替低效资源，从相同的功能、不同价格的若干资源组合中，找出资源的最低费用组合。

第一步，根据经验和定额，求出生产给定产量的不同资源组合方案的资源代替率。所谓代替率是指被甲资源代替的乙资源的单位数，等于乙资源减少的单位数除以甲资源增加的单位数，实际上等于乙资源两个连续单位数的差数（表2）。

表2　生产40个单位饲料的机器与劳动不同组合方案

机器单位 （X_1）	劳动单位 （X_2）	资源代替率 （X_2 的减少数/X_1 的增加数）
1	7.0	
2	2.8	4.2
3	1.8	1.0
4	1.3	0.5
5	1.0	0.3
6	1.1	−0.1
7	1.3	−0.2

第二步，求最低费用的资源组合。设每个机器单位费用为5元，每个劳动单位费用为10元。先计算不同组合的费用（表3），后找出最低费用的资源组合。所谓最低费用的资源组合是指两种资源的代替率等于两者单位费用的反比例，即颠倒了的价格比率（甲资源单位费用：乙资源单位费用）时的资源组合方案。按照这个资源组合比例组织生产，在一定技术水平下，就可以用最低的成本生产出等量的产品。当然，只有当使用机器增加的收入能抵偿节省的劳动费用时，这种代替才有实际意义。

表3　生产40个单位饲料所需机器与劳动可能组合的总费用

机器单位 （X_1）	劳动单位 （X_2）	资源代替率 （X_2 的减少数/X_1 的增加数）	组合费用（天） （$5X_1 + 10X_2$）
1	7.0		75
2	2.8	4.2	38
3	1.8	1.0	33
4	1.3	0.5	33
5	1.0	0.3	35
6	1.1	−0.1	41
7	1.3	−0.2	48

表 3 中 7 个资源组合方案中，总费用最高的是 75 元，最低的是 33 元，即第 3 方案中 3 个机器单位与 1.8 个劳动单位的组合，以及第 4 方案中 4 个机器单位与 1.3 个劳动单位的组合。

甲资源代替乙资源所节约的费用 = 资源代替率 × 单位乙资源费用。在表 3 中，第 2 个机器单位代替劳动的节约费用是 4.2 × 10 = 42（元），第 3 个机器单位代替劳动的节约费用是 1.0 × 10 = 10（元），第 4 个机器单位代替劳动的节约费用是 0.5 × 10 = 5（元）。其中，第 2 个和第 3 个机器单位代替劳动的节约费用都大于每个机器单位的费用（5 元），因此，这两个代替方案都能降低总费用。第 4 个机器单位代替劳动的节约费用与每个机器单位的费用相等，故不能降低总费用。再往下代替，反而增加了总费用。

在上例中，最低费用资源组合是 3 个机器单位与 1.8 个劳动单位的组合，以及 4 个机器单位与 1.3 个劳动单位的组合。但是前一个组合，甲资源与乙资源的代替率（0.5）恰好与两者单位费用的反比例，即颠倒了的价格比例（5/10 = 0.5）相等，都是 0.5，因此是最合理的。

资源代替的第二种情况，是利用固定资源生产出最大的产品量。当资源限量已经给定时，课题的任务是，利用限定资源生产最多的产品，取得最大的效益。例如在畜牧业生产中草场亩数、劳动力数都是给定的，并且生产的畜产品也是给定的，这时，可以设计若干个不同产量的方案，从中找出最大产量的方案来。

运用一定数量的生产资源生产多种产品时各种产品的最佳配合比例。农业生产的各种产品之间一般是互相依存的关系，如发展畜牧业要依靠饲料作物与庄稼的秸秆，发展种植业也要充分利用厩肥，但是，不同产品之间对资源的利用也存在互竞关系。由于生产资源是有限的，各种农产品的生产往往出现争地、争水、争肥、争资金的矛盾，因此，如何合理地分配生产资源，将有限的资源投入哪些生产项目和各投入多少，这就需要进行产品之间互相取代的函数分析。

社会主义农业生产在考虑完成国民经济计划任务的前提下，可运用边际收益均衡原理做出决策。具体地说，有以下两种情况：

第一种情况，把一定数量的资源投入某项产品的生产中，当单位资源增加到一定程度时，就会出现报酬递减现象。如果把这种资源分别投入两项生产中，使二者的边际收入相等或相接近，就能充分利用资源，从而取得两种产品的最佳配合比例，即最大收益组合。图1是等量资源分配两项生产的收益最大组合图。

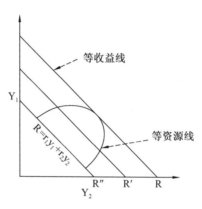

图1 等量资源分配两项生产的收益最大组合图

图1中等资源曲线与若干等收益直线相交。等收益直线 $R = r_1Y_1 + r_2Y_2$，表示两项产品（Y_1，Y_2）配合利用等量资源进行生产所取得的同等收益。只有与等资源曲线相切的等收益线（R），才是两项生产的最大收益组合，而与等资源曲线相割的其他等收益线（R′，R″），都次于切线。

第二种情况，把等量资金分批进行多种经营时，每一生产项目的经营收益将随着经营资金的增加产生竞争而递减，因此后续投入的资金要转投其他生产项目才能取得较大的收益。选择的原则也是边际收益均等。即转投第二生产项目的资金边际收入等于前一批资金投入第一个生产项目所得边际收入或接近这一数值，因而比用这批资金继续投入第一个生产项目可得的边际收益高。举例如下：

用5000元资金分5批（每批各1000元）投放，如单一从事养猪可得收入7300元，其中第五批资金投放后出现亏损。如果将同量资金（5000元）单一用于养羊，共能收益6200元。这样，养猪收益多于养羊，但是养猪的分批投资中，还有亏损现象。这样能否把这五批资金分别投入养猪和养羊，从而取得更大收入呢？可以的。办法是按照边际均衡原理将五批资金分别投放于两项生产，其中第一、第二、第三、第四批资金投入养猪，第五批资金投入养羊，这样总收益可达到7400元（表4、表5）。

表4 单一经营情况

单一养猪（元）		单一养羊（元）	
每批资金投入	收益	每批资金投入	收益
1000	2000	1000	1600
1000	1800	1000	1300
1000	1400	1000	1200
1000	1200	1000	1100
1000	900	1000	1000

表5 多种经营情况

每批资金投入	收入（元）	
	养猪	养羊
1000	2000	
1000	1800	
1000	1400	
1000	1200	
1000		1000

　　线性规划分析法。线性规划是经济设计和生产活动中常用的一种数学方法。在农业技术经济研究中，线性规划主要研究两类问题：一类是在有限资源条件下，使产量、产值或盈利最大；另一类是在经济目标与生产任务确定的前提下，如何以最少的资源来实现，即如何做到成本低、消耗少。前者系求极大值，后者系求极小值。因此，线性规划分析法就是在满足一定限制条件下，实现经济目标最佳的一种数学方法。

　　线性规划问题，一般由三部分组成：（1）求解的目的，即上述的极大值或极小值，这两类问题可用数学形式表述为目标函数；（2）为达到一定经济目标与生产任务所存在的各种约束条件，如土地、资金、劳动等具有一定限制作用的生产资源；（3）为达到一定经济目标与生产任务可供采用的各种途径或活动方式。

　　线性规划分析法的研究中，还要采用下列资料：（1）关于约束条件的特定生产情况的准确的数字资料；（2）运用有限的生产资源，可以从事生产哪些产品及其数量；（3）产品价格；（4）各生产部门的生产成本等。

通过以上要求，便可按照线性规划的数学模式求出某一组未知数，使其满足约束条件，以达到极大值或极小值。下一步的求解可用简单图解法、单纯图形法等。如条件、资料、数据很复杂，还要使用电子计算机等现代化工具。

线性规划是一种数学模式，除此之外，还有其他数学模式可以寻找最佳方案。但必须看到，运用数学模式，虽然其计算方法是科学的，但由于畜牧业技术经济效益涉及面广，而且我们所能掌握的数据和资料往往是不全面和比较粗糙的，特别是由于畜牧业的不确定因素太多，目前运算的结果往往是不准确的，所以，运用线性规划等数学方法时，必须从经济上全面考察，才能取得理想的结果。

（原载于《甘肃畜牧兽医》，1983 年第 4 期，第 46－50 页）

附录

走申家山的路

——《人民日报》社论

党中央领导同志提出，要把种草种树，发展畜牧业，作为改造大西北干旱地区的一项根本大计。这条路走得通吗？它果真是大西北干旱与半干旱山区治穷致富的必由之路吗？今天本报发表的关于申家山的报道，以及本报 8 月 25 日发表的冯纪新同志的文章《申家山是怎样战胜干旱的？》，比较有说服力地回答了这个问题。大西北的劳动人民，多年来与干旱、沙荒、贫穷作斗争，涌现出了一大批取得突出成就的先进集体和先进个人。他们在无数次的失败与挫折中，总结，实践，再总结，逐步摸索出一套科学的克敌制胜的办法。申家山生产队就是其中的一个。

申家山是甘肃通渭县一个有代表性的穷山村，这里地处黄土丘陵沟壑区，因长期铲草开荒，单一抓粮，植被破坏，水土流失严重，处于恶性循环之中。挫折教育了人们，从 1979 年起，他们下决心从种草开始改造穷山区，抓了四年就初见成效，农牧业都大得其利，生产上初步摆脱了被动，开始迈上良性循环的道路，生活上初步摆脱了贫困。他们把自己的经验归结为十二个字，"种草起步，以草养畜，促农促林"。这十二字经，科学地阐明了草、牧、农、林之间的辩证关系，概括了像申家山这样的山区治穷致富的基本经验。

改造西北干旱地区的面貌，从根本上说，就是把长期形成的生态恶性循环，逐步改变为良性循环。在这个基础上，建立了一个合理的高效益的大农业。从哪里入手来实行这个改造呢？开展植树造林是治本办法。但西北不少山区，土地干旱贫瘠，林木生产周期长，收效慢，投资多，不能比较迅速地解决大面积的生态失调问题。申家山的经验证明，种草是扭转农业生态恶性循环的最好突破口。牧草有保持水土、用地养地、产草养畜等多种作用，而且投资少，周转快，收益大，容易大面积迅速推广。申家山从1979年开始种草，第二年就明显受益。1981年，仅草籽一项，每户就收入163元，有的户达到了300元，并且还解决了燃料问题，基本消除了铲草皮、挖草根作燃料的现象。牧草发展起来了，畜牧业、农林业随之兴旺起来。种草的第三年，全队大牲畜和羊都增长了近一倍。这就是"种草起步，以草养畜，促农促林"十二字经的威力。

有些人担心，提倡种草种树是不是不要抓粮食了？当然不是。粮食生产仍然是山区的一件大事。问题是如何去抓。"将欲取之，必先予之"，你向大地要粮食，就先得给大地"粮食"吃，给它草、树、水、肥料。干旱山区人穷是由于地穷，植被破坏，土地有机质很少。土地这样穷，你还要向它要粮食，它就报复你，一亩地打上几十斤，甚至连种子也拿不回来。申家山过去就是这样，土地多，人均近10亩，亩产仅几十斤。后来下决心拿出一部分荒地、荒沟和弃耕地种红豆草，做到人均五亩粮、四亩草，实行旱作农业。搞了四年，种粮食的地少了，打的粮食反而多了。这就是这类地区粮食生产的辩证法。在一些土地多劳力缺的干旱贫瘠地区，腾出一些地种牧草，把有限的人、财、物力集中使用到粮田上，实行精耕细作，有利于提高经济效益。变广种薄收为少种多收。当然，也不能一般地提倡在种粮食的耕地上种草，凡是适宜于种粮食的地，仍然要保证种粮食。

申家山的变化，也是科学技术与当地实际相结合的结果。西北地区农民文化程度较低，科学技术知识贫乏，许多地区长期沿袭着破坏生态的落后生产方式，这是致穷的根本原因。甘肃草原工作队女畜牧师王素香怀着深厚的感情来到申家山办点，把科技知识带进闭塞的山区，对申家山摆脱贫困，作出了重要的贡献。王素香的这种精神值得大大提倡，所有为开发西北埋头苦干、作出卓越贡献的科技工作者，都应当受到表彰。改造大西北，必须改造这里文化科学落后的状况，重视智力开发，目前要特别重视智力引进、科学技术引进。要采取请进来、派出去的办法，向国内经济发达地区学习先进技术和管理经验。要制定一些具体政策，吸收更多的科技工作者和具有各种专长的知识分子，投入改造大西北的行列里来，逐步建立起一支开发大西北的科技大军。

改造大西北固然是一项艰巨而长期的任务，要准备付出几代人的努力，但并非遥遥无期不可指望。申家山的实践证明，振作革命精神，采取切合实际的科学方法，脚踏实地地去干，十年八年，甚至三年五年，就可以作出显著的成绩。我们要毫不迟疑地行动起来，扎扎实实地从眼前做起。

（《人民日报》，1983 年 9 月 18 日第 1 版）

草甸—干旱草原—荒漠草原
过渡地带的畜牧业发展道路[①]

从大兴安岭经过通辽、张北、榆林、兰州、玉树至拉萨附近，是一条400毫米降水量的等值线。这条线是我国干、湿地区的分界线。线的东南为半湿润、湿润区，适宜各种农作物林木的生长，大体形成我国的主要农区和林区，西北是半干旱、干旱区，植被以干旱草原、荒漠草原为特征，大体形成我国的主要牧区。因此，这条干、湿分界线，也就是我国农区和牧区的分界线。但是，在这条线的两侧，干湿之间、农区牧区之间不是截然分开而是犬牙交错的。

这条线的中段，即张北到兰州附近的两侧，地处黄土高原丘陵沟壑区和长城中段的沙化区，是草甸—干旱草原—荒漠草原的过渡地带，其中，干旱草原是主体。长期以来，这一地段的生态处于恶性循环之中，一个问题是黄土高原沟壑区水土流失日益严重；另一个问题是长城沿线草场退化，土地沙化。这两个问题如再继续演进，则我国主要农区的生态屏障将被摧毁，黄河下游受威胁程度也将加重，后果将是不堪设想的。根据新中国成立以来许多专家、学者、科技工作者的调查、研究及考察试验的成果和群众的实践经验，解决上述问题的根本办法是综合治理，关键措施是调整农业生产结构和生产布局，种草种树，发展畜牧。为此，以甘肃中部黄土高原为例，对这个地带畜牧业发展问题探索如下：

---

① 1983年3月，全国哲学社会科学"六五"期间重点项目规划确定"中国草原畜牧业经济研究"列入重点项目。规划会议确定由王路、魏世恩二人负责，组织人员担任这个课题的研究工作。后来由王路（内蒙古）整理研究初稿上报，其中"草甸—干旱草原—荒漠草原过渡地带畜牧业发展的道路"是魏世恩完成的研究报告。

一、从实际出发决定畜牧业发展的规模

上述等值线中段地处甘肃、宁夏、陕西、山西境内，其中甘肃境内包括定西、会宁、通渭、陇西、临洮、靖远、景泰、古浪、永登、皋兰、榆中、永靖、东乡、秦安、庄浪、静宁、华池、环县等18个县，通称为甘肃中部地区，总面积69615.6平方公里，大部分属于黄土高原区。东界陕甘边界的子午岭，南接秦岭和渭河，西北为河西走廊东端，北临腾格里沙漠，地势起伏大，海拔1200～2400米。

本区日照充足、光能资源丰富，年日照时数2100～2700小时，由东南向西北递增，≥0℃积温为1300～4100℃，≥10℃积温为300～3300℃，年平均气温2～10℃，年降水621～184毫米。由于该区深居内陆，因而受副热带高压边缘和复杂地形的影响，降水空间分布由东南向西北明显递减，平均纬度递减率为107毫米，经度递减率为80毫米，形成气候由湿润、半湿润向半干旱、干旱过渡，主体是半干旱。气候下垫面的植被特征则是草甸—干旱草原—荒漠草原过渡，主体是干旱草原。从降水时间分布看，全年降水分布不匀，冬春夏初降水偏少；7—9月偏多，降水量占全年降水量的53%～69%。同时，由于沟壑交错，植被覆盖率低，地表径流大，太阳辐射强烈，所以土壤蒸发量大，致使自然降水利用率低。

以上自然条件，比较适宜发展畜牧业。第一，年降水量400毫米是农作物的基本需要量，低于这个界限，对作物生长、发育成熟影响颇大。但是，牧草在400～250毫米比较干旱的地方还能完成发育。特别是在7—9月降水量较多时，农作物需水量少，降水利用率低，牧草这时还正处于生长旺期，能够充分吸收雨水。

第二，在这个光能比较充足的地区，种草可以更有效地发挥牧草净光合效率。一般农作物的净光合效率为0.5%～1%，而人工牧草和饲料作物可达2%～6%，最高达7.7%。说明牧草能积累大量有机物质，更有效地发挥单位土地面积的生产潜力。

第三，畜牧业与一般农作物生产不同，它是多层次的生产系统。绿色牧草经过动物消化后，可以转化为更多更高级的畜产品，是中部地区农民治穷致富的有效途径。

第四，由于粗放经营和水土流失，中部地区土壤十分贫瘠。豆科牧草能为土壤提供大量有机质和氮素。苜蓿地耕层中有机质含量为 2.88%，含氮量为 0.12%。后茬种小麦，可增产 30%～50%。对于土壤瘠薄的中部地区来说，多种豆科牧草乃是以牧促农、农牧结合的有力纽带。

第五，牧草能有效地保护水土，减少径流。20 度的苜蓿坡地比同坡度的耕地可减少径流 30%～40%，减少泥沙 85%～95%，增加土壤渗水量 50%。在水土流失十分严重的中部地区，种草是一项关键性的生物措施。

甘肃中部历史上本是一个草茂畜旺的地方。《史记》有载："天水、陇西，北地上郡与关中同俗，然西有羌中之利，北有戎翟之畜，畜牧为天下饶。"可见，当时的畜牧业占着重要的地位。但是，两千年来，由于封建枷锁沉重，干戈扰攘不休，人丁增添过速，掠夺土地果腹，遂使畜牧业遭到破坏，终于沦为农业之副业。

新中国成立后，虽然由于社会制度的变化给中部地区生产力的发展开辟了广阔的前途，但是人口从 1949 年的 278 万人增加到 1983 年的 572 万人（内农业人口 537 万人），人口密度为每平方公里 82.2 人。在现有生产力水平下，这个密度大大超过了自然资源的负荷能力。

人口的陡长，带来了一系列问题。首先是吃饭问题。1949 年至 1981 年，中部地区农村人口增长了 105%，而粮食总产量仅由 12.86 亿斤增至 17.34 亿斤，只增长了 34.8%。为了糊口，人们不得不滥垦广种，严重破坏了植被。其次是燃料问题。据调查，中部地区农户的炊事燃料与取暖燃料平均年户需 1 万～1.2 万斤，全区 99 万多农户中有 70 多万户年均缺燃料 5000～7000 斤。缺口不得不靠畜粪和草皮来弥补，约有 70% 的畜粪被烧掉了。每户年均铲草皮面积约 10～20 亩，既浪费了肥料，又破坏了草场。肥料不足，烧山灰（即在山上烧草块）解决；饲料不够，超载过牧，都使植被破坏加重了，进而使口粮、燃料、肥料、饲料连锁反应，经济生活陷于恶性循环。再加上我们工作中的多次指挥失误及"左"的影响，上述问题的严重性和复杂性更加深了。其结果，一是水土流失严重，生产环境恶化。流失面积占中部地区土地总面积的 81.26%。土壤侵蚀模数为每平方公里 0.3 万～1 万吨。二是造成农业生产结构的畸形发展。1981—1983 年平均的农业总产值中，种植业比重占 68.3%，牧业占 16.9%，林业占 5.6%，副业占 9.2%。再从土地利用结构看，在上报耕地面积

2094.42 万亩中，粮油面积占 90% 以上。三是粗放经营，广种薄收。目前实际耕地面积大大超过在册统计数。据华池等五县区划后的数字看，实际耕地面积比统计数多 60%。另据陇西、通渭两县六村的耕地实测资料，实际耕地面积平均超过统计数字的 52%。如以 50% 为超过系数计算，则全区耕地面积应为 3141 万亩。耕地多，施肥量少。大量本应还田的秸秆和畜粪被烧掉。据定西地区估算，每年损失的秸秆和畜粪相当于 1500 万斤氮素，平均每亩减少 150 斤左右，致使约三分之一的耕地变成没有施肥的"卫生田"。施肥的农田，也只有 500 ~ 1000 斤精粪。加上水土流失，冲走土壤中的氮素和有机质，虽有化肥补充，但其量甚微，因而土地越种越瘠瘦，土壤肥力严重衰退。中部地区生产水平低下，20 世纪 70 年代平均亩产粮食仅 139.5 斤。

以上就是我们面临的基本情况。现在要讨论的问题是，这里的畜牧业比重要达到什么程度。维持现状当然是不行的，但是否要恢复到历史上盛牧时期的水平？

生态平衡失调，产量低而不稳，是由生产结构不合理引起的。生产结构畸形发展，又是由人口的失控所致。所以解决问题的办法，从根本上说，一方面，要从失控型人口过渡到控制型人口；另一方面，必须调整生产结构，把畸形的封闭式的生产结构变为综合的开放型的结构，大力种草养畜，增加畜牧业的比重，发展旱作农业，农牧林综合发展。

要把畜牧业比重恢复到历史上盛牧时期的水平，这不现实。一是因为现在人口增加了这么多，总得保持一定数量的粮田和燃料草木的面积；二是因为本区已经建立了一批以农产品为原料的工业，如以淀粉为原料的味精厂、粉丝厂，以洋芋、玉米为原料的赖氨酸厂等，这些作物也都要占一定耕地面积；三是因为中部地区粮食紧张，能拿出的饲料粮有限，这也是一个限制因素。看来，畜牧业发展的规模，首先决定于人工草地和天然草场的面积及其产草量，以及饲料粮的供应量。

随着生产结构的调整，畜牧业产值在农业总产值中的比重将会增加，这是无疑的。但要算出一个准确的比例数值是比较困难的，因为它不仅取决于畜牧业产值，还取决于其他各业产值的增长量。目前，比较现实的是要算好两笔账：一是人工草地和天然草场能提供多少牧草，二是农民能拿出多少饲料粮养畜。

甘肃中部现有人工种草（牧草）保存面积 239 万亩，1986 年计划留床面积 428 万亩（不含草木樨 120 亩），以亩均产青干草（下同）420 斤计，1986 年共有人工牧草 18 亿斤；现有天然草场 4707 万亩，以亩均产草 38.8 斤计，天然草场产草 17 亿斤。

以上合计到 1986 年有草 35 亿斤，可供 32.4 万个羊单位用，这是低限。估计在三年后产草量可能增加，但增加弹性不大。因为草场生产能力的恢复和提高，首先取决于停止过牧超载，这要有一个过程。同时，在现在的生产力水平下，粮田不能不保持一定的面积，所以，人工种草面积的继续增加在短期内也是有限的。

至于养猪，目前主要看饲料粮的增加情况。比较稳当的估计是，到 1986 年每户平均养猪 1 ～ 2 口，共养 100 万 ～ 200 万口。1986 年以后的前景如何，将取决于工业饲料的发展状况。如果能在五年内大体形成饲料工业体系，则五年后养猪生产将比反刍动物发展速度快，其出栏率和商品率都会有较大幅度的增长。

以上探讨的仅是牲畜头数。应该说，更重要的还有这些牲畜能提供多少畜产品，以及畜产品加工业的发展程度。这些问题将分别在下面有关问题中讨论。

二、承认差别，对畜牧业实行分区指导

甘肃中部地区根据降水量可划为四个区，即干旱、半干旱、半湿润、湿润区。由于湿润区面积很小（仅 101.7 平方公里），因此可并入半湿润区。同时，干旱、半干旱区中都有一些水浇地，可单独划出作为灌溉区，同前三种旱作区相并列。这四个区的畜牧业发展问题，应采取不同方针和办法。

（一）干旱区

干旱区面积 21843.93 平方公里，占中部地区总面积的 31%。人口 97.6208 万人，密度为每平方公里 44.69 人，超过联合国规定限度的 5 倍多。人均实际占有耕地面积 4.52 亩。降水量在 350 毫米以下，干燥度在 2 以上。气候寒冷多风，种树成活率低，植被稀疏。植被主要特征是荒漠草原，其面积约占本区土地总面积的二分之一。由于干旱，粮食发展受很大

限制，因而今后应以牧为主、农牧结合。畜牧业的发展要三管齐下：一是在草场严重退化的地方实行封山、封滩育草，谁包谁种谁有。二要改良草场草滩，提高产草量和载畜能力。落实草场使用权，实行分区轮牧。三是考虑该区人均耕地较多，具有扩大耕地种草的潜力，提倡草田轮作，以草养畜肥田。争取三年内户均耕地种草留床面积达 10 亩以上，人均 2 亩以上。

（二）半干旱区

半干旱区面积 29934.93 平方公里，占中部地区土地总面积的 43%，境内 90% 以上为黄土丘陵。人口 243.4981 万人，密度为每平方公里 81.34 人，超过联合国规定限度的 3 倍多。人均实际占有耕地面积 4.31 亩。年降水量 350～500 毫米，干燥度 1.5～2。林草覆盖少，夏秋暴雨多，冲刷严重。降水有效利用率低，不少地方呈干旱区景象。由于人口多，燃料需要量大，加上附近缺乏煤炭资源，运输又较困难，因而燃料缺口主要靠烧畜粪和草皮解决，这是中部地区植被破坏最严重的缘由。

从降水量和热量资源上看，本区具有雨养农业的条件，可以推行旱作农业。同时，大部分降水又集中在秋季，具有发展干旱草原畜牧业的条件，今后可实行农牧林结合。目前，因草场破坏严重，在发展旱作农业的同时，应加快耕地种草步伐，大力提倡粮草轮作和禾豆轮作。轮作豆科牧草茬地和豆科作物争取达到播种面积的 35%。

（三）半湿润区

半湿润区面积 6215.60 平方公里，仅占中部地区总面积的 8.93%（内含 101.7 平方公里的高山地，年降水 600 毫米以上，干燥度小于 1，应为湿润区）。人口 52.5431 万人，密度为每平方公里 84.53 人。人均实际占有耕地面积 3.97 亩。年降水量 450～550 毫米，无霜期短，冰雹灾害多。植被特征是森林草甸与高山草甸。一部分海拔较高山地有森林，但林线普遍后退。

本区气候条件农林牧皆宜，应实行农林牧结合，重点发展林业。提倡轮作豆科牧草和豆科作物，促进畜牧业发展。两者面积争取达到播种面积的 30%。

（四）灌溉区

灌溉区分布于干旱区、半干旱区内。全区有水浇地 393.96 万亩（内保灌面积 207.56 万亩），人口 143.4850 万人，人均水浇地 2.75 亩。区内黄河、洮河、祖历河沿川生产经济作物，乡镇企业也较发达，是中部地区之精华。植被破坏轻。今后应适当调整生产结构，用 25%～30% 的耕地套种，复种豆青绿肥牧草，肥田养畜，双受其益。

三、明确重点，抓住畜牧业发展的关键

（一）积极发展商品性畜牧业

目前，中部地区不仅畜产品少，而且商品畜产品更少，今后要在不断提高生产效率的基础上，向商品性畜牧业方向发展。它的意义是：第一，畜产品进入流通领域到达消费者手中，其使用价值才会被社会所承认，其价值也才能实现；第二，这个经济过程持续进行才能使群众不断得到经济实惠，从而为改善生活和扩大生产提供活力；第三，由于畜牧业在农业生产结构中比重的增加，整个农业生产结构将逐步摆脱畸形状态，向全面的合理的结构发展；第四，有利于自然资源的保护和合理使用，生态环境将由恶性循环向良性循环转变。因此，从实质上看，发展商品畜牧业才能更好地把群众的生产效益、经济效益和生态效益结合起来，这是发动群众保护生态环境全部奥妙之所在。

发展商品畜牧业，首先，要做好市场信息和预测工作。现在，国内外市场情况瞬息万变，地处僻壤、深居内地的甘肃群众尤其需要了解市场，尽量避免生产的盲目性。

其次，提高畜牧业生产效率和商品率。提高生产效率是提高商品率的基础，提高商品率又是促进生产效率的手段，二者不可偏颇。

其三，继续放宽畜产品流通政策。过去由于物资短缺，因而对主要畜产品实行指令性的收购办法。以行政手段与商品买卖相结合的办法，在一定时期中是必要的。但随着生产情况与市场情况的变化，已经到了加以改变的时候了。可以采取对主要畜产品实行合同订购、一般畜产品实行自由买卖的办法。计划指导，市场调节。减少流通环节，提倡产销见面。变国营商业独家经营为多渠道多种经济经营。鼓励中部地区的流通专业户北上牧区、南下农区、西去河西、东进关中，甚至到更远的地方做生意，活跃市场，搞活经济。

其四，搞好畜产品精加工，改变单纯提供原料的地位。中部地区畜产品加工业薄弱，现有一些小型毛皮加工企业、肉类加工企业，综合利用差，甚至奶品加工还是空白。以上状况不利于富民政策的落实。

畜产品精加工的潜力很大。一方面，这里有丰富的畜牧业资源，如滩羊二毛裘皮就是一种名贵产品；另一方面，国内外先进加工技术为我们展示了发展的前景。只要政策落实了，体制问题解决了，就会生产出许多质优价廉的新产品，使国家、集体、个人得到较大的收益。

（二）发展畜牧业要把重点放在提高质量上

畜牧业生产是把绿色作物转化为各种畜产品的物质循环和能量转化过程。优良品种的牲畜，能以等量的饲料生产出更多的畜产品，或生产等量的畜产品消耗最少的饲料，因此可以大大提高经济效益。现在中部地区许多地方仍然饲养土种羊，一年仅产毛 1 ～ 2 斤，而用同样多的牧草喂养半细毛羊，产量为前者的 3 倍。尤其在生态处于恶性循环、草场超载、草量锐减、作物秸秆缺乏仅能维持牲畜最低需要量的情况下，改良牲畜品种、提高饲料转化率尤为必要。在处理数量与质量关系上，羊只数量要严加控制，彻底改变片面追求头数、以纯增率和存栏数作为衡量畜牧业生产水平的错误做法。建议用个体牲畜产品率、每百亩草场畜产品量、出栏率、商品率、纯收益等作为衡量畜牧业生产水平的主要指标。

（三）发展畜牧业必须改变饲养方式

这个地区饲养方式有三种：一是放牧；二是舍饲；三是放牧与舍饲相结合。无论采取哪一种方式，都要因地因畜而异。大牲畜和猪，目前多是舍饲，有的则辅以放牧。主要问题是要改善舍饲条件，讲求科学管理，关键是羊只的饲养方式必须改革。目前，许多地方对羊只实行散养散放的粗放经管方式。这不利于草场的合理使用与生产能力的恢复，使羊只处于半饥饿状态。应根据牧草资源与羊只品种采用不同的方式。在人多地少、草场面积小的地方如水川区，以舍饲为主；在生态条件差、草场面积小、牧草稀疏的地方，则舍饲与放牧结合；在牧草丰盛、草场面积较大的地区，可以放牧为主。凡采用舍饲方式的地方，要选择好羊的品种，使其习惯于舍饲环境。少数名贵品种如滩羊的饲养方式的选择，须持慎重态度，经过试验，再做决定。

四、创造条件，保证畜牧业发展的物质基础

（一）饲草饲料是畜牧业的基本生产资料

畜牧业生产规模取决于饲草饲料的数量。本区饲草资源主要来自作物秸秆、天然草场和人工种草。其中，秸秆约占饲草总量的49.4％，天然草场牧草约占34.6％；人工牧草约占16％。从相关因素看，秸秆产量取决于农作物种植面积、单位面积产量和籽实秸秆比例。随着粮食生产由广种薄收向集约经营发展，粮食面积虽将减少，但粮食总产量还会上升，因此秸秆产量也会随着产量的上升而增加，但增加的速度是渐进的。重要的是要在提高秸秆利用率上做文章。再从天然草场情况看，由于不断地毁草垦荒，草场面积已大大减少，因此许多地方仅剩下零星草地。而且由于过牧超载，产草量逐年下降，平均亩产牧草不到40斤，因此，对现有草场要严加控制，不要再滥垦。同时，要采取果断措施，控制羊只数量，停止过牧超载；划分草场使用权，划片包干，让草场恢复生机。今后增加饲草潜力最大的是人工种草，可采取草田轮作、间作、套种和种一年生饲草等方式，多种豆科禾本科牧草。

扩大人工草地的一个关键问题是调整用地结构。目前，中部地区的粮食油料作物面积占耕地面积的90％以上，草地仅占8％。为了变生态的恶性循环为良性循环，为了发展畜牧业的需要，必须扩大草地面积，把不宜种粮的地退耕还草。在特别困难的干旱区，随着人口向灌区的转移，可逐步实行干旱地全部或大部种草。半干旱区种草面积，近期可按15％～20％安排，远期达到30％。半湿润区中海拔较高的寒冷区，可退出大部耕地种草。海拔较低的宜林温暖区，则应提倡林草间作、林间种草。在灌溉区，可提倡在粮田上大量复种套种豆青绿肥饲草或甜菜、胡萝卜、大豆等，以恢复地力，增收饲草。复种套种面积，以25％～30％为宜。

增加草地面积后，势必适当减少粮食用地。由此带来的粮食问题，主要靠提高单产解决。许多典型调查材料说明，粮田面积减少后，粮食不但没有减产，反而增产。陇西县王家合作社紫花苜蓿由1980年的169亩增到1983年的236亩，占耕地的17％。同时，大牲畜由52头繁殖到59头，羊由62只增到122只；粮食总产由8万多斤增至12万斤，亩产由73斤增到

113斤。在调整用地结构步骤上，要积极稳妥。人多地少的地方应全力搞好粮食生产，不断提高单产，逐步扩大草地面积；人少地多的地方则可先拿出一部分耕地种草，与此同时，增加粮食产量。近期内粮食缺口，除继续由国家调入外，省内亦可调剂一部分。甘肃河西是商品粮基地，每年除完成征购任务外，还有一部分余粮，可鼓励农民将河西粮食销往中部。

（二）大办饲料工业是发展畜牧业的重要保证

现在，各种牲畜的饲料比较单一，有啥喂啥。应逐步增加混合饲料，配合饲料的供应量。根据中部地区实际情况，近期应以粗饲料加工为主，以混合饲料加工为辅，适当发展配合饲料。粗饲料加工中的草粉加工应以小型为主，就地取草，提高质量。混合饲料应以乡办饲料厂为主，因地制宜，适当搭配。配合饲料要以县办饲料厂为主，就地取材，科学配方。

（三）科学技术是发展畜牧业的关键

研究和推广科学技术要注意先进性和适用性，要面向生产，为生产服务。中部地区畜牧业科技可侧重遗传工程、日粮营养、畜产品加工等方面。

1. 加强牧草优良品种的研究。优良牧草具有很大的增产潜力，要研究其生物学特性和提纯复壮问题；土生土长的耐旱优良牧草品种的栽培选育、种子繁殖，以及新引进的优良牧草（如红豆草、沙打旺等）的筛选问题；豆科牧草的固氮能力，以及光合效率及其对增加土壤有机质、团粒结构、营养量的作用等问题。

2. 研究和推广优良家畜品种。北部干旱滩羊产区要以土选土育、提高羊只生产性能为主；半湿润、半干旱区则需引进细毛羊，全面开展土种羊改良；应研究和推广良种牛的冻精配种，以及庆阳驴种公畜的改良；应以内江猪、八眉猪为种猪，实行经济杂交，提高质量。

3. 开展草地生态研究。种草养畜，发展畜牧，不单是发展生产问题，而且是一项治理与开发黄土高原的战略措施。在整个农业系统中如果没有草，农林牧三结合将是畸形的。同样，在生态系统中，如果没有草和畜，这个系统必然也是失调的。在当前世界技术革命浪潮中，人们专注于核原子、电子计算、宇航、信息、材料、遗传工程等领域的突飞猛进，对于生态系统的研究有所忽视，这应引起警觉。不久前全国生态经济学术活动的开展和草原生态研究机构的建立，表示这个领域的局面已经打开。希望有更多的专家从事这项工作。

（四）增加畜产品加工设备

现代畜牧业要求具备畜产品精加工的能力。畜产品精加工后，不仅增加了使用价值，而且增加了价值。现在本区的精加工设备力量十分薄弱。一是设备陈旧，技术落后；二是某些加工设备（如羊绒加工设备）一无所有；三是设备，如冷库、运输工具等不敷使用。解决这些问题的办法，一方面要引进技术与设备，培养一批具有一定技术素质的懂得管理和操作的技术人才；另一方面应从体制、资金、价格、税收等方面进行研究和改革，更好地调动企业和职工的积极性，把添购的设备管好用好。

（原载于《中国草原畜牧业经济问题研究》（上册），1986 年，第 30－43 页）

建立奶山羊基地　发展乳制品生产

一

奶畜业为人类提供的主要食物是鲜奶。鲜奶是营养佳品，可以加工成奶粉、炼乳、奶酪，同时又是麦乳精、糖果、糕点、饼干、冷饮的重要原料，也是某些工业的原料。新中国成立以来，我国奶畜业有了较大发展。奶牛由新中国成立初期的 7 万头增加到 40 万头，奶山羊也由城镇向农村发展，现已达到 80 万只，生产鲜奶 80 万吨。乳品厂由三四家发展到 280 多家，人均奶制品由 600 多吨增加到 4 万吨。但是从生产水平来看还是不高的。全国人均鲜奶只有一公斤，人均奶制品还不到一两，而 1976 年世界人均鲜奶 100 公斤，主要产奶国家人均奶制品 20 公斤。北京市每天生产鲜奶 20 万斤，仅能勉强满足供应，奶制品还要从外地调入。上海市每天生产鲜奶 5 万斤，仅能满足 50%～60% 的居民的需要。有些地方，病人、孕妇就是有了医生证明也买不到鲜奶和奶粉。因此，随着社会主义建设的不断发展和人民生活水平的不断提高，迅速发展奶畜业是一项紧迫任务。

华主席对发展奶畜业十分关心，他说："现在奶粉很缺，解决这个问题，要发展奶牛，也可以建立奶山羊基地。"过去，我国的鲜奶主要是靠奶牛生产的。今后，发展奶畜业，一方面要继续发展奶牛；另一方面也必须重视奶山羊，采取发展奶牛和奶山羊并举的方针。

从经济效果来看，饲养奶山羊比奶牛合算。一头高产型奶牛一个泌乳期产奶 6000 公斤，一只高产型奶山羊一个泌乳期产奶 1000 公斤。按照泌乳期生产能力折合，6 只奶山羊相当于一头奶牛。奶山羊适应性强，能吃各种青粗饲料，不需要补饲多少精料。而且羊奶的营养价值比牛奶高，在单位羊奶的干物质中，除了乳糖（4.44%）略低于牛奶（4.94%）外，其余成分都比牛奶高。其中，蛋白质，羊奶含 3.76% ，牛奶含 3.39% ；脂肪，羊奶含 4.07% ，牛奶含 3.689% ；矿物质，羊奶含 0.85% ，牛奶含 0.1729% 。还有，羊奶的脂肪球比牛奶脂肪球小，由于脂肪球小，因而所有脂肪球的表面面积就大，消化率就高。在羊奶蛋白质中，不宜消化的酪蛋白含量低，易消化的白蛋白、球蛋白含量高。

二

　　为了稳定、优质、高产地提供鲜奶及奶制品，必须建立奶山羊基地。鲜羊奶除了一部分供应城镇、工矿区和农牧民食用外，其余部分加工为奶制品。为了便于及时供应鲜奶，便于鲜奶的集中加工，奶山羊生产也要相对集中，实行专业化、区域化生产。这样，就能提高奶畜业生产的社会化水平，提高劳动生产率和个体奶畜的生产率。因此，建立奶畜基地是畜牧业现代化的重要内容之一。

　　我国奶山羊大多数分布在广大农村中，陕西、河南、山西、山东、河北、浙江、云南、四川、江西等省居多。陕西关中地区已经建成我国最大的奶山羊基地。新中国成立前，关中地区引进了国外的莎能良种羊，因旧社会制度的束缚，虽经 20 多年的提纯，但莎能羊却发生退化现象。新中国成立后，莎能羊的提纯和本地羊种的改良工作取得良好的成绩。但由于林彪、"四人帮"极"左"路线的破坏和干扰，因此出现过"要征粮，先灭羊""粮棉要上纲，奶羊要刷光"的错误口号。有些地方甚至把社员饲养奶山羊当作资本主义倾向来批，当作小农经济尾巴来割，就是对集体养羊也不放过，指责说这是违背了"以粮为纲"方针，因此严重减缓了奶山羊的发展速度。"四人帮"粉碎后，关中地区的奶山羊头数已占全国总头数的一半，提供的商品奶已占陕西省乳品生产奶源的 95% 。关中地区乳品加工业有了迅猛发展，到 1978 年年底，乳品厂由原来的 2 个发展到 44 个，乳制品由 1968 年的 200 吨增加到 2180 吨。全省奶粉敞开供应，还能外调支援其他省市。

　　关中基地建设的过程，是农业和畜牧业密切结合、调动一切积极因素、实行牧工商一体化的过程。这个基地的经济结构与经济活动的主要内容如下：

· 255 ·

（一）把农牧业基地结合起来

关中是我国著名的粮棉产区。从关中情况来看，农牧业基地是能够结合起来的。根本原因是农牧业之间存在相互依存、相互促进的关系。一方面，畜牧业要以种植业为基础，所谓"以农养牧"说的就是牲畜的"口粮"是来自种植业；另一方面，畜牧业又能促进种植业的发展。以养羊来说，羊粪和猪粪一样是很好的农家肥料，含氮 0.83%、磷 0.72%、钾 0.67%，而且肥效持久。一只奶羊一年可积粪 1000 斤，上地 1～2 亩。关中的富平县皂西生产队，1966 年养猪 78 口，养羊 80 只，粮食总产 27 万斤，亩产 440 斤；1977 年养猪 490 口，养羊 156 只，粮食总产 43.5 万斤，亩产 761 斤，比 1966 年增产 52%。事实证明：猪多、羊多，肥多、粮多。养羊还可以扩大集体积累，增加生产资金。因此，"以牧促农"也反映了农牧业之间的辩证关系。

把粮棉基地和奶山羊基地结合起来，并非把粮棉基地一分为二，一部分种植粮棉，一部分发展奶畜，而是把奶山羊分散在粮棉基地之中，只是在集体养羊数量多的地方拨出零星地块种点草料。所以在这样分散喂养的条件下，农牧争地的矛盾是很小的。

（二）鼓励社员养羊，积极发展集体养羊

养奶山羊是社员一项很好的家庭副业，它可以增加社员收入。据富平县的调查，一只奶山羊一个泌乳期可产奶 1500 斤左右，如出售三分之一，可收入 60 余元。此外，繁殖的羊羔可以出卖，羊粪可以投肥记工。由于分散喂养，因而所需草料不多。奶山羊性情温顺，老弱妇幼均能照料，用不着占用主要劳动力。由于有以上好处，因而广大社员都十分愿意喂羊。生产出来的鲜奶，除自用外，其余乳品厂按合理的价格收购：有的采取现收现付；有的是发给养羊者一本交奶手册，收奶时过秤登记，每半月或一月结算一次，个别社员急需用钱时，也可中途领取。不论采取哪种办法，都能做到谁卖奶收益归谁，保证兑现，任何人不得任意克扣。社员积的羊粪，统一由生产队验质计收，按质按量折计劳动工分，所记工分同参加农业劳动的工分一样参加生产队的粮食和现金分配。鉴于羊粪的肥效比猪粪高，因此在记工时，也适当高于猪粪。

我国农村现阶段实行三级所有、队为基础的制度，因此，应该积极发展社队集体养羊事业。集体养羊，首先要有大量的草料，草料是发展畜牧

业的基础，有多少草料就养多少羊。目前，从关中情况看，集体经济自行解决一部分草料是完全可能的，但为数还不太多。在草料不足的条件下，集体经济养羊要经过一个逐步发展、逐步扩大的过程。首先要养好种公羊。种公羊在羊只中比例虽小，但对纯种繁育、品种改良和科学养羊等却起着极为重要的作用。种公羊的饲养管理要求高，宜于由集体种育场（站）或国营种畜场（站）经营。富平县以县农场为基地，以东上官公社为重点，同时抓了6个大队和2个生产队的集体养羊工作，主要解决了良种培育问题。现在，集体羊场已发展到56处。

（三）广开草料来源，提倡科学养羊

广开草料来源，妥善解决草料问题。发展奶山羊饲养是建设这个基地的基础，草料则是基础的基础。奶山羊采食量小，养羊的社员"上工带把镰，收工捎捆草"，或者老人、小孩割草就可以解决饲草问题。但随着养羊事业的发展，集体和社员户的羊越冬草料会越来越紧张。富平县及时采取措施，妥善解决了这个问题。他们的办法，一是对生产队的大家畜、猪、羊和社员养的猪、羊的草料进行统筹规划，合理安排。凡是养猪、养羊的队，都种一部分苜蓿、聚合草和豆科作物以弥补草料不足；秋收后将玉米秆、红薯蔓、豆蔓按集体和社员养猪、养羊比例合理进行分配。二是青草旺季发动社员群众收储一批野草。三是结合植树造林，修剪树木，有组织地采集树叶。四是大搞青贮饲料，主要是青贮玉米秆和红薯蔓等。1978年，全县青贮和干贮玉米秆、红薯蔓等草料各1700多万斤，基本上满足了需要。陕西省有关部门多次召开会议大力推广富平县的做法，使羊的草料问题得到了较好的解决。

开展科学养羊，积极改良品种，提高奶羊质量。随着关中地区奶山羊基地的建立和发展，实行科学养羊、提高个体产奶量显得越来越重要。养一只良种羊，其羊奶产量比一只土种羊高一倍至几倍。因此，社员群众对于改良羊种和科学饲养技术的要求也越来越迫切。近几年来，这个基地大抓了改良羊种和科学养羊，以西北农学院为主体建立了良种繁殖、良种推广与科学研究的中心，负责奶山羊生产的科学技术研究，培养专业人员，培训各地的养羊技术指导人员，每年办一至二期短训班，普及科学养羊和羊奶加工的科学技术知识。积极办好富平县、千阳县建立的县办种羊场，以及渭南、临潼、蒲城、三原等县办的100多个社办种羊场，培育和提供良种奶山羊。为了加速发展良种羊，采用纯种西农莎能羊与土种羊杂交，改良土种羊的品质，基地先后举办了6期奶山羊人工授精训练班，培训了150多名技术人员，普遍推广了人工授精技术。到目前为止，关中奶山羊基地的良种羊和改良羊已占到奶羊总数的50%左右，其中，富平县占75%以上。该县去年人工授精配种羊达3400多只，受胎率达到95%以上，效果很好。在西农教师的具体指导下，富平县还定期组织奶山羊普查鉴定，分级编号，建立档案制度。基地对种公羊实行统配统管，对劣种羊坚决淘汰，对良种羊定期编调，避免近亲交配引起质量退化。这些措施推动了群众性科学养羊的开展，有效地提高了奶山羊的产奶量。1972年每只成年母羊平均日产奶一斤半，1978年提高到近三斤。高代杂交的优良母羊，一般日产奶都在五六斤以上，最多达18.5斤。收奶区每只成年母羊平均年售奶量由1972年的151斤增加到1978年的384斤，提高一倍多。

（四）把羊奶的生产和加工紧密联系起来

这个基地奶山羊的发展史，同这个基地乳品厂的发展史是息息相关的。由于奶源分散在农村各个角落，同时鲜奶易于腐坏变质，不宜长途调运，因而只能就近经过乳品加工将鲜奶变成奶制品，这样既增加了价值，又创造了新的使用价值，从而获得了饲养奶山羊的最大经济效果。富平县乳品厂仅1978年就向国家上缴利润和交纳税收就达77.5万元，占该县财政收入的三分之一，生产各种乳制品840多吨。如果没有乳品加工厂，羊奶没有销路，得不到利用，群众就不会积极喂养。可见，乳品加工厂同奶山羊的发展是互相促进、互为因果的。实践证明，无论在基地的什么地方，如不一开始就收购鲜奶，光靠宣传动员让群众大量养羊，指望等到奶源发展起来了，一次办起大、中型的奶粉厂是不行的。因此，乳品加工厂的发展过程，一定要适应奶源发展的规律，先搞小型炼乳生产，一方面宣传群众养羊，一方面开始收购群众的零星鲜奶，群众看到养羊有了出路，得到了经济实惠，才会开始大量养羊。随着奶源的逐步增加，再搞直火加温的半土半洋奶粉生产，然后再逐步发展到全面机械化的生产。这样在由小到大、先土后洋的发展过程中，企业逐步有了一定的积累，可以减少国家投资；同时可以逐步训练自己的管理、技术人员。到目前为止，陕西省已办起了乳品厂44个，其中县级办的25个、社队办的6个、轻工办的4个、国营农场办的9个，初步探索并掌握了利用分散的羊奶资源搞乳品工业的一些规律，为乳品工业的大发展奠定了基础。

对发展奶山羊、扩大奶源，关中基地各级农业、轻工、商业部门广大职工都做了大量工作。但做工作最多最细的应该说是各地的乳品厂。这也是一个涉及经济规律的问题。奶山羊的饲养量、饲养管理水平，以及鲜奶的数量和质量，直接影响到乳品厂每天的生产活动，是乳品厂兴衰存亡攸关的问题。富平县乳品厂建厂初期，全体职工就曾带着奶桶下到生产队，边收购鲜奶，边宣传养奶山羊的好处。后来厂里成立了原料组，专门做群众工作，组织奶源。多年来，这个厂坚持派人下去蹲点，支持生产队和社员发展奶山羊，养好奶山羊。在西北农学院教师的积极帮助和具体指导下，该厂同农牧业部门一起，抓了改良羊种和科学养羊工作。1978 年及今年 4 月间，厂里对引进纯种羊和部分改良羊进行了普查鉴定，按照标准，分等定级，佩戴耳号，登记立档，加强管理。特别是这个厂建立了一支 230 多人的代购员队伍，对全县奶山羊饲养管理的一般状况和突出问题基本上可以及时掌握。实际上，在发展奶山羊过程中，乳品厂起到了管理和技术指导中心的作用。

（五）建立一支代购员队伍

这个基地乳品厂的奶源涉及 40 多个县、几百个公社和千家万户的社员，工业生产的计划性同社员养羊的分散性是个很大的矛盾。如何解决这个矛盾？唯一的办法是建立一支鲜奶代购员队伍，把千家万户社员的鲜奶每日及时从广大农村收集起来送到乳品加工厂加工。

乳品厂为代购员规定了三项基本任务：一是当好服务员，做到收奶要到点，验奶重质量，买卖要公平，说话要和气。二是当好宣传员，向群众宣传有关政策，宣传科学养羊知识，鼓励社员养好羊、多产奶、多卖奶。三是当好防疫员，懂得一些养羊卫生防疫常识，能治疗羊的小伤小病，群众有困难，及时帮助解决。

乳品厂从两个方面加强了对代购员的培养使用。一是业务指导。经常组织他们学习有关的业务知识，如怎样测验和识别羊奶的质量，怎样确保鲜奶在生产和收购过程中的卫生，等等。二是思想教育。定期开展评比奖励，对收奶公道、卫生、注意质量、超额完成鲜奶收购任务的个人，给予精神奖励和适当物质奖励；对违反工作制度，弄虚作假，损害国家、集体和社员利益的，及时批评教育，个别情节恶劣、屡教不改的，同生产队研究，另行换人。

乳品厂根据代购员距乳品厂或收购站的距离，规定了每斤鲜奶的代购费。20 华里外每斤鲜奶二分五厘，20 华里内二分。生产队根据按劳分配原则和当地具体情况规定了向代购员付酬的办法，大致有四种：一是开成，从一五、八五开成到四六、三七开成不等，大头归集体，小头归个人。二是包干，生产队同代购员议定交队的款项总数，其余收入归代购员。三是按日计款，收奶期每天交队若干元，其余收入归代购员。四是收入全部归集体，由生产队付给代购员少量自行车修理费和茶水费。无论哪种办法，都同时按中上等劳动力记工，参加集体分配。富平县乳品厂最近8 年来，共付出代购费 93.5 万多元，70% 左右转化为社队集体的生产资金，代购员也得到一定的报酬，大体是合理的。

奶山羊的泌乳期每年约 8 个月，代购员可以说是乳品厂的半个职工。由于重视代购员的教育工作，因而广大代购员都能比较准确地掌握本地区的奶源变化情况，做出接近实际的收购计划，不分晴天雨天，按时向乳品厂收送鲜奶。实践证明，在奶山羊饲养管理还不能大规模集体化和机械化的情况下，没有这样一支代购员队伍是不行的。代购员通过自己的工作，把农牧业（集体和社员群众饲养奶山羊的畜牧业、家庭副业）同工业（乳品加工厂的生产）联系在一起，在奶源收购、原料加工过程中起到了桥梁作用。

总之，关中奶山羊基地的经济结构和经济活动的内容表明：奶山羊是可以在农村中大量发展起来的。要坚持鼓励社员养羊，同时积极发展集体养羊的方针，在农村发展奶山羊生产的基础上必须实行奶畜生产与加工工业及购销网点的"一条龙"作业，使乳品购销和加工工业同奶山羊生产直接联系起来，将乳制品生产纳入国家计划，由商业部门直接调拨分配。这样做，既保证了加工工业的原料，又保证了产品的销路。它是按照我国农村的特点建立奶畜基地的一条有效途径。

三

鼓励社员养畜，积极发展集体养畜，是一项重要的经济政策。但是，现在有的人对社员养羊是什么性质的问题还是心有余悸。这个问题不解决，奶山羊基地就不会尽快得到巩固和发展。社员养羊是否是小农经济呢？我们说不是的。因为：第一，社员是把奶山羊作为家庭副业来经营的。家庭副业是社会主义经济的必要补充，不是小农经济。第二，小农经济和家庭副业虽然都是以一家一户作为经营单位的，但是不能说一家一户的经济都是小农经济。它可以是小农经济，也可以是资本主义经济，作为资本主义农业社会化的一个组成单位。而家庭副业这种一家一户的经济，不是小农经济，更不是资本主义经济，它是社会主义大农业中的一个必要补充。第三，小农经济最主要的特征是自给自足、商品率很低，而社员养羊则是商品率较高的经济。前面讲过目前关中社员售奶量一般占产奶量的三分之一左右。如果乳品加工能力有所增加，则鲜奶商品率也就会进一步提高。第四，小农经济是十字路口的经济，不时发生两极分化，而正当的家庭副业则不会分化。

那么，社员养羊是不是资本主义倾向呢？更不是。因为：第一，资本主义经济最主要的特征是剥削剩余价值。社员依靠自己的劳动养一两只羊怎么会产生剥削呢？第二，会不会发生某些人任意扩大奶山羊头数、离开集体单干，甚至搞资本主义经营？这是不允许的，也是不可能的。因为经营家庭副业，要以不影响集体生产、不搞雇工剥削为前提。同时，扩大养羊也要增加草料，在目前关中地区情况下，一家一户养一至几只羊是可能的，再多了就有困难，这个条件本身也是一种限制。第三，会不会在流通领域产生投机倒把行为？应当承认，在关中一些地方，个别人搞长途贩运奶山羊的现象是存在的，但是，这不能归咎于家庭副业，因为投机倒把和正当的家庭副业是两码事。如果有人这么干，他已经不是搞家庭副业了。

对社员养羊究竟应该怎样看呢？第一，社员养羊仅是家庭副业的一部分，而且整个家庭副业又仅仅是集体经济的一个补充。这就是说，社员主要是靠参加集体生产，靠集体收入来养活自己，集体经济是社员的靠山，养羊收入仅是集体收入之外的一个补充。因此，从主业和家庭副业的位置来看，从集体和个人的关系来看，二者摆的位置是恰当的，这就是坚持了社会主义方向。第二，就社员养羊这种家庭副业来看，它比一般家庭副业又有发展和提高。这是因为，一般家庭副业带有一定的盲目性和自发性，受集市贸易价格的影响较大。而奶山羊基地实行农工商一体化，把养羊生产和加工工业、商业紧密地结合在一起，纳入了国家的计划轨道，它受国家、集体在人力、物力、资金、价格、品种等方面的制约，所以对国家、集体的依赖性大。第三，发展养羊不仅使社员增加了收入，而且因为羊粪肥了田，所以生产队粮棉也增了产；代购员的代购费大部分交给了生产队，也增加了集体现金收入；国家的乳品工业也有了原料，每年都有不少的积累。因此，发展养羊对国家、集体、个人都有利，一举多得。

综上所述，我们认为：鼓励社员养羊、积极发展集体养羊、发展农工商一体化的关中奶山羊基地，是社会主义的奶畜基地。

当然，这个基地还存在一些问题，还需要进一步完善和发展。例如，如何发挥集体经济作用，扩大集体养羊，不断增加纯种羊和改良羊的比重，改善交通运输条件，培训技术科研队伍，多扩建乳品厂，抓好乳品生产的配套成龙，加强各级党委对奶山羊基地的领导，等等，都需要进一步研究解决。

（原载于《兰州大学学报（哲学社会科学版）》，1980 年第 1 期，第 41－46 页）

科学技术与技术经济 ■

西北地区科学技术发展战略思想①

　　制定西北地区科技发展战略，首先，要树立系统的观点，把本区放在全国和国际的大范围中加以考察，认清面临的形势和任务；其次，要重新认识本区的科技能力、自然环境和经济发展基础，对立足点有一个清醒的估计。以上两点，已在上面讨论过了，现在需要明确的是科技发展的思路，即其战略思想。这个战略思想，应该包括下述几个方面：第一，经济社会发展对科技发展的需求，明确科技为经济建设服务的方向；第二，技术结构的优化，解决技术发展的途径；第三，找出西北地区技术水平和国内外技术水平的差距，明确提高技术发展水平的任务；第四，发挥西北地区科技优势，集中解决几个关键问题。为此，我们的战略思想是：面向资源转换，调整技术结构，掌握内外差距，力争重点突破。

（一）面向资源转换

　　科技面向经济建设的方向必须坚持。从经济发展条件看，本区诸生产资源中，资金缺乏，劳动力素质差，管理水平低，基础设施薄弱，但是矿产资源、能源十分丰富，农业自然资源也有特色，资源产业已有相当规模。因此，开发水电、煤炭、石油资源，建设能源基地，建好交通通信等基础设施，综合开发工业原料资源和农业资源，降低生产成本，提高产品质量，增加经济效益，确立资源开发型的经济是切合实际的。鉴于本区已经建立了石油化工、盐化工、机械制造、飞机制造、电子、纺织、皮革、

---

　　① 1984年12月，陕、甘、宁、青、新五省（自治区）和西安市成立西北地区科技合作委员会，协作开展"西北地区2000年科学技术发展战略与对策"（代号"8412"）项目研究。本项目受到国家科委的大力支持，并被列为国家科委软科学研究课题。项目负责人范若炎。课题组组长胡之德（兰州大学校长）。日常工委委托兰州大学西北开发综合研究所负责。笔者在项目研究中为总报告组负责人，并任课题组长助理，参加课题日常工作。1988年6月，课题报告通过国家科委主持的评审。

制糖等具有相当规模加工能力的生产体系，又有丰富的能源，因而在今后的经济发展中，可以选择"资源双向转换"战略。这个战略包括两个内容：一是材料双向转换，即把开发出来的工农业原料资源中的一部分继续输往资源匮乏的其他地区，换回资金和技术，和本区的廉价劳动力相结合，进一步扩大资源开发利用的规模和能力。二是加工产品的双向转换，即将另一部分原料留在本区深度加工，产品销往国内外市场，换回更多的资金和技术，把资源优势转换为商品经济优势。西北资源品种多，可根据经济实力、加工技术难易、开发周期长短和经济效益大小，有步骤有重点地开发利用。可以考虑把石油化工、盐化工、精细化工和有色金属、纺织、毛皮、中药材、农副产品加工等列为扩大加工的行列。

实现"资源双向转换"战略，目前面临有利时机。沿海地区正在实施新的发展战略，这是我国富有历史意义的大事。沿海和内陆地区好比前方和后方，如能通力配合，则对沿海地区发展外向型经济十分有利。西北可给沿海地区提供一部分国外货源紧张或进价太高不划算的原料，以争取沿海资金和技术联合开发西北资源。同时，沿海地区经济发展战略如能顺利实施，西北则可以多留一些原材料在本地加工，为沿海地区提供配套半成品或同沿海地区联合深度加工成品后外销。1990 年，北疆铁路同原苏联铁路接轨后，向西开放的前景十分广阔。西北以地理位置之优势，将可以以轻化工业品、农牧产品与西边换回钢材、木材，以及资金和技术。

实施"资源双向转换"战略有一个普遍关注的问题，即西北地区加工的经济效益问题。上面已提到，目前西北地区经济效益低于全国。"六五"期间，单位资金投入创造国民收入，全国是 1.400，西北地区是 1.237，略低于全国水平。1985 年，独立核算工业企业每百元资金实现利税，全国平均 24.02 元，西北地区 12.92 元；每百元产值占用定额流动资金，全国平均 26.85 元，西北地区 37.69 元。西北经济效益稍低的原因是多方面的。首先，由于调拨出去的原料是计划价（价低），调入的加工品是议价（价高），因此价格反差给原料调入区以获得较大利润的机会。今后，如增加原材料在本区加工的数量，本区的经济效益亦将提高。其次，与西北地区产业结构有关。西北原有工业基础十分薄弱，加之国民经济的恢复和发展对原材料需求的增长，国家对西北工业的投资也只能集中在原料及其初级产品生产方面，从而形成重型结构。1985 年，全国轻重工业产值是

0.87：1，而西北地区是0.60：1。轻工业经济效益高于重工业，西北轻工业比重小，直接影响了经济效益。应该指出，西北重工业中石油化工等效益较高，效益低的是生产任务"吃不饱"的军工企业。今后如能多发展石油化工和大力发展轻工业，以及更好地组织军工生产转民用生产，情况就会改变。再次，国家投资偏少。1985年，全国工业基本建设投资446.49亿元，平均每个省区市15.38亿元，而西北平均每个省区才8.26亿元。1985年，全国工业更新改造投资351.05亿元，平均每一省区市12.105亿元，而西北平均每一个省区才4.424亿元。由于投资少，特别是更新改造资金少，因而直接影响生产力和经济效益的提高。最后，从主观上说，西北地区劳动力文化技术素质差，生产管理水平低，影响了经济效益，这些问题有待于今后逐渐解决。

提高经济效益的关键是依靠科学技术和现代管理。本区劳动力有余而资金技术不足，目前，大型骨干工业企业是劳动密集与技术密集相结合，地方工业企业以劳动密集型为主，乡镇企业和家庭经营的农业生产则是劳动密集型的。但是要获得较大利益的产业，一般都需要密集的技术。因此，本区较理想的产业技术要具有比较广泛的实用范围，最好多用劳动力，少用资金，同时又能取得较高的劳动生产率和资金产值率。但是即使如此，随着经济的增长，企业也将越来越多地依靠技术密集，依靠科学技术。

（二）调整技术结构

总的选择是以常规技术为主，常规技术与超前发展高技术相结合。

（1）在2000年前，先进的、中间的、改良的常规技术同时并存是必然的，落后技术将逐渐被先进的、中间的技术所代替。不是所有先进技术都是适用的，只有适用的先进技术才是我们所要选择的技术。当然，适用的中间技术也是西北所需要的。在工业中，无论采用先进或中间的适用技术，都旨在采用后，对提高劳动生产率和资金产值率、降低成本、降低物耗和能耗、提高经济效益方面有明显的效果。鉴于现在农业技术十分落后，因此2000年前主要是推广中间技术，对已经通过鉴定和经济效果良好的技术，应排队分析，及早使用。事实证明，现在农业中如能普遍推广提纯良种、地膜覆盖、保墒抗旱、合理种植、合理施肥等配套技术，农产品产量就会大幅度地提高。当然，也要把高技术渗透融合到其中某些领域某些环节中去。

（2）加强对采掘、加工等传统资源产业的技术改造，是西北科技工作的主要任务。工业资源产业是本区国民经济的一支主导力量，但是，这些产业部门技术如不更新改造，将难以继续承担繁重的生产任务。还应该看到，现在国外企业的技术更新周期愈来愈短，即使我们注意改造更新，但由于我们的更新周期长，因此同等水平的设备条件过了一个时期就比国外落后了。我们必须围绕资源转换，增加科技投入，把主要的科技力量投入这个主战场。

由于资金有限，全面铺开改造是不足取的，因此必须保证重点，改造一批，推动一批。立足本地资源并已经形成优势产品的，可在较短时间内出口创汇；对国计民生关系密切的传统产业及其产品，都应被列为科技攻关重点。对贫困地区，应科技扶贫。

从 20 世纪 50 年代开始，有关部门根据国家长远建设需要，在本区部署了一支专业科技队伍，对资源与环境进行了大量的考察研究工作，取得了一批成果。本区幅员辽阔，资源分布广泛，埋藏深浅不一，地质构造复杂，整个资源底细尚未全部探明。现在西北已有较大的专业勘探队伍，应充分发挥他们的作用，进一步确切地全面摸清全区环境容量和本底值，进行科学评价；搞清各种资源的品种、数量、能量及合理开发利用途径，重要资源加工和综合利用工艺，全面开发后引起的环境与生态变化预测及其相互关系，在此基础上，制订西北地区综合开发规划。

（3）西北地区也要发展高技术。虽然本区贫穷落后、财力拮据，但可以联合开发，多渠道筹集资金。如果一般技术超不过东部地区，在高技术竞争中又处于被动，那就会更加落后。本区发展高技术，不是以跟踪世界高技术为目标，主要目的是为发展商品经济服务。选择若干领域、有限目标，重点突破。在科技力量组合上，要打破各种单位所有制的约束，尽可能挑选最适合的人才从事研究，跳跃发展。西北地区发展高技术要从两方面入手：一是传统产业的技术进步，可以越过中间发展阶段，把高技术渗透进去，为当前经济建设服务；二是重点地超前发展一些目前在实际中尚未广泛应用，但将来前途广阔的新兴技术，从而带动某些产业的建立，如以新材料技术带动新材料产业等。

（4）为了保证技术开发的后劲，要把技术研究和技术开发建立在坚实的理论基础上，必须重视基础研究和应用研究。本区五个方面的研究机构组成了不同学科、不同层次、布局各异、各有特色的研究网络，成为科技发展的载体。但由于条条块块分割，因而基础研究和应用研究尚未形成有机整体。今后要打破条块制约，统一部署，加强协作，应该确定基础研究和应用研究学科领域的重点，对于本区经济发展密切相关的学科，应列入重点发展范围。电子学、生物学、生物工程学、材料学、化学、冶金学、空间动力学、地质学、农学、畜牧学、兽医学、草原学、生态学等学科是必须首先考虑的。

（三）掌握内外差距

（1）内外差距一指在本区内部城乡之间和部门之间技术水平的差距；二指本区与沿海等发达地区之间某些技术水平的差距。从区内来说，首先要缩小以工业为主体的中心城市与以农业为主体的广大农村之间的技术水平差距。30 多年来，国家在西北投资兴办了一批大中型骨干企业，在这些企业周围，逐渐形成了大中城市。城市既是一个区域的经济中心，也是科技中心。但是，在城市的周围，经济和科技仍然十分落后，形成了强烈的反差，这正是落后地区的重要特征。今后科技的发展，不能用削低城市技术、把城乡差距拉平的办法解决这个矛盾，而要采用在城市技术提高的同时，更快地把农村技术提高起来的办法。应通过有关机制，强化城市的辐射力，以城市为中心建立多层次多方位的从小到大的辐射圈，波浪式地向外扩散，把周围地区的经济技术带动并运转起来，走城乡一体化的道路。这是一项经过长期努力才能完成的艰巨任务。

（2）事物总是从不平衡走向平衡，再从平衡走向不平衡的。从本区与沿海地区总的技术水平差距来看，沿海地区具有许多发展外向型经济的优越条件。国家先以沿海地区为重点发展外向型经济，是不平衡发展的要求。但是，重点发展沿海地区也是为了带动中部和西部，加快中西部开发的步伐，最后使沿海和内陆地区得到协调发展。从这个观点出发，东西部技术水平差距在一段时间内将逐步拉大。但是，我们切莫任其自然发展，应该发挥自己的优势，通过沿海地区的帮助，力争在某些方面缩小差距。

从本区与沿海地区的具体技术差距来看，沿海地区的乡镇企业，由于起步早、发展快、引进技术方便，技术设备水平远比西北地区高。地方所属的轻工业部门技术，一般也比西北地区高。重工业部门中如机械加工、化工等技术则西北地区略高于沿海地区。中央所属的大型骨干企业，特别是军工技术，西北地区的基础比沿海地区好，水平也高一些。但是，沿海地区 20 世纪 80 年代新上马的大型企业，技术设备水平远比中西部地区高。从发展趋势看，随着沿海地区经济发展战略的实施，劳动密集型产品技术因素必将增多，劳动密集与技术密集相结合型的产品、技术密集型产品也将逐渐增加。因此，沿海地区总的技术水平必将超过中西部地区。对这个趋势如不从战略上采取对策，东西之间技术差距必将拉大。

（3）为了使西北地区与沿海地区的技术水平差距不至于无限地拉大，根据上述情况，可把两地技术差距划为四种情况，并采取相应对策。一是西北地区比沿海地区落后的技术；二是两个地区基本持平的技术；三是西北地区比沿海地区先进的技术；四是西北特有的技术。上述这四种，基本上是两大类，第一大类是落后的技术，第二大类是先进的独有的技术。至于持平的技术，在今后发展中不会永远平衡，要么落后，要么处于先进地位。从战略上说，对于比沿海地区落后的技术，不要无限地让其扩大差距，应力争局部缩小差距。对于西北地区暂时领先和具有特色的技术，要奋力保持它的地位和特色，这就要发挥各自的优势。现在重要的一环是要从上到下、从主管部门到企业有一种紧迫感；要加快技术进步的速度，激起企业关心技术改造的活力。国外的统计表明，企业为追求利润，必须要通过技术创新对市场需求做出积极反应，但在西北地区，骨干企业的原材料及加工品均为供不应求的物资，这种状况使得企业无须技术进步也能生存。因此，这是一个致命的弱点。只有把企业推向市场，使其面临不竞争便无法生存的局面，才能使它把技术进步作为第一要素考虑。

（4）技术改造和技术进步有两条途径，一是独立地进行技术开发；二是有选择有重点地直接引进新设备、新工艺、新方案。鉴于世界各国对不发达地区的开发有"渐变式"和"突变式"两种模式，因此具备条件的地区应采取"突变式"发展，以加快开发的速度。沿海地区可以引进国外技术，西北地区也可以直接引进国外先进技术。而且西北有地理位置之利，可以向西拓展，从中亚、欧洲引进新技术。要积极通过资源双向转换的功能，在一部分原材料输送到沿海的同时，积极引进沿海和国外的先进技术，把他们的先进技术、资金和本区的资源及劳动力优势结合起来，带动本区技术的发展。引进国内外的先进技术，应将重点放在消化吸收和提高创新能力上，建立引进、消化、吸收为主与自主研制相辅相成的新体系。

（四）力争重点突破

从现在起到 20 世纪末这个关键时期，我们在高技术领域也应有所作为。要根据西北的优势和经济发展需要，形成有西北特色的高技术产业。由于本地区财力薄弱，不是国家投资的重点，因而高技术研究力量分散，尚未形成举足轻重的整体。我们必须在有限领域内确定有限目标，互补共济，联合开发，以项目为中心，以经济为纽带，用科学管理的方法打破地区和部门界限，联合各方力量，形成攻关优势，争取在电子、信息、新材料、生物工程、太阳能、核能技术领域内有所突破、有所建树。

（原载于"8412"项目课题组《西北地区 2000 年科学技术发展战略与对策》，甘肃科学技术出版社，1988 年，第 9－14 页）

区域现代农业发展思路

农业现代化是中央既定的一项重要战略任务，是我国国民经济长期发展目标的一个重要内容。从区域经济发展来看，各个地区实现现代农业的任务都要纳入本地区的国民经济发展总体规划中去。本文从区域经济发展的角度，探讨现代农业的实现问题。

一、求准确：区域发展规划要准确把握现代农业的内涵

20 世纪末，我国将全面实现国民经济发展的第二步战略目标。21 世纪初的 10 年，是我国迈向第三步战略目标的重要阶段，要求国民经济总产值比 2000 年再翻一番。虽然人民生活水平还处于小康阶段，但比 20 世纪末的小康水平更高，人民生活更富裕。到 21 世纪中叶，基本实现现代化，人民过上比较富裕的生活。现在，2010 年和 21 世纪中叶的奋斗目标已经明确，问题在于怎样理解和把握达到这个目标的战略。同样，实现现代农业的目标也已明确，问题在于实现这个目标时，怎样理解它的内涵，并采取什么战略。

跨世纪的中长期发展战略要在邓小平理论的指引下，结合本地区的具体情况，提出指导思想和发展道路。它具有跨度大、时间长、变化多、涉及面广等特点，但是，其中一个重要问题是如何理解和准确判断现代农业的内涵与实质。因为对于现代农业的不同阶段、不同理解，会产生不同的要求，也会出现不同的后果。所以，首先有一个求"准"的问题。

其实，农业现代化问题早在 20 世纪 50 年代就提出来了，对其内涵也曾有过广泛的讨论。毛泽东同志曾倡导农业八字宪法（即土、肥、水、

种、密、保、管、工等 8 个方面的技术管理改革），许多同志都从这几个方面理解现代化，提出农业机械化、水利化、良种化等作为农业现代化的内容，在理解的基础上，整个对策、措施都围绕着这些内容来安排。80 年代后，有的同志从技术路线角度来理解，认为中国应该总结西方农业经验教训，不能走石油农业而应走生态农业道路。

现在，当我们再来探讨现代农业问题的时候就会发现国家经济体制和过去已经不同了，社会主义市场经济体制正在替代计划经济体制。同时，今日农村也和过去大不一样了，家庭承包经营"统分结合"的双层经营体制是农业的基本体制。人们对农业再生产规律的认识更加深刻了，不仅认识到其经济再生产和自然再生产相结合的特征，而且认识到可持续发展是两种再生产的目标。还有，现在不仅能以工业来装备农业，而且整个国家综合经济实力大大加强了。最后，知识经济时代的到来，将使农业生产力产生深刻的变革。

基于上述认识，笔者认为，现代农业应该是科学化、工业化、产业化、集约化、可持续发展的农业。

——科学化：以现代技术特点加高新技术改造替代传统的农业技术体系。要由注重物质投入的资源产业向既重视物质投入又重视智力投入的知识型产业转变。

——工业化：用现代工业装备替代传统农业装备。农业工厂化生产将会有长足进步，如养殖、花卉、时蔬可建立起技术密集的工厂化、自动化的生产体系。

——产业化：在社会主义市场经济条件下，现代农业应当是产业化、市场化的农业，具有现代经营管理水平。

——集约化：集约化是良性经济增长方式的要求，它能有效地发挥知识和资源的作用，从而获得最好的效果。

——可持续发展：科学地协调人、资源、生态环境的关系，及时提供丰富的农产品及其加工产品，满足人类健康生活的需要。

现代农业的实质是一场以生产力为主的伟大变革，从科技角度看，就是以现代技术，特别是高新技术改造和替代传统的农业技术体系，并以技术创新为先导，带动农业和农村经济进入知识经济时代。

二、显特色：区域发展规划要突出农业特色

生产要素空间配置的环境因素是研究空间配置的基础与前提，同时，由于各个地区具体条件的差异，因而生产要素配置的模式也各有特点。特别是农业生产与经营，由于日照、降水、气温、土壤、地形、地貌、人口、交通等条件的差异会形成各种特色。因此，成功的策划者一定要先进行科学的区划，形成一个合理的空间经济格局，只有这样才能突出自己的优势与特色。

根据福建各地区经济发展水平、自然地理和资源特点、农村产业结构和农作制度等因素把全省划为城郊型、闽东南、闽西北等3个现代农业区，有利于因地制宜、分类指导。下面按3个区的划分范围内的特色问题提些建议。

关于城郊型现代农业区，提出在2005—2010年率先实现农业现代化，这是很重要的。从农业区的功能来看，还应提出：（1）城市服务型农业，主要解决城市菜篮子问题；（2）高新技术示范型农业，借助城市优势发展高新农业，然后通过区域扩散效应，推动全省农业科学化；（3）观光休闲生态农业，吸引城里人到那里去，回归大自然，过一段休闲健康的生活。

关于闽东南现代农业区，把本区分成一类地区和二类地区，分别到2010—2015年和2020—2030年基本实现农业现代化。从产业结构看，除了个别沿海县外，福建省海洋渔业基地都集中在这里，所以应加强海洋渔业资源综合开发和保护，对渔业现代化问题应当专门研究提出。

关于闽西北等现代农业区，提出分别于2015—2025年和2030—2040年基本实现农业现代化。本区大部分县市地处闽江流域，少部分县市地处汀江流域。为了保障农业持续发展，以及人民健康生活的需要和社会的稳定，应该强调流域治理、森林保护问题。对闽东沿海县（市）渔业现代化的基本实现时间，也应明确提出要求。

在以上3个现代农业区粗线条划分的基础上，还要进一步在各县市进行空间配置，明确本地区的农业产业结构及其主要特色。

三、抓落实：区域规划中的对策、措施要把 完成现代农业的任务落到实处

区域发展中一个重要的问题是资源配置方案在空间的实现，其类型有以下几种：一是以大城市为中心带动周边地区的发展规划；二是省际边区协作的规划；三是沿海、沿江、沿线发展的规划；四是县级行政区发展的规划。这几种类型地区的发展规划都把农业列入区域发展任务，有的规划还提出现代农业问题，如《闽西南、粤东、赣东南经济协作区发展规划》中，提出农业经济发展目标是："发展高质高产高效农业，实现农业的企业化、基地化、规模化和农工技贸一体化，推动传统农业向现代产业的转变。"这是很必要的。

但是，这些规划中的有关对策与措施部分，在实现现代农业问题上有4个方面没有"到位"。其一，认识没有到位，许多区域发展规划虽都包括农业部分内容，但是，对现代农业缺少理性的认识，对农业现代化步骤的安排缺乏现实的考虑。其二，对农业资源和资源与环境间的关系缺乏科学的合理的思路，特别是在社会主义市场经济条件下难以形成最佳利用模式去参与激烈的市场竞争。其三，资金投入没有到位，许多规划在对策部分写得很好，对资金不足总是慷慨陈词，继而提出一笔数量可观的要求，可是经过有关方面"平衡"之后却所剩无几。其四，人力资本没有到位，实现现代农业是一项艰巨的事业，需要大量思想素质好、技术水平高的技术骨干和科研工作者。现在由于种种原因，农业技术人员流失严重，尤其在农村，基层技术队伍远远不能满足农业现代化发展的需要，其主要原因是科研经费投入少和技术人员生活待遇差。

综上所述，建议把加速实现农业现代化作为一个总体战略来考虑区域农业发展的格局。应在国家农业现代化的长远规划指导下，制订好区域农业现代化规划。在规划中要加深对现代农业内涵的认识，突出本区域农业现代化的特色，认真落实农业现代化各项任务。

（原载于《西北开发与东南发展》，闽新出 2000 内书第 122 号，第 372 - 376 页）

开展农业技术经济研究　增强经济效果
——农业技术经济学对象、理论、方法与课题

十二大报告指出：农业是今后经济建设的重点，发展农业生产，一靠政策，二靠科学。党的农村经济政策的步步落实，为农业科学技术的使用和推广开辟了广阔的前途。每天都有新的科学技术被使用、推广；每天都有新的资源投入生产，每天都有新的生产成果。在这新形势下，开拓新的经济科学领域，探讨农业技术经济问题，预测经济成果，增加经济效果，选择最佳技术方案，为经济决策提供依据，加快发展农业，增加农民收入，巩固集体经济，乃是一项迫切任务。

在国内，虽在20世纪50年代就有人提出研究农业技术经济，但由于种种原因未能形成一门独立学科，近两年来才掀起研究热潮，并取得可喜成就。但在某些学术问题上仍有许多争论，尤其结合生产进行研究，差距很大。在国外，通过"技术经济分析""可行性研究"等课题，技术经济分析和可行性研究广泛开展。本文拟结合国内实际情况，吸收国外某些内容，从对象、理论、方法与课题等方面概述农业技术经济学的四个问题。

一、对　象

十一届三中全会以来，甘肃省在落实农村经济政策方面取得了很大成绩。特别是各种形式的联产计酬农业生产责任制的建立，把生产好坏和收入多少联系了起来，极大地调动了农民的生产积极性，为办好集体经济、发展农业生产总结出一条宝贵的经验。农民为了搞好生产，学科学、用科学的要求日益迫切。因此，如何研究和推广农业科学技术便成为当前农业战线又一个重要课题了。我们一方面应当下大功夫完善生产责任制，把农

业生产关系和经营管理的调整工作继续抓好，不要认为责任制一旦建立起来就可以一劳永逸了。在这方面，还有许多工作要做，如怎样加强领导，做好干部和群众的思想教育工作；如何正确处理生产责任制中统与包的关系；在发展多种经营中如何贯彻责任制建立和健全合同制；等等。另一方面，我们应当像抓生产责任制一样抓好农业科学技术工作。在这方面，由于林彪、"四人帮"毒素的影响，以及我们自己缺乏足够的认识，因而至今还未引起所有同志的重视。

农村形势的变化应引起广大农业经济工作者的关注。农业经济学是为社会主义农业服务的。农业战线提出的上述生产关系和生产力经济方面的新课题，也就是农业经济学的重要课题。过去已经开展的课题，今后要继续深入研究下去；现实生活中提出的新课题，我们更要勇于攀登，敢于探索，开拓出一条新路子来。

农业经济学是经济科学的一个分支，它研究农业中经济过程的发展和经济活动的规律。为了解决农业发展中的经济问题和阐明社会主义农业发展的规律，农业经济学必须在研究农业生产关系的同时，结合农业科学技术和农业生态学的内容，深入研究农业生产力发展中的经济问题，还要研究上层建筑领域中的农业方针、政策、制度问题。

经济科学随着生产的发展而产生，也随着生产的发展而发展。社会生产，愈来愈趋向专业化、社会化、现代化。一方面，专业分工愈来愈细，科学技术往往在一些尖端被突破；另一方面，系统之间、部门之间、企业之间的相互依存关系愈来愈紧密，如不实行超系统、超部门、超企业的统筹规划和系统管理，难以达到预期目的。这样，反映到科学上来，也有两种重要趋势，一是向纵深发展，学科分得更细；一是横向联合，向整体化发展。以上两种趋势又是交叉发展的。这样，农业经济学中的生产力经济问题就可以独立出来，既向纵深发展，形成独立的学科，同时，又向横向发展，和农业科学技术、生态学、系统科学结合在一起，形成新的学科。

农业技术经济学和农业生态经济学是农业生产力经济学的重要分支。农业技术经济学是应用经济科学，它研究农业生产领域中技术过程的经济问题及其规律性，研究农业科学技术措施、技术方案、技术装备、技术政策的经济效果，以及实现这种效果所必要的技术经济条件与技术经济模式。它的核心问题是提高科学技术的经济效益。它和农业科学技术学有严格的区别，后者是自然科学，前者是经济科学。农业技术经济学不研究农业科学技术的自然属性，而是研究农业科学技术的经济问题。

农业技术经济问题的范围包括：第一，宏观、中观、微观的农业技术经济问题，即农业系统中多等级、多层次的技术经济问题；第二，既有农业技术的水平结构问题（如农林牧副渔的总体布局），又有垂直结构问题（如多种作物的轮作倒茬、不同作物的间种套种）；第三，既研究部门的局部的技术经济问题，又研究这些问题和整个农业生态平衡的关系（关于农业生态经济问题，由农业生态经济学研究）；第四，既着眼于当前的短周期的经济效果，又顾及长远的长周期的经济效果；第五，既包括农产品的生产问题，又包括农产品的加工问题（指在农村加工部分）。

二、理　论

农业技术经济学是一门经济科学，建立在马克思主义政治经济学理论基础上，同时吸收经过实践证明是正确的其他科学理论。

（一）价值理论

马克思主义的价值理论内容极其丰富，这里着重联系的内容：首先，价值形成问题。商品农产品和别的商品一样，也是价值与使用价值的统一体。农产品生产过程是劳动过程和价值与使用价值形成过程的统一。价值是凝结在农产品中的一般的无差别的人类劳动。使用价值则是凝结在农产品中的人类具体劳动。其次，人类劳动过程的要素是劳动、劳动对象和劳动资料。所以，在价值形成中，不仅要计算活劳动的耗费，还要计算物化劳动的耗费。再次，活劳动消耗结果可以创造出更多的新价值。物化劳动虽然只是一般地转移到农产品价值中去，但是，如果运用得当，它便会产生更大效用。因为：（1）农业生产是在质量不同的土地上进行的，那些土壤肥沃、气候良好的土地为提高活劳动生产率提供了基础和条件。（2）农业生产的季节性很强，如能及时给予农业生物所需的条件（如及时浇水、施肥），则能大大提高劳动生产率。（3）物化劳动如果使用不当，它的价值就不能全部转移到新产品中去。这是否意味其价值不存在了呢？不是的，只是它被残留在土壤中罢了。如在缺磷、钾的土地上施用氮肥，结果氮素多半留在土壤中而不被作物吸收。所以，要使物化劳动的价值全部转移到产品中去，就要研究它的品种、使用方式和使用时间。

（二）社会主义经济节约原理

节约是社会主义的基本经济原则。它要求以较少的劳动占用和劳动消耗生产出同等数量产品，或者以同量劳动占用和劳动消耗生产出较多产品。在社会主义物质资料生产中讲求节约，也就是提高经济效果。

节约投入资源和增加产出物品是提高经济效益的两个方面。投入资源方面，有劳动占用和劳动消耗。劳动占用，包括农业机械、生产性建筑物、土地、种公畜、生产母畜等固定生产资料。此外还有种子、肥料、农药等备用的原材料，即流动资金。一般地说，单位农产品的物资和资金占用量少，或投入每单位的物资或资金生产出来的农产品数量多，经济效果就大；反之则小。但是，关于劳动占用，目前还缺乏统一的科学的计算方法，如土地与其他资源的可比折算系数就难以计算出来，再加上全部占用资源的利用效果也难以计算，所以，这方面还不易统一起来。

关于劳动消耗，包括活劳动和物化劳动的消耗。这两种劳动的节约情况，大致有以下五种情况（表1）：

表1　活劳动与物化劳动消耗变化表

类别	情况				
	1	2	3	4	5
活劳动	增	不变	增	增	减
物化劳动	不变	增	增	减	增

注：1. 在第4种情况中，活劳动增加量＞物化劳动减少量。

2. 在第5种情况中，活劳动减少量＜物化劳动增加量。

以上五种情况都说明劳动消耗量增加了。

如上分析，主要目的是弄清情况、探明原因、采取对策。对于经济效果不显著的，要具体分析问题所在，扭转劣势；对于经济效果显著的，要总结经验，肯定成绩，发挥优势，为进一步节约开辟途径。

关于劳动成果方面，可以用使用价值和价值指标表示。不同效用的农产品量不能相加，必须用价值量表示。相同效用的农产品，才可以用使用价值量（产品量）表示，但也可以用价值量表示。

（三）系统理论

农业系统是由农业生态系统、农业经济系统和农业科学技术系统等三个子系统构成的一个综合系统。农业生态系统，即农业生物及其环境的统一体，在这里，进行能量流动和物质转化的生产。农业经济系统是人类为了在农业生产中得到更多的农产品而投入活劳动和物化劳动的活动，并通过生产实践对农业生态系统进行控制、调节、管理。同时，人类还投入科学技术这种生产力，促进和提高能量流动和物质转化的效率。所以，农业技术经济的研究不能片面地看一个方面，而要促进"生态""经济""科学技术"三个目标的统一。在甘肃省，中部干旱地区水土流失相当严重，发展农业生产不仅要考虑各种增产措施的效果，还要十分注意恢复生态平衡，提高种草植树技术，控制水土流失。

（四）农业技术方案择优原理

农业技术方案是农业生产中为达到某种目的所采取的技术措施的设计书，它通过各种指标反映各项有关内容。从方案的内容来看，有生物技术方案、机械技术方案、管理技术方案、区划与生产结构技术方案等。从范围来看，有全国性的、地方性的和企业的技术方案。从项目来看，有单项、多项、综合等技术方案。　.

农业生产是自然再生产与经济再生产的统一过程，它受自然、社会、经济、技术等条件的约束。同时，提高和评价经济效益的方法又是多种多样的。所以，各个地区、各个单位可以根据自己的条件采取不同的方法，制订若干方案进行比较，从中选出最佳方案来。

在方案择优中，关键是掌握择优的标准。一般地说，可以从经济合理性、技术适用性、生产可行性三方面来衡量。

经济合理性。一是讲经济效益最大。在生产成果、资源利用、劳动占用、劳动消耗、生态平衡等方面均达到最佳状态。诸方案中，如果生产成果是同样的，则以劳动消耗少、资金利用合理、投资少、有利于生态平衡的方案为最佳。如果劳动消耗、劳动占用的情况是一样的，对生态平衡的影响也是相同的，则以生产成果最大的方案为最佳。二是讲农业技术措施所带来的最终成果要能满足社会的某种需要。如果某种农产品已经生产过多，在流通中造成积压，那么，即使经济效果很显著，也不能认为是完全合理的。

技术适用性。这是指方案提出的技术措施能够解决当地所要解决的生产问题。这种技术必须是对提高经济效果有明显效能的。当然，这种技术最好也是先进的技术。为什么不能以技术先进性作为技术择优的唯一条件呢？因为所有先进技术不可能在任何地方都是适用的，如果片面追求先进性，则容易出现不顾实际、生搬硬套的弊病。这在生产上是不可行的，经济上也是不划算的。

生产可行性。农业技术方案的实施，要有一定的物质条件（土地、机具、劳动力、资金）、自然条件（水、热、光等）和技术条件（科学水平、技能、设备）。这些条件构成该方案是否可行的限制因素。在诸方案中，如有一个方案要求的条件客观上能够得到满足，则这个方案的生产可行性最佳。

以上三个方面要辩证地结合起来衡量。一般地说，经济合理性是核心，因为科学技术是围绕一定的经济目标服务的。但是，经济合理性要与生产可行性结合起来。生产可行性是方案能否实现的先决条件，一个方案如果在生产中无法实行，其预测的经济效果再大也没有什么实际意义。如果某一方案的经济效果最大，但生产可行性不够理想，这时，宁可再选择一个生产可行性最佳但是经济合理性次佳的方案。还有，技术适用性是方案实施的基础。我们在这里是讲技术经济效果问题，如果其技术不是适用的，也就谈不到经济效果了。

三、方　法

正确的方法是实现理论的途径和模式。农业技术经济学的方法论基础是唯物辩证法。为了全面、科学地分析技术经济问题，还要借助统计、会计、数学、社会调查等手段。由于目前我国农村人口科学文化水平低，农业生产管理水平落后，一般地说，宜先采用一些简明易懂、简便易行的方法，同时也要学习国外某些先进的方法，根据我国特点，在使用中不断总结经验，逐步提高。

（一）搜集资料的方法

1. 定点登记法

按照农业技术经济活动的目的和要求，选择有代表性的点在一定时间内，对其经济活动情况进行固定的、连续的登记。

2. 典型调查法

根据农业技术经济活动的目标和要求，选择具有代表性的点进行调查。如果调查对象的各单位类型相似，则直接选点；如果差异性较大，可采取先划类后选点的方法。这种方法对事前编制技术方案或事后进行经济效果分析，皆宜使用。但在使用中切忌带有主观片面性。有些人在尚未调查前对问题就做了"结论"，他们到实际中调查的目的，无非是寻找他们需要的材料，证明自己的"结论"是正确的。这种主观主义的方法，切忌滥用。

3. 抽样调查法

对要调查的所有单位，按照随机抽样的原则，采用纯随机抽样、机械抽样、类型抽样或整群抽样的方式，选取一定数量的单位进行调查。再用调查出的指标，推算出全部单位的综合指标。这种方法比较准确，效果良好，适宜农产品产量调查、社员家计调查等。甘肃省1964年抽样调查推算的农产品产量与当年年报统计的产量相比，准确性达到99.5%。1980年，甘肃省23个县测算夏田总产量为2003700万斤，与年报比较，准确性达到99.3%。1981年，20个县单打验收403块共1465亩地，实打总产为735200斤，准确性达到99.6%。

4. 经济实验法

这是调查者亲自实践验证的一种方法。在试验中，应对每一次有关生产活动进行详细登记，待生产告一段落后进行综合整理。这种方法，宜用于确定与验证某一技术措施的经济合理性，或对比不同措施的经济效果。

（二）经济效益的研究方法

调查得到的资料和数据要经过检查和整理才能进行经济效果的研究。整理的方法根据研究对象的不同而不同，这里从略。下面介绍几种经济效果的研究方法。

1. 平行数列对比法

此方法就是把多种方案中或多种方案实施的结果中有关的指标平行地列在一张表上进行对比，从而揭示其中的最佳方案或找出最显著的经济效果，然后分析其发生差异的原因及其相关因素。平行对比的数量指标采用绝对数、相对数、平均数均可。这种方法简便易行，用途十分广泛。如一种麦种在两个地区的试验地种植，通过不同收获量的对比，即能判断该种小麦在那个地区适宜种植。

2. 动态分析法

社会经济现象始终处于运动发展过程中，对这种变化过程用统计数字表示出来，就形成动态数列。这种对社会经济现象的动态进行统计分析的方法，称为动态分析法。

在农业技术经济中，采用动态分析法是为了探讨采用某一项农业技术措施或技术方案，其经济效果在时间上的变化过程与特点，并预测其发展趋势。它对研究作物不同轮作期的产量、奶畜各个泌乳期产奶量等经济效果问题尤为适用。

动态分析指标，一般有水平与速度两个方面。水平是分析速度的基础，速度又是分析水平的持续。具体指标有基期水平、中期水平、报告期水平、增长量、增长速度、发展速度、平均增长速度、平均发展速度等。

3. 因素分析法（连环代替法）

农业生产成果来自多种因素。为了分析各个因素对劳动消耗或经济效果的影响程度，可借助于因素分析法。现举例说明。

陇原农机站铁牛拖拉机的油料费用变动资料如表2所示。影响油料费用变动的因素很多，我们只选择工作量、每亩耗油量、油料单价三种。每种因素都列出计划数、实际数及其对比之差。

表2　铁牛拖拉机油料费用总额变动表

指标项目	变动情况		
	计划数	实际数	实际比计划之差
工作量（标准亩）	1500	2000	+500
每标准亩耗油量（公斤）	0.6	0.7	+0.1
每公斤油料单价（元）	0.5	0.4	-0.1
油料费用合计（元）	450	560	+110

根据上述资料，进一步计算列出表3。首先，以计划指标为基础进行计算。按照计划，油料费用总额为450元。其次，再看实际工作量在计划耗油量与计划油价时的油料费用（600元）。再次，实际工作量在实际耗油量、计划油价时的油料费用（700元）。最后，实际工作量在计划耗油量、

实际油价时的油料费用（480元）。将第一与第二、第三、第四的油料费用递次相比得+150、+100、−220等三个差异量。这三个差异量，代表三个因素中某些因素变动时所产生的变化量。由表3可见，实际工作量、油耗、油价三因素的变动，影响油料费用总额的变动，共增加了30元。其中，实际工作量增加使油料费用增加了15元；实际工作量与耗油量的增加使油料费用额增加了100元；但由于油价的降低，油料费用额减少了110元。三者相抵，油料费用增加了30元。

表3　铁牛拖拉机油料费用变动分析

指标	分　析	
	连环代替方式（元）	各因素差异量
计划指标	$1500 \times 0.6 \times 0.5 = 450$	
代替指标①	$2000 \times 0.6 \times 0.5 = 600$	+150
代替指标②	$2000 \times 0.7 \times 0.5 = 700$	+100
代替指标③	$2000 \times 0.6 \times 0.4 = 480$	−220
合计	$4800 - 450$	30

4. 综合评分法

平行数列对比法、动态分析法、因素分析法都只是从不同角度，在具体指标之间进行比较。但是，一个方案、一项措施的经济效果，以及影响经济效益的因素往往是综合的。综合评分法即对一个方案、一项措施的经济效果和多种因素进行总评的一种方法。这种方法，首先要选定评价项目，如总评一个造林工程方案，可以从造林费用、年平均占用资金、林粮间作收入、造林成活率等四项指标来评价。其次，要确定各个评价项目的权重。即以上述四项指标为100分，分别确定各项指标占的百分比。再次，根据各个项目所达到的等级进行评分。如果采用五分制，则造林成活率达到81%～100%者为一级评5分；61%～80%者为二级评4分；41%～60%者为三级评3分；21%～40%者为四级评2分；1%～20%者为五级评1分。最后，加总各个项目的分数，即得总分。

5. 边际分析法

边际分析法是研究农业技术经济效果的一种重要方法。所谓边际，是指两个相关变量的变化率。用一定数量的资源生产一种产品时，有一个资源投放最适量问题；用多种资源生产一种产品时，有一个资源之间比例问题；用一种资源生产多种产品时，也有一个资源统筹搭配问题。这些问题均可用边际分析法解决。解决的目的是提高资源利用的经济效果。

（1）生产资源投入最适度的确定

这是研究一种生产资源最适投入量的方法。在一定技术条件下，随着生产资源的连续投入，都会使产出物在原水平上发生变化。所谓边际产量，即在某一投入水平上，由于增投一单位生产资源，而较上一水平有所变化的产量。许多情况说明，随着生产资源的连续投入，边际产量呈现递增、递减，甚至负报酬现象。例如施化肥，往往是开头几次连续投入，边际产量会递增，但到一定限度时，如再增投，则其边际产量递减，这时如再连续投入化肥，其边际收益将不能抵偿其边际资源成本，是谓负报酬，即不划算了。根据边际分析，可见，化肥施用量一定要适当，在技术水平不变的条件下，不是施得愈多愈好，有时适得其反。那么，怎样掌握施肥最适度？从分析结果看，当边际收益（即边际产品价值减边际资源成本之差）等于或接近于边际资源成本时，经济效果最大，这时，即资源投入最适度。

（2）多种资源生产一种产品的最佳配合比例

这种方法主要研究资源之间互相代替的经济效果。假设用 A、B 两种饲料育肥猪，这时可以有几个不同的饲料配合比例方案。在这些方案中，理想方案是两种饲料的边际替代率（即 A 对 B 的代替比例）等于或接近于 A 与 B 颠倒过来的价格比率（即 B 对 A 的价格比例）时，饲料成本达到最低线，因此其饲料组合成本最低。

（3）一种资源生产多种产品的最佳搭配比例

用一种资源投入多种生产时，在分配资源中采取统一筹划、全面搭配的方法，使有限的资源获得最大的经济效果。例如我们把一定量资金用于发展多种经营。按照这种方法，将来多种经营的总收益会比单一投放给某种生产的经济效果为大。同时，每单位资金的收益率（即经济收益除以资金量）也是最高的。

6. 线性规划分析法

在生产资源种类多、产品品种也多的情况下，应用线性规划分析法可以帮助我们得到最大的经济效果。下面以建立合理的农业生产结构为例，简述此法。

首先，要有明确的求解目标。建立合理的农业生产结构，就是为了满足社会对农产品的需要，从而获得最大的经济效果，如以最高总产量或最大总产值为目标。

其次，需要确定各种生产的未知数。合理的农业生产结构可以通过各种产品的产量或产值来反映。这些产量和产值的具体数字便是求解的未知数。

再次，进行农业生产要有一定的客观物质条件，如土地、肥料、水、资金等，这些作为线性规划中的约束条件。

通过以上要求，便可按照线性规划的数学模式求出某一组未知数，使其满足约束条件，以取得最好效果。下一步求解可用简单图解法、单纯形法等。如果条件、资料、数据很复杂，还要使用电子计算机等现代化工具。

线性规划是一种数学模式，除此之外，还有其他数学模式，可以寻找最佳方案。但是必须看到，运用数学模式虽能把计算方法建立在科学基础上，但由于农业技术经济效果涉及面较广，而且我们所能掌握的数据和资料往往是不全面和比较粗糙的，因而运算的结果就不可能是准确的。所以，运用数学方法的同时，必须从经济上全面考察，才能取得理想的方案。

（三）方案设计与择优方法

研究农业技术经济，需要设计若干农业技术方案进行比较，从中选出一个经济效果最大的方案（还要结合技术适用性、生产可行性研究，已如上述）。农业技术方案的内容必须包括：第一，预期的经济目标。例如，在劳动耗费既定前提下，获得较多农产品；在农产品量给定前提下，花费较少的劳动耗费或者获得较多的净收入和纯收入。第二，围绕经济目标，列出各项对比的消耗指标，如生产小麦中种子、肥料、农药与活劳动的投入量，以及产出指标，如小麦的产量、产值、单产等。第三，为了进行试算对比，要掌握准确的耗费定额、效果系数、有关参数和历史资料。

制订方案中预测经济效果的主要方法，也就是上述的平行数列对比法、动态分析法、因素分析法、综合评分法、边际分析法、线性规划分析法和其他方法，兹不赘述。需要说明的是，用一种方法可以算出几个方案，不同的结构比例就有不同的方案。当然，用不同的方法就可以产生更多的方案。如预测粮食产量，可以用多种方法产生多种方案进行比较。

经济效果计算的结果要通过一定形式表示出来。一种方法计算结果要列出一张试算表，再把几张试算表的资料列入对比表。这样，在对比表中，可以全面反映各种计算结果。但是，比较复杂的技术措施往往要通过许多表格和许多指标的方案才能表示出来。

方案制订出来后要进行技术经济分析，从经济合理性、技术适用性、生产可行性等方面予以全面评价，最后再从诸方案中选出一个最佳方案。

四、课　题

根据农业技术经济学内容和甘肃省实际情况，建议当前着重研究以下课题：

（一）发展多种经营技术经济

甘肃省土地广阔，自然条件差异大，农业资源丰富，具有发展多种经营的条件。多种经营是范围广泛、涉及面广的生产活动。在有条件的地方，要结合本地情况多制订几种方案进行比较。发展多种经营，既要充分利用各地自然资源的条件，同时又要注意保护资源，维持生态平衡。在资源利用中，要本着节约的原则，提高资源利用的经济效果。实际上，发展多种经营，从资源利用上说，也就是土地、物资、资金、劳力等资源在农业各部门之间的分配和使用。这是多种资源和多种产品之间的关系问题。农业技术经济的任务，就是研究如何以最少的资源耗费生产出品种多、产量大的农产品来。此外，由于多种经营的许多产品是商品农产品，它不仅受有计划按比例发展规律的支配，也受价值规律的支配，所以要做好多种经营的预测，为集体经济和农民提供市场信息，克服生产中的盲目性。

（二）种植业技术经济

甘肃省 70% 的耕地干旱缺水，中部地区尤其严重。要发扬旱农耕作传统技术的作用，总结保墒、抢种、秋雨春用、春旱秋抗的经验，研究旱农耕作的经济效果。

在植物保护、控制病虫害、扩大绿肥面积、良种选育、推广和扩大间作套作复种面积、改革耕作栽培制度和其他新技术的推广应用等方面，都要研究其经济效果，合理利用资源，通过科学技术和技术经济的研究促进生产发展。

（三）畜牧业技术经济

甘肃省畜牧业几年来有较大发展。近期内，牧区要加强草原草山建设、草畜平衡和畜群结构等技术经济效果的研究。在农区，发展畜牧业潜力很大，要关心家庭饲养业的经营管理及其效果问题。疫病防治、畜禽品种改良、饲料营养的技术经济问题也应列入研究计划。

（四）林业技术经济

甘肃省森林覆盖率仅占土地总面积的 8%，林业是一个薄弱部门。应加强研究森林覆盖率与生态平衡的关系、森林采伐量与生长量的平衡关系、林木综合利用的经济效果。今年，全省开始义务植树造林，应把树种选择、苗圃育苗、幼树管理等技术经济问题作为研究重点。

（五）农业机械技术经济

这方面要研究的问题颇多，如农业机械化区划、农业机械装备、农业机械使用、农机产销与预测、农机化总体经济效果等都是重要问题。目前，针对农村实行生产责任制的新情况，应研究现阶段农业机械化的新特点。据了解，那些优质、高效、低耗、价廉、小型适用的农机销路将逐渐趋旺。这将影响整个农机产品结构，农机工业将稳步调整。看来，除了要把农机产销工作做活之外，还要做好修理服务工作，帮助用户提高使用农机的经济效果。

（六）农村能源技术经济

能源是农业现代化的一个战略问题，也是关系民生的重要问题。甘肃省农用能源来自三个方面：一是工业，二是农业内部，三是自然界。鉴于甘肃荒山秃岭多，森林覆盖率低，但日照时间长，自然资源丰富，目前研究重点应放在二、三方面。要大力发展薪炭林，解决做饭烧柴问题。在有条件的地方，应大力推广沼气、太阳灶，利用风力提灌、发电围栏。

（原载于《甘肃社会科学》，1982 年第 1 期）

星火计划的内涵、特征与作用

一、起　步

经党中央、国务院批准实施的星火计划已走过五年的历程。由于这项计划适合我国广大农村的需要，因此一开始就得到各部门、各地区大力支持，受到广大农村干部和农民的热烈欢迎。改革开放后，中央提出"一靠政策，二靠科技，三靠投入"的发展农业的方针。科学技术作为第一生产力，对农村商品经济发展起着支柱和骨干作用。无论是农业的发展，还是中小企业和乡镇企业的发展，都必须依靠科技进步，这是我国现阶段农村经济发展的关键所在。如何把科技这个"胚胎"植入农村，进一步推动农村经济发展，是摆在我们面前的一项迫切而艰巨的任务。

20世纪80年代初，随着农村家庭联产承包责任制的实行，农业生产力迅猛发展，乡镇企业异军突起。1986年年底，乡镇企业年产值首次超过农业总产值，标志着农村开始走上工业化的发展道路。乡镇企业的发展显示出旺盛的生命力，为农村产业结构的优化、大批剩余劳动力的就业、自然资源的开发利用、农产品的加工增值、工业和农业的相互促进，以及增加地方、集体和个人的收入起了重要的作用。同时，乡镇企业的发展也存在一些亟待解决的问题。如何引导乡镇企业健康地走上工业化道路，加速农村现代化的进程，这一问题已经历史地摆在我们面前。

这个时期，一些地方已经开始组织科技下乡，有的采取科技承包农业生产，有的进行了技工贸、技农贸一体化的开发活动，有的采用区域性综合技术开发的方式来指导群众的实践，这已成为科技部门改善宏观指导的一个战略任务。星火计划正是在这种形势下诞生的。和20世纪50年代不同的是，这时，我国已拥有近1400万科技人员，有一大批科技成果，有强大的城市工业为后盾，掌握了国内外的科技信息，客观上具备了提出一套比较完整的政策和科技相结合的有效方针的条件。

星火计划在"七五"时期的具体目标是：第一，为乡镇每年短期培训20万农村知识青年和基层干部，5年累计100万人；第二，开发100种适用于农村的成套技术装备，组织大批量生产供应农村；第三，帮助建立500个技术示范性的乡镇小企业，为他们提供全套工艺技术、管理规范、产品质量控制方法和加工方法等。

二、星火计划的内涵与特征

通过几年的实践，人们逐步领悟到星火计划的内涵，即用先进、适用、成熟的科学技术装备农村中小企业和乡镇企业，通过"短平快"项目的示范引导作用指导职工和农民依靠科技振兴农业，发展农村商品经济，提高生活水平，推进农业现代化和农村工业化、城市化的进程。

星火计划的主要特征有四个方面，分别反映星火计划采用什么手段、做什么、怎样做和为了什么等四个问题。

其一，用先进、适用、成熟的技术装备农业生产、中小企业与乡镇企业，是星火计划最本质的特征。新中国成立后我国农村虽然采用了不少先进技术，但总体看技术水平还是落后的，先进技术是少数，多数还是中间的落后的技术，这种落后状况如不迅速改变，将会阻碍整个农村乃至全国经济社会的发展。采用先进技术替代中间的落后的技术乃势在必行，先进的技术如不适用，就没有实际意义。技术的成熟程度也是选择的重要标准。先进技术应经过中间试验证明它是可靠的，这样的先进技术实施的风险小、效果好、效益大。

其二，用先进、适用、成熟的技术装备中小企业和乡镇企业，强化科技与企业结合，引导企业走内涵为主的发展道路，是星火计划又一个重要特征。乡镇企业是我国改革开放后，特别是农村经济体制初步改革后应运而生的事物。经过多年的发展，中小企业和乡镇企业已经成为国民经济中特别是农村经济中的重要支柱。一是由于它为农副产品加工、农业生产工具制造、农村生活设施、城镇和农民建房、城市大企业零配件制造服务；二是由于它是发展农村商品经济的资金和农业生产资金的重要来源；三是由于它是农村城镇的骨干；四是它为农业剩余劳动力提供了出路；五是它是地方和农村财政收入的重要源泉。但是，中小企业和乡镇企业在技术装备、资金来源、人才等方面还有很大的困难。这些问题如能得到解决，企业将能进一步发挥它的骨干带头作用，为振兴农村做出贡献。所以，把中小企业和乡镇企业作为星火计划的主要载体和突破口，以推动农村经济社会的发展是完全正确的决策。

其三，为了有效地发挥科技与中小企业、乡镇企业的融合效应，星火计划采取的战略是：（1）坚持示范作用，让每一个星火计划项目都成为以科技推动经济社会的示范，把典型经验推广到面上去，经过它的辐射作用形成更大规模的效果，形象地说，就是"星火燎原"。（2）坚持"短平快"的战略，争取在较短的时间内进行立竿见影的示范，以收到较好的效果。（3）坚持以经济效益为中心，速度和效益兼顾的发展战略，要求每一个星火项目都有明确的目标，形成科技进入经济的引力和活力。（4）坚持计划经济与市场调节相结合的方针，把星火计划和市场机制有机结合起来。以计划为依据，以市场为导向，每个项目的立项都要做好市场预测，开发出来的产品都要有可靠的销路，使产品在质量和价格上具有竞争能力。（5）在资金战略上，运用金融机制指导筹资与用资，动员社会金融力量办"星火"。（6）在人才战略上把吸引科技人员参加计划的实施，作为星火项目成功的关键。（7）围绕各地区支柱产业而形成的星火技术密集区、星火计划产业集团、技术承包集团、科技服务合作协会等组织，都具有以科技为依托，发展规模经营，提供产前、产中、产后全程服务的显著特征。

其四，我国农村是一个经济落后、社会发育程度低的广阔地区。八亿农民生活还处于低水平，在星火计划实施之前，还有一小部分农民温饱问题尚未得到解决。发展社会主义经济的根本目的，是使广大人民摆脱贫困，走上共同富裕的道路。农村如果长期滞后，必将拖住二、三次产业的发展，影响我国第二步战略目标和四个现代化的实现。针对上情，星火计划的宗旨，是把科技星火撒向广大农村，指导八亿农民依靠科技振兴农牧渔业，引导中小企业和乡镇企业健康发展，推动农村发展以科技为支柱的社会主义有计划商品经济，提高人民生活水平，推进农业现代化、农村工业化和城市化，促进我国第二阶段战略目标实施。

三、促进农村经济发展

（一）优化产业结构

调整产业结构对发展农村商品经济有密切的关系。目前，我国各地农村产业结构很不平稳，第一产业偏重，第二产业畸轻，第三产业薄弱。星火计划以农副产品深加工与发展轻工短线产品为重点，使乡镇工业得以蓬勃发展。农产品保鲜、贮运，以及金融、保险、信息、服务、供销等行业也随之发展起来，改变了第三产业薄弱的状态。

特别需要指出的是，星火计划以先进技术促进区域性的支柱产业（多属一、二次产业），逐步形成规模大、产量多、品质优的拳头产品，对改变农村产业结构和产品结构具有重要意义。在各个地区，立足当地资源、市场需求量较大、运输成本低的产品，是最具有市场竞争力的。随着科技的植入，资金、管理、人才接踵而来，经过生产要素结构的优化组合，便能形成推动支柱产业拳头产品开发的综合力。这些产品依靠科技和管理优势产生很大的凝聚力，带动一批相关行业的发展，已在当地产业结构中起到举足轻重的作用，显示了星火计划对产业结构和产品结构调整的作用。

支柱产业的发展，要求打破区域界限和分散、落后的产品经济、半自然经济状态，扩大生产经营规模，这有利于农村经济的联合优势，提高抵御市场风险和自然灾害的能力。支柱产业采取生产、加工、运输、销售一体化的经营方式，有利于深化专业化协作，提高农村劳动生产率，增加资源的加工深度和综合利用能力；有利于提高经济效益，增加地方财政收入和农民收入。

支柱产业是依靠科技进入而出现的。为了保持支柱产业的发展优势，又将不断增加其对现代科技人才的需求，要求集中科技力量对其产前、产中、产后的各个环节实行全程式、系列化的综合服务，从而反过来大大促进了科技进步和科技体制改革。

支柱产业大大促进和巩固了合作经济和其他社会主义补充形式的经济实体的发展，充分发挥了社会主义经济的优越性，巩固和扩大了社会主义经济在农村的阵地，对于丰富社会主义社会初级阶段的理论与实践是至为关键的。

（二）促进农村商品经济的发展

星火计划把先进科技引进农村，使农村商品经济建立在先进水平的科技基础上。这种商品经济，同农村中以手工为主的商品经济有明显区别。技术是脑力劳动的产物，在商品经济社会中，它是一种商品，具有价值和使用价值。但是，技术又是一种特殊的商品。实物形态的技术，在更新的技术尚未问世之前，能多次的交流、交换、推广、传播；而且它一经和别的生产要素优化组合，便能产生不仅比自身价值高得多的价值，而且会把生产要素的组合效应充分释放出来，成倍地增加价值，把商品生产推到一个新的高度。

星火计划所推进的商品经济是有计划的，各级星火计划列出的项目是经过调查研究事先安排的。一方面，政府通过发展方向、生产资金、技术选择、经营规模、销路等对项目加以控制，使它按照一定的轨道发展；另一方面，密切注视市场动态，以市场为导向，灵活运用经济杠杆和市场机制对进行中的项目灵活调整。星火计划面向的经济，是按照商品经济运行的要求建立起来的，实行技工贸、技农贸一体化，生产、加工、交换之间互相连接、互相促进，并且要求建立和完善全程服务体系以作为支撑。它把竞争机制引入商品经济，在实施中采用招标的方法，使有关方面以平等的地位进行竞争。各个企业、集团、公司、联合体都建立在承包责任制的基础上，责、权、利统一，充分发挥承包者的积极性、主动性和创造性。有利于让强手处于优越地位，促进弱手改善竞争条件，抓住机遇赶上强手。

星火计划有力地保证了经济效益的提高和农民收入的增加，对于贫困地区的脱贫致富有重要意义。自 1985 年试点，1986 年正式实施后几年间，全国安排各级星火示范项目 20363 项，总投资 125.1 亿元，完成 10346 项，新增产值 221.8 亿元，新增利税 55.3 亿元，创汇节汇 23.54 亿美元，增加了国家、地方和个人收入。

（三）加快农业现代化步伐

农业现代化的含义在我国有过长时间的讨论。起始，侧重于生产领域，后来扩大到其他领域。现代化是一个相对的概念，随着科技发展和社会生活提高而改变。现代化农业，采用先进的生产手段、集约化的经营方式、科学化的管理；高度专业化协作化；经济再生产与自然再生产有机结合；劳动生产率高，生产成本低，经济效益好；产品多、品种优；商品适销对路，有市场竞争能力，具备良好的生产流通技术服务体系等综合性概念。

完成我国农业现代化是一项长期的艰巨任务。现阶段我国农业以传统技术为主，先进技术的比重很小。实现农业现代化的任务是很繁重的，要有计划有步骤地从点到面推开。

星火计划围绕当地确定的支柱产业安排项目，重点支持国民经济发展亟需的主要农副产品的种植业、养殖业及其加工业、支农工业及其他行业。"七五"期间我国把以下有关农业现代化的技术作为星火计划组合、配套、开发的重点，包括有利于增加农产品有效供给的配套技术，以农林牧渔产品为原料的深加工、储运和综合利用技术，农用工业所需的配套技术，各种名特优产品的开发技术，农村急需的技术装备开发。

农业现代化包括科学管理。农村经过第一步家庭联产承包责任的改革后，现在进一步实行和完善双层经营责任制。星火计划以产前、产中、产后服务体系的建立为支柱产业增添了后劲，同时也给农村双层经营责任制展示了示范作用。

（四）加快农村工业化

几百年的人类社会发展史说明：任何一个国家在选择自己的社会制度之后，根本的出路都在于工业化。个体的分散的生产装备、落后的经济终究被联合的适度规模的生产装备、先进的经济所代替。只有走工业化道路才能大幅度地提高劳动生产率。

从长远看，农村经济最终要向工业化企业化的模式转变。无论是集体企业、合作企业、个体专业化企业，还是股份企业，其经营形式无论是技贸工、技贸农、产供销、种养加、贸工、工农、开发集团，还是各种形式的联合体，其技术装备都必须是先进的。只有先进的装备加上科学的管理，才能提高劳动生产率。

"七五"期间实施的星火计划，注意在规划、技术、资金、管理等方面采取有力措施；注意设备开发后的后劲和技术与科研攻关的衔接；注意以重点设备为龙头，组织一批小型装备开发企业集团或联合体，长期为国内提供先进的小型设备，逐步提高星火计划设备水平。到1990年，已经实现了开发100种农村适用的成套技术设备，为改变落后的技术装备起到典型示范作用。

（五）推动农村城镇化

一方面，乡镇企业发展和星火计划的实施使农村中工业、运输业、建筑业、建材业、商业等彻底从农业中分离出来，农村产业结构形成了多元化格局，专业化协作化水平得到提高；另一方面，以为支柱产业和乡镇企业服务为宗旨的星火技术密集区、山区滩涂综合试验区、科技开发公司的出现，又使许多地方形成了以技术开发为依托的技术服务中心和乡镇企业集中地。科技推动了专门化发展与商品化基地的形成，为农村城市化奠定了初步基础，形成了不同层次的商品交换、货运、服务中心。再以这些中心为依托，出现了许多生机勃勃的初具规模的小城市和村镇。特别是不少星火示范骨干项目，依靠科技和科学管理的优势产生了很大的凝聚力，带动了相关行业的发展；同时，经过几年来的辐射滚动，形成了较大规模的产业，对农村的经济振兴起到了很大作用。

乡镇工业的发展、城乡之间横向技术经济的联合，冲破了产业分离、条块分割、城乡封闭的旧格局，把城市与乡村、工业与农业、工人与农民之间的关系，变成了城市与乡村结合、工业与农业结合、工人和农民结合的城乡一体化的格局，为农村城镇化的实现带来了希望。

四、推动农村社会进步

星火计划不仅有力促进了农村商品经济发展，也有力地推动了农村社会的进步。其一，有效地调整农村社会结构。社会结构是反映社会发展水平的一项重要指标，包括三次产业的劳动力结构、第三产业劳动力占总劳动力的比例、非农劳动力占总劳动力比例、就业人口占总人口比例、体力与脑力劳动者比例，以及每万人大学生数、医生数、科技人员数等。星火计划以先进、适用、成熟的技术装备乡镇企业，不断增加乡村工业劳动力和第三产业从业人员，为农村剩余劳动力找到出路。这是富有中国特色的社会主义道路的具体表现，对于农村工业化城镇化进程将带来不可估量的影响。由于农村的迫切需要和工作环境的改善，农村自己培养的科技人员将逐渐增加，一些城市科技人员也会愿意到农村去。这对逐步调整脑力劳动和体力劳动者比例，对工农差别、城市差别、体劳差别的逐步消失将起重要的作用。

其二，不断提高生活质量是社会进步的另一个重要指标。目前我国农村生产才进入基本温饱阶段，农村居民的生活费用支出中，吃还占相当大的比例。星火计划的实施，毫无疑问会增加居民收入，从而降低吃的支出比重，增加其他生活费用的支出。一些过去很少吃的物美价廉的食品，如挂面、方便面、糕点及一些营养食品，也装进了农村居民的菜篮子。在穿着方面，过去多是买布缝衣，现在则到集市和商店挑选一些款式新颖的成衣。尤其显著的是居住条件的变化。农村居民积攒一笔钱后，往往先倾斜于盖房子，建筑质量由土木结构向砖木结构和钢筋混凝土过渡。沿海经济发达地区，农民住上两三层楼房已不是新鲜事了。农村自行车早已普及，新一代居民有些也能骑上自己的摩托车奔驰了。改革开放后，农民已不满足于看露天电影，不少村镇自己修起了影剧院。电视机、立体声收录机也已进入居民家庭，为居民带来了丰富多彩的文化娱乐生活。村镇建设规划已经列入议事日程，居民的居住环境得到改善。接受社会保险的人数比过去增加了，有些地方做到了老有所养、病有所医。这一切都说明了星火计划对农村居民生活质量的提高起了很大作用。

其三，逐步提高人口素质。星火计划不是简单地立几个项目、达到几项经济发展指标就了事。从宏观看，星火计划也是为农村培养有思想、有道德、有技术、有本领的新一代农民的宏伟事业。先进的技术需要人来驾驭。为了培养技术人才，必须把技术教育作为星火计划实施方案的重要内容。专业技术综合培训造就了一大批懂科技、懂经营管理的人才。1986—1990年，全国培训了近500多万名技术人员和经营管理人员。当一项星火计划项目实现之后，立即向面上推广，同时也造就了更多的人才，从而使新一代农民不断涌现。

科技的发展也使农村医疗卫生条件得到不断的改善，社会性的防病治病、抗灾护灾能力得到了加强。由于科技提高了劳动生产率和效率，大大减轻了人们的劳动强度，缩短劳动时间，因而人们可以从事业余体育锻炼，享受文化娱乐，参加旅游活动，为生活增添了乐趣。新中国成立前，人生七十古来稀似是难以改变的规律，现在古稀之龄已变成平均寿命了。

其四，对社会安定和改变思想观念的作用。星火计划对产业结构、产品结构的调整扶植了支柱产业，培植了拳头产品，给农村经济以盎然生机，为千千万万剩余劳动力找到就业机会。他们中间一部分进入了星火项目和由星火项目推广的"燎原"活动中去。事实证明，剩余劳动力的妥善安排，对群众安居乐业、维护社会秩序有着直接关系。

科技进入农村，使囿于穷乡僻壤的农民耳目为之一新。人们头脑中逐渐树立起科技意识，晓得增加价值创造财富要靠劳动和科技，封建迷信活动因而有所收敛。星火计划的实施发展了商品经济，增加了物质财富，提高了生活水平，改变了农村贫穷落后面貌。这一切，使农民看到国家对农村的扶持，体验到合作经济的优越性所在，从而增强了农民跟着共产党走社会主义道路的信念。

（原载于《西北开发与东南发展》，闽新出 2000 内书第 122 号，第 358－368 页）

闽东电机发展方向、战略目标与经营方针剖析

企业从创业、成长到壮大，是一个长期艰苦奋斗的历程。每一个时期的方向、目标、方针的抉择是否正确，直接影响事业的成败。从现在起到21世纪初，是国有企业跨世纪腾飞的极好时机，这个时期的发展方向、战略目标与经营方针怎样和过去相衔接，能否反映事业发展大趋势，也将决定事业的兴衰。闽东电机事业长期坚持优化组合、联合竞争、多角经营、走向世界，这是对闽东电机事业成长道路和发展方向的生动描述，也是对今后发展方向和战略目标的高度概括。同时，他们还确定了长期坚持的经营方针，即产品结构高级、经营结构多角、管理功能规范。在生产经营计划上，也颇有特色。

发展方向、战略目标和重点

（一）发展方向和战略目标

闽东电机事业所以能够不断发展和壮大，是由于有一个正确的发展方向和明确的战略目标。虽然初期提出的方向和目标有时只是一种思路，而且往往和别的思路渗透在一起；有时一种思路有几种表示方式；有时长期的方向目标和短期的方向目标同时提出来，但是，概括地看，都离不开以下内容：第一，强调扩大企业规模，走联合的道路；第二，在联合的基础上优化生产要素的组合；第三，有浓厚的商品经济意识，着力于经营；第四，有强烈的发展外向型经济的愿望，最能代表这些内容的提法就是优化组合、联合竞争、多角经营、走向世界。

1. 加强联合竞争

闽东电机厂原是一个地处山区、设备简陋的小厂，生产规模小，生产

能力跟不上用户的需要；竞争对手强，不仅要和国内强手竞争，而且要面向国外名牌，困难是不言而喻的。但是，经过一二十年的奋斗，他们在创业阶段积累了许多经验，培养出了优良作风。他们有牢固的用户观念，实行以用户需要为根本的方针。他们十分重视产品质量和品种结构，以质量求生存，以品种求发展。他们善于在困难条件下，用好的厂风求得生存发展。由于具备这些优势，他们可以变被动为主动。初期，他们合并了地区农械厂和闽东机床厂，增添了人才、设备和厂房，缓和了企业发展中的一些矛盾，迈出了联合办厂的第一步。电机厂利用合并后的优势开发新产品，增强了在国内市场上的竞争能力。

1979年，国家决定调整国民经济。闽东电机厂抓住这个机遇，城乡联合，把工厂办到福州，解决了运输不便、信息不灵的问题。一个"大胆改革，组建跨行业、跨地区，包含不同所有制经济实体"的思路在工厂领导层反复酝酿着。不久，这个思路受到中共福建省委、福建省人民政府、福州市和宁德地区党政的支持。经过一段时间认真细致的准备工作，1981年12月28日，福建省人民政府发出《关于成立"闽东电机公司"的通知》，决定闽东电机厂和福州拖拉机厂、福州第三机床厂合并，组成闽东电机公司。通知指出："闽东电机公司是我省第一个跨地区、跨行业并包含不同所有制成分的联合企业，是国家计划指导下，具有充分自主权的新型企业。"闽东电机公司的成立实现了闽东人的夙愿，宣告了闽东电机事业首次飞跃。

联合后的公司，随着内部体制改革和销售机制的转换，规模经营的优势得到进一步发展。后来在市场竞争中，特别是在激烈的国际市场竞争中，他们认识到，单有一个公司的力量难以在强手如林的市场竞争中获得成功。公司虽以产品的质量和品种站稳脚跟，现又具备许多有利条件，但实力不足，规模不大，竞争乏力。因此，必须审时度势，向集团公司过渡，变单个公司和企业的局部优势为集团公司各成员企业的整体优势。为此，公司向上级正式报告，得到上级的理解和支持。通过兼并、参股和协作等多种形式进行深层次的联合，于1987年9月组建了福建省第一家集团企业——闽东电机（集团）公司。在这个集团公司内，有12个企业为紧密层成员，它们以名牌产品为龙头，一部分企业实行资产经营一体化；另一部分企业是资产股份结构，由公司统一经营管理；还有5个企业组成半紧密层成员，24 个企业和金融、研究、教学单位组成松散层成员，从而形成一个多层次、全方位、多渠道的结构功能比较完善的经济开放系统。这是闽东电机事业的再次腾飞。

20 世纪 80 年代，闽东电机事业经过了两次腾飞，进行了优化组合，公司紧密层企业的生产规模和生产能力已经跻身国内同行业第三名。1992 年，公司创产值 3.1 亿元，实现利润 1500 万元，出口创汇 1080 万美元；1993 年，完成工业总产值 35949.3 万元，实现销售收入 47376 万元，完成利润 3212 万元，出口创汇 1110.7 万美元。截至 1992 年 8 月 31 日，公司资产总额 29027 万元。但是，他们认为：第一，由于两次兼并和联合，公司背上了沉重的技术改造任务和产品结构调整的任务，也无力拓展第三产业；第二，在新的市场经济条件下，企业面临转换经营机制、更快地同国际市场接轨的形势，必须让企业有更大的经营管理自主权。公司一班人经过较长时间的比较分析，最后选择了一条金融资金集中的道路，改组为股份有限公司，发行新股所获资金，主要用于现有工业的技术改造和发展，同时支持房地产业、商贸等第三产业的经营和开拓，以保证公司效益水平的稳步增长。公司的设想经过省里的同意，1992 年年底改组工作已经完成，实现了闽东电机事业的第三次腾飞。1993 年是公司改制完成后正式营运的第一年，正如陈洁人总经理在 1993 年年底工作报告中所说的，这一年是公司向更高层次发展具有关键性意义的一年。这一年，公司把改革和发展结合起来，锐意进取，扎实工作，全面超额完成了利润目标和营业收入。公司以改革为动力，抓住调整产品结构和产业结构两个重心，内抓管理，外抓市场，各项工作均取得前所未有的发展。

2. 实行优化组合

横向联合为企业实行生产要素的优化组合创造了良好的条件。闽东电机（集团）公司是一个全方位、高层次、多层次、具有综合功能的集科研、生产、销售、金融、信息、服务于一体的企业集团。它的成立，更有效地发挥了优化组合的优势，展示了规模经济发展的前景。

第一，集团各成员单位在原材料供应、工艺专业化生产经营、产品研制开发、资金融通等方面发挥了相互支持、取长补短的作用。松散层的福州电线厂、上海南洋电线电缆厂为支持兄弟厂解决了短缺电机引接线和漆包线的困难；常州绝缘材料厂以优惠价格提供了电机生产使用的 1032 漆和无纺布；福建机器厂、长乐二轻机械厂、福安机电铸造厂等提供了电机铸件；温州市通讯广播总厂和福安低压电器厂也保证了电表、离心开关等的供应。这些原材料的调剂为紧密层、半紧密层企业缓解了困难，支持了生产力的发展。集团公司也为松散层企业排忧解难，如为福州电线厂组织到电解铜和进口无氧铜杆，帮助该厂生产正常进行。

第二，推动了专业化生产，为企业生产要素组合提供了更好的条件。集团公司成立后，相继筹建了第一冲压中心厂、模具制造中心、铸件制造中心。这些中心的建立提高了原材料利用率和劳动生产率，提高了工艺水平和产品质量，增加了企业经济效益。

第三，充分利用各成员企业的技术力量与设备能力，提高集团的整体生产力水平。公司通过控股、参股和生产技术协作的形式，改善了20多家企业的组织和管理，充分发挥他们的优势，提高了整个企业产品在市场的占有率。

第四，依托海外外销机构和国内企业成员及其100多个销售网点，组成一个国内外市场的信息网，为集团的经营决策和生产要素合理配置提供有利的条件。

第五，中国工商银行福州市分行等三家银行的加入，增强了集团资金融通和运营的能力，为集团注入了勃勃生机。

第六，工、技、贸一体化的生产要素综合优势的出现加快了产品开发的步子。集团每年接受国内外产品改型延伸任务占计划排产任务三分之一以上。截至1991年年底，集团同7个科研、院校单位的合作项目达54项，其中新产品开支项目占53%，产品性能攻关、技改与工艺咨询项目占47%，提高了产品结构的技术含量。

3. 多角化经营

多角化经营是一种形象的说法，是集团企业为了生存和发展所采用的一种经营战略。它的内容十分广泛：有水平多角化和垂直多角化形式；行业多角化可以生产多种类别的产品；经营方式多元化，即从事第二产业的企业可以兼营第一、第三产业；前向或后向经营多角化；以产品为纽带的产业集团，以市场畅销的优质产品为主角，多角发展；以城乡联合形成的企业集团，以城市为中心向农村延伸；等等。闽东电机在国内的多角化经营形式主要是：

1. 以拳头电机产品为主角，向系列产品开发。1981 年公司成立后，各成员企业紧密配合，开发的产品有 15 类、50 多个品种、600 多个规格。其中，ST 系列发电机、YC 单相大马力电机、AO_2 分马力电动机和 25DB－18 电泵、Y 系列电动机、5CF 柴油发电机组等 16 项产品分别荣获国家金质奖，被评为部优、省优产品。这些"闽东"牌商标的拳头电机产品畅销全国，出口 30 多个国家和地区，在国内外市场上享有盛誉。

2. 一业为主、多种经营。1981 年公司成立时，省里指示公司的"任务是生产和经营多种中小型电机，以及与民机有关的产品，实行工商工贸结合"；后来在发展中，更明确指出实行"以工为主，以商为辅，技工贸相结合"的经营方针。总经理吴晓明于 1992 年 8 月 15 日在关于"闽东电机改革发展的总趋势"的讲话中指出："工"，既是工业，也是工厂，是公司的基础，始终要作为重点，要把工厂的"质量、品种、效益、管理、技改"五项工作抓好，这样，企业才会立于不败之地；"贸"即商业，包括国内贸易和进出口。在国内市场上，仍以销售处为主，各厂销售科配合，继续巩固老市场和配套厂，执行原有的销售体制，不断开拓新市场和配套用户。新开发的产品投入市场，由公司和工厂共同开发新市场，在起步阶段以工厂为主，达到以销促产的目的。

"技"即科技开发。要向高科技领域、高附加值产品进军，调整产品结构，促进企业进步，要求研究所、各工厂要抓紧对现有科技新产品的开发，要严格按项目计划进度考核。加快对现有科技新领域项目的实施，如医疗器械的开发、微波传感技术和氧传感技术的应用、家用电器的创新等。

1993 年，股份有限公司成立后确定了"以股份制为契机，开拓第三产业，形成综合经营"的方针，决定发售新股所得资金主要用于以高科技为导向的工业发展，同时着力于开发商贸业业务，实现工商互补，振兴房地产业，改善经营结构。这些新精神，显著地说明公司在采用多角经营方针中加大了力度。

3. 着力推行后向多角化。早在 20 世纪 70 年代末，电机厂就提出"打开销路，占领市场"，并取得了成效。当时电机厂就在北京、上海、福州、厦门、广州等地建立了经销服务部、联营部，后来扩大到 100 多个网点，有力地促进了国内市场的销售工作，形成了本省、沿海地区、内地的内三层格局。经过十多年的不断探索、实践，公司建立起独具一格的销售体系，形成了出口、内销、工厂定点配套和网点门市部的销售网络。在80年代的两度飞跃中，产品销售都是作为一个重要谋略来抓的。1991年，公司进一步强化销售，成立销售处，扩大充实销售队伍，并开拓边贸，使销售额大幅度增长。

4. 走向世界

闽东电机公司建立后，选择了一条外向主导、走向世界的发展道路。十多年的实践证明，这是一条正确的道路。

经营国际化的原因是多方面的，福建地处沿海开放地区，继续推行并进一步扩大对外开放、促进经济外向化程度的提高是一条基本方针；由于国内电机生产能力不断扩张，市场竞争十分剧烈，因而公司为了保证自身的生存和发展，必须到海外拓展；电机基本属于劳动密集产品，劳动力成本相对低廉，许多电机产品在国际市场上具有竞争力。

但是，走向世界不仅仅是产品出口的问题，其目的是建立跨国公司，进入高层次的国际竞争。具体地说，有以下途径：电机产品打入国外市场；在海外代理商经销的基础上，发展海外合资或独资商业负责销售本公司产品；在海外建立生产厂家加工电机产品；在海外增建金融、房地产、运输等其他企业，建立跨国公司。

现在国外跨国公司都是综合经营的，光靠国际贸易的做法已经有局限性了，再加上贸易保护主义的因素，现在跨国公司往往贸易、投资、运输、保险、金融一齐搞。闽东人意识到跨国公司总是要跨出去的，目前在进行对外贸易的同时已经做了一些考虑。现在国际市场竞争十分激烈，办跨国公司要进行更加充分的调查与论证，什么时候条件成熟了，什么时候才能迈开自己的步伐。

（二）战略重点

围绕发展方向和战略目标，公司确定把战略重点放在市场开发、技术开发和智力开发上。

1. 市场开发

公司的思路是以国际市场为导向，以国内市场为依托，通过对国内外市场的调查研究，及时掌握两个机电市场的分布格局、品种分布状况及其发展变化趋势，逐步建立"内三层"（指福建、沿海和全国）、"外三层"

（指东南亚、亚洲和远洋）的销售、服务、信息网络。

在海外市场方面，公司已逐步摸索出一套占有和扩大市场、增加创汇能力和搞好外贸工作的方法和经验，按国际惯例参与竞争。拓宽出口渠道要双管齐下，一要发挥公司外贸机构的作用，同外商广泛联系，扩大出口业务；二要保持同机械设备专业出口公司的联系，组织联合出口。组织外商来出口商品的生产厂参观、访问、谈判，以增加出口量。争取与外商合资合营，开展加工贸易业务，来样加工直接返销产品。目前，公司在海外销售产品主要是通过代理商进行的。公司对这种代理制正在进行巩固和健全工作，按出口产品和规格品种直接委托代理商销售，力争获得较稳定的市场占有率，同时维护外商的正当利益，避免多头出口水货。集团公司在香港地区和菲律宾已设合资网点，同时已在筹建美国和西欧的合资网点，以及与印尼合办的工厂。为了扩大在海外的影响，公司积极参加外贸商品展销会，并与海外咨询机构积极建立密切联系，做好广告宣传，提高"闽东电机"在海外的知名度。1992 年，公司曾在中国台湾《自立晚报》第一版以四分之一版面连续两天刊登广告，在海峡两岸引起很大反响。

在拓展国内市场方面，公司也做了大量工作。公司刚建立时，产销分开，各厂负责生产，任务由公司下达，工厂生产的产品由公司收购和销售。这样的销售机制具有协调供货、统一对外的优点，但对工厂来说，不利于发挥其经销积极性。后来，公司总结了销售工作的经验和教训，建立两级销售机制，即大部分产品（约占全部产品的 70%）仍由公司收购和销售，工厂在完成公司计划的前提下可以自销其余的产品（约占 30%）。这种由公司和工厂两级销售的方式，也叫作"划跑道"，大大调动了工厂的经营积极性和市场竞争意识。各厂面向客户和市场，建立了一支善于推销的队伍。1986 年以后，全公司销售收入以 15% 的速度递增。

2. 技术开发

电机是传统产品，要提高产品质量、改善品种，就要立足现有基础，强化技术改造。技改投向主要解决四个方面的问题：一是节材节能，降低消耗，降低产品成本；二是提高产品质量和技术水平，增加短线产品和名、优、新产品的生产能力；三是扩大出口产品的生产，提高创汇能力；四是保证安全、持续、正常地生产。

公司认为加强国外技术的引进，是今后闽东企业技术改造的重要途径。应根据需要与可能，大力引进对集团公司发展有密切联系的项目。在引进之前要做好调查研究和可行性论证工作，并安排后续的消化吸收与创新的准备工作。要将引进技术与自主开发结合起来，把引进技术工作提高到一个新水平，使有限的投入尽可能地取得最大的效益。

新技术、新产品开发是实现企业技术进步的前提，是促进研究成果向生产力转化的关键。闽东电机（集团）公司把新技术、新产品开发的重点放在以下方面：基本产品的生产工艺技术开发，保证产品的基本质量水平；产品设计技术的技术开发，提高新产品的设计能力；新材料、新工艺在产品应用上的开发，提高产品节能节材性能。公司认为，要特别注意发挥科研基地电机研究所的领先作用，充分利用"产、研、学"一体化的综合优势，逐步形成自己的科技依托力量。在开发基金问题上，公司强调应多方筹集，走中外合资合作的路子；围绕家电产品开发和机电一体化产品的开发，选准两三个关键项目，重点开发，重点投入。

为了激励各单位和广大科技人员的积极性，公司提出如下几点对策：第一，把技术改造与科技研究开发纳入各成员单位经济承包制和厂长任期目标责任制中去，作为考核条件之一，并与职工利益挂钩。第二，对重点科研项目，实行课题承包阶段性成果考核和研究成果专家评审制。科技成果的转让，按规定比例提取奖金。对技术、科研和合理化建议成果，按技术难度和实现效益分档次进行奖励，有功人员给予重奖。第三，评定科技进步先进单位、先进个人及优秀科研成果奖，形成尊重知识、尊重人才的浓厚气氛，以激发科技人员的进取心。

3. 人才开发

人才是进行市场开发、技术开发的保证。市场竞争，说到底就是技术竞争、人才竞争。公司决定以人才开发作为战略重点，正是抓住了根本。首先，公司注重在职职工的培养。集团公司建立了"工程师继续工程教育"中心，加强现职科技人员的知识更新和进步；建立各类职工岗位技能培训中心，旨在提高职工的整体素质，培养善于开拓、懂行会管的多层次人才；办好"闽东电机技工学校"，加强对青年职工的岗前教育和岗位技能培训。并且，公司通过工资劳动制度的改革，建立起鼓励职工加强业务学习、提高劳动素质的机制。另外，全公司有一百多位职工参加了各类成人大中专学习班。其次，委托高等院校代培。闽东电机公司成立十年间，委托福州大学、浙江大学等培养电机电器技术人员一百多人。公司还吸收品学兼优的大中专毕业生，定向对口培训。再次，通过引进、专项培训或派驻国外实践的途径，培养外贸人员29名。目前公司已建立一支熟悉业务的能适应对外贸易工作的外向型人才队伍。最后，在各级干部的使用培养方面，坚持干部的"四化"方针和德才兼备的标准。不搞论资排辈，着重工作实绩，不拘一格，能上能下，厂部级干部双方交流。集团公司建立后，紧密层单位的81位厂部级干部有一半是公司成立以后才提拔起来的。厂部级干部中具有大中专学历的占73%。

经营方针和经营决策

（一）经营方针的演进

企业生产出来的产品在市场上是否畅销，取决于供求关系和经营方针，包括经营思想、经营目的及达到目的的手段。闽东电机在创业时期和改革开放时期多次研究经营方针问题，提出：以用户需要为根本；坚持社会需要第一，顾客用户第一；以质量求生存，以品种求发展；打开销路，占领市场，调整结构，扩大生产；工业为主，商贸为辅，技工贸相结合；产业结构高级，经营结构多角，管理功能健全；等等。

以用户需要为根本，以质量求生存，以品种求发展，是闽东电机经营方针的核心思想，后面的一些提法都是围绕这一核心思想展开的。社会需要第一和顾客需要第一的关系是辩证的。社会需要落实和体现在用户需要上，所有用户需要也就是社会需要。闽东电机创业时期的经营核心思想是在实践中逐步领悟出来的。20世纪50年代办厂初期，电机质量不好，企业亏损。后来闽东电机进行了整顿，电机质量提高了，生产出符合用户需要的产品，1959年和1960年先后被评为华东地区和全国中小型电机质量标兵厂，企业因此得以生存下去。1962年，闽东电机参加全国JO$_2$电动机设计试制，获得新产品二等奖。20世纪60年代，闽东电机在提高质量的基础上狠抓产品品种，进一步促进了企业的发展；1963—1965年积极设计试制小型电机新品种，产品性能达到先进水平，满足了用户的需要，企业迅速发展；70年末代改革开放开始后继续狠抓质量和品种。1979年，闽东电机经历了一个新产品发展年，被评为全国先进企业，ST单相发电机被国家评为金奖。80年代，闽东电机狠抓经营管理，使企业迈开更大步伐。1980年，电机厂总结了经验，提出了"以质量求生存、从品种求发展"的办厂方针，这条方针的实质是为了保证社会需要和用户需要。他们有一条醒目的口号——"按用户需要改进质量，按用户需要发展品种"，所以，质量品种方针就是为用户服务。这个从实践中总结出来的又用来指导实践的朴素的思想，深深地扎根在闽东电机事业开拓者的心中。

中共十一届三中全会给企业吹来了春风，公司总结了这一段时间的出口经验，提出了"打开销路，引领市场，调整结构，扩大生产"的方针。这条方针，实质上是为了保证经营目的实现的手段，是为实现经营目的服务的，应该说这也是经营方针的重要内容。后来，闽东电机公司在1981年的工作总结中提到，"工业为主、商贸为辅、技工贸相结合"的生产经营方针是调整结构的具体化。它和上述方针一样，都没有离开满足用户需要的核心思想。

1981年至1990年，从电机公司建立至电机（集团）公司拓展，公司经营规模扩大，生产迅猛发展，效益逐步提高，技术改造见效，新产品开发和产品创优硕果累累。尤其是1982年福建省人民政府批准公司可以直接经营进出口贸易，为公司开拓海外市场提供了更为有利的条件。1988年9月，夏玉湖总经理在闽东电机创业30周年大会讲话中回顾办厂方针和经营经验的基础上，概括提出公司的经营方针，这就是：产品结构高级、经营结构多角、管理功能齐全。

（二）经营方针的内容

1. 产品结构合理

产品是企业生存和发展的基础，优化产品结构是实现经营目标的重要保证。产品结构合理化，也就是"从品种求发展"方针的发展。根据集团公司发展以外向型为导向的要求，产品结构调整首先要围绕这个方向进行。他们不断树立市场经济观念，向国际市场提供质优价廉、适销对路的产品；尽快研制开发新产品新品种，满足客户要求。1992年，公司出口的主产品除继续保持发电机 YC 大马力电动机、巴顿电机、砂轮机外，还准备推出 MY_2 电动机、DOL 衣车马达、清水泵等，并计划发展为出口主产品。从出口主市场看，发电机、YC 大马力电动机主要面向东南亚国家，DOL 衣车马达主要面向中美洲，MY_2 电动机主要面向欧洲，清水泵主要面向中东地区。

依靠科技开发新产品，走开发高科技产品之路，加大科技在新产品中的份额，是产品结构高级化的主要内容。1988 年后，公司充分利用几所科研单位和高等院校的科研、技术优势，和公司研究所及各成员企业一道，开发了 50 多项新产品、100 多个品种规格。按照公司规划，为了建立依靠科技进步发展的保证机制，"八五"末期建立新产品开发试制中心，"八五"期间实现新产品的产值占总产值的 15% 以上，1996 年实现现有产品升级换代。加快家电和机电一体化等附加值高、技术较密集产品的开发步伐，高科技产品 1995 年要达到总产值的 20% 以上，2000 年达到 50% 以上。整个经济增长中，科技进步因素所占比例，1995 年要提高到 70%，2000 年力争达到 85%。

对传统产品结构，按照节能、节材、专用、配套的要求进行改造。其任务是：第一，按照市场需要对现有产品改型，进行适应性调整；第二，按照经济效益的标准进行对比性调整，保留一些高利润、节材节能、有前途、可以上批量的产品，淘汰一些成本太高、利润微薄的产品，同时通过对现有产品的深加工，增加技术含量，提高其附加值；第三，积极研究机电市场变化趋势和社会消费的激流，积极发展家电产品和机电一体化，突破现有产品档次的局限，实现产品结构由单一化向多角化转变，"八五"期间要争取上 1～2 个家电项目，并进入医疗器械领域，积极试制自动化病床及其专用的力矩电机。

2. 经营结构多角

公司在采用上述水平多角和垂直多角的同时，大力推进斜行多角经营。这主要是发展外向型经济，把拳头产品、新产品推向国际市场，实现内外互补，扩大回旋余地。1975 年开始，电机厂就把产品销往国外。1982 年，福建省人民政府批准闽东电机公司直接经营出口贸易，为公司开拓海外市场提供了有利条件。为了把更多产品销往国外，重要的一条就是提高产品质量和档次。公司以紧密层成员为核心，充分发挥各家的优势，博采众长，协力开发拳头系列产品，逐年增加出口量，出口产值占工业总产值的比重，1987 年为 21.07%，1988 年为 22.30%，1989 年为 25.34%，1990 年为 42.32%，1991 年为 33.32%，1992 年为 28.39%，1993 年为 22.62%。集团公司充分利用上海电器科学研究所、广州电器科学研究所、福建机械研究院、上海交通大学、福州大学等集团成员的技术、科研优势，和各成员企业一道，开发新产品 50 多项、100 多个品种规格，其中出口创汇产品近一半。公司还通过引进新技术，搞产品加工返销国外，或与外资合资生产。1984 年成立的闽日电动工具有限公司是闽东电机公司所属的一个合资企业，引进日本先进技术装备生产电动工具，成立后第三年开始出口产品，产品质量已达到日立同期同类产品水平。公司还在国外和境外办合资经营单位，先后成立的有菲律宾华荣机电中心和香港福力公司。华荣机电中心主要经销中国机电产品。这些举动鲜明地反映了公司多角化经营、致力于国外市场开拓的决心。

3. 管理功能齐全

管理的本质功能可归结为：对生产经营者要素进行系统组合，产生系统效应，这种效应对生产经营能力起放大的作用。管理的一般功能，即计划、组织、控制和监督。这四个功能能否齐全决定于本质功能，而本质功能则取决于管理体制与经营机制。在这个方面，闽东电机事业着重抓了以下几件事：

第一，全面实行总经理（或厂长）负责制，加快企业领导体制改革。关键是党政分开、分级管理、专人负责。理顺党、政的相互关系，做到：职责上分，思想上合；工作上分，目标上合；制度上分，关系上合。总经理（或厂长）是企业的法人（或分法人）代表，实行总经理（或厂长）任期目标责任制。建立公司管委会和工厂职代会，加强集体领导监督和职工民主管理。公司的分权分级管理，主要通过经营承包责任制来推行。

第二，推行所有权和经营权的分离，加快企业经营机制的转换。公司采用经营承包责任制形式，先由公司以法人资格向国家承包经营管理，通过承包契约关系取得国有资产所有权，使企业产权独立，由总经理负责经营。然后，公司又作为发包者，对下属工厂厂长赋予分法人代表资格，按照发包者承包契约关系，由工厂负责本厂的生产经营工作，享有相对独立的自主经营权，从而有效地调动了各厂的积极性。公司一方面放开经营，层层放权；另一方面加强宏观调控，以利发挥集团公司的整体优势。

第三，以股份制为契机，建立以资金为纽带的集团管理体制，为彻底转换经营机制提供条件。企业集团以资金为纽带，把众多法人企业联合起来，这是集团成员企业科学地处理产权和责权利关系的一种最好形式。在市场经济条件下，企业集团成员只有生产经营的分工协作和参股的双重关系，才能真正形成利益共同体。经福建省体改委 1992 年 117 号文件批准，闽东电机（集团）公司改组为规范化股份制企业，计划总股本 1.1 亿元，每股面值 1 元，计 1.1 亿股，其中发起人资产净值折 5239 万股，占股本的 47.63%。

通过以上改革，公司的管理功能逐步增强，不仅本质功能得到强化，而且计划、组织、控制和监督等一般功能也有明显加强。

（三）经营决策

经营决策是在经营方针指导下，以发展目标为前提，在企业未来行动方案中选择一个合理方案的分析判断过程。未来总有一定的不确定性，要使决策指导未来行动，必须通过各种预测方法，掌握事物发展规律，使未来的正确性极大化。

1. 决策程序

闽东电机企业十分重视经营决策并逐步使其规范化。从决策程序看，一般经过四个步骤。第一步，提出问题，确定解决问题的目标；第二步，分析问题，拟订解决问题的多种方案；第三步，在评价方案的基础上进行抉择；第四步，贯彻实施方案，追踪检查实施情况。这四个步骤是就规范化说的，并非每一项决策都能严格经过这几个步骤，一般是从不完全规范到比较完全的规范。

从问题的提出来看，通常有：从企业领导层上提出；由职工向领导者提出；由基层组织向上层组织提出；实现横向联合后，由企业之间磋商提出；从职代会中提出。从分析问题、拟订提案来看，一般是针对问题分析其产生的主客观因素，指出存在的问题如不解决将产生哪些影响，围绕决策目标分析实现目标的各种途径，最后制订多种方案以供评价和抉择。从本公司（厂）以往所做的决策看，多数情况是提出一个供抉择的方案，难以做到同时提出多种方案供抉择。在方案评价和抉择中，要根据经营方针和发展目标的要求，选择若干必要的评价标准对方案进行全面评估。在科学评价的基础上做到抉择。本企业重要的经营决策一般经过总经理、公司管委会决定；一般性的经营决策则由总经理（厂长）办公会议或有关职能部门决定；个别跨地区跨行业跨所有制的本公司难以做主的决策，经研究后报请省人民政府、机械工业厅或其他主管部门定夺。经营决策方案抉择之后，正常情况下都能及时落实下去，根据实施决策的要求进行检查，监督解决实施中有关的问题，发现差异，迅速纠正，以保证决策目标的实现。

2．决策体系

决策体系包含在公司管理体制之中。闽东电机公司和电机（集团）公司相继建立和改组后，实行总经理负责制和总经理负责下的分级分权管理。总经理实行任期目标责任制，这个目标，实际上就是公司的生产经营目标，包括：标志发展速度的产量目标、标志发展水平的质量目标、标志企业效益的利税目标、标志企业后劲的技术开发目标，以及标志发展方向的多层次、全方位、多角化的集体发展目标等。实现目标，要做出一系列的经营决策，包括发展目标、经营方针、经营重点、组织措施及一系列推进手段。总经理是公司经营决策的首要负责人。一般情况下，总经理和公司管委会是在一起研究磋商的。公司管委会是公司民主管理的组织形式，是公司一级管理机构，参与计划、组织、控制与监督，每年召开若干次，是公司经营决策主要机构。

（原载于《西北开发与东南发展》，闽新出 2000 内书第 122 号，第 323－328 页）

梯度发展理论与现实■

论经济技术梯度转移

梯度论的内涵

20 世纪 80 年代初，在我国经济发展战略讨论中，学术界引进了西方梯度论并展开了一番研讨，深化了对梯度论内容的了解，同时，促进了我国生产力的空间布局和合理走向。

经济技术梯度转移、区域发展差距和区域协调发展是改革开放 20 年中学术界和实际部门热烈讨论和研究的话题。从时序看，20 世纪 80 年代初研究发展战略时，梯度推移问题成为一个热点。随后，在"六五"至"九五"计划的形成和实施中，由于东部沿海与内地发展水平差距逐渐扩大，东西差距问题受到了各方关注。时至今日，如何缩小差距保持协调发展，又成为今后保证实现现代化战略目标的重要战略措施。但是，这几个问题并非截然分开的，在各个阶段时有交叉。其中，梯度转移问题乃是起点。

1982 年，学者夏禹农、何钟秀发表文章①，阐明梯度论的主要内容。1983 年，何钟秀的文章②进一步阐明了我国技术梯度转移问题。1983 年，学者刘国光主编的一部著作③，从战略的高度提出："沿海中心城市工业基础比较好，科技力量比较强，管理水平比较高。因此，今后上海、天津、广州等沿海中心城市，不应只看重于扩大对内地产品的供应，而应着重在技术上帮助，采取各种形式，把技术和管理经验移植到内地，这是花钱少，见效快，提高经济效益的一条重要途径。"这个观点和梯度推移殊途同归。以下阐述梯度论本意及其讨论中引伸出来的观点。

---

① 夏禹农、何钟秀：《梯度理论与建议》，《研究与建议》，1982 年第 8 期。
② 何钟秀：《论国内技术的梯度转移》，《人民日报》，1983 年 2 月 6 日。
③ 刘国光主编：《中国经济发展战略研究》，上海人民出版社，1984 年，第 28 页。

梯 度 论

20世纪80年代初，西方的梯度推移理论被引进到我国。学者周起业在《区域经济学》中做过评价，指出西方梯度转移理论与工业生产生命循环阶段理论是紧密相连的。美国哈佛大学弗农等人认为，各个工业部门、工业产品、技术都处在不同的生命循环阶段中，都要历经创新、发展、成熟、衰老四个阶段。区域经济学家把这种工业生产生命循环阶段理论引用到区域经济学中，产生了区域经济梯度转移论。其主要论点是：区域经济的盛衰主要决定于产业结构的优势，而产业结构优势又取决于该地区主导专业化部门和其他部门在工业生命循环中所处的阶段。如果主导专业化部门处于创新阶段和发展阶段前期，则该区可列为高梯度地区。新产业部门、新产品、新技术等创新活动一般来源于高梯度地区，以后随着时间的延伸和生命循环阶段的变化，衰退的部门、产品、技术逐步由高梯度地区向低梯度地区转移。这种转移主要是通过多层次城市系统扩展开来的。后来，迈达尔基于对资本主义社会地区经济发展总趋势的观察研究，提出累积因果论，从而把梯度理论从静态提升到动态上来。根据累积因果理论，地区发展中有三种效应同时在起作用，即极化效应、扩散效应和回程效应。极化效应是指发达地区具有一种自我发展的力量，促使城市带的发展水平梯度的上升。在极化效应作用的同时，扩展效应也在起作用，因为随着城市带发展梯度上升，附近地区可能在城市带的帮助下得到不同程度的提高。回程效应指发达地区在极化效应的作用下，仍然具有比不发达地区更多的优势。不发达地区虽有扩展效应的帮助，但由于回程效应使资金、移民仍向发达地区集中，发达地区仍能保持竞争力，从而，回程效应削弱了扩展效应的作用。[①]

根据梯度推移论的基本观点、基本内容和我国学术界研究讨论情况，学者刘再兴关于梯度论在我国的表述是：无论是在世界范围，还是在一国范围内，经济技术的发展是不平衡的，客观上已形成一种经济技术梯度。

---

① 周起业、刘再兴、祝诚、张可云：《区域经济学》，中国人民大学出版社，1989年，第126－143页。

有梯度就有空间推移。生产力的空间推移要从梯度的实际情况出发，首先让有条件的高梯度地区引进掌握先进技术，然后逐步依次向处于二级梯度、三级梯度的地区推移。随着经济的发展，推移的速度加快，也就可以逐步缩小地区间的差距，实现经济分布的相对平衡。[1]

反梯度论

有的学者认为，现代科学技术本身带有跳跃性，因此，技术转移也可以跳跃。不发达地区直接吸收新科学新技术新成果，使产业跳过传统发展阶段而实现跳跃发展。从非平衡理论分析，不发达地区的经济技术发展中，突变模式应是一般原则。一些经济技术落后的国家或地区引进国际先进技术后，能够有效地吸收、消化和创新，反过来把先进技术向发达国家和地区转移。梯度转移理论仅从现象上概括科学技术转移的一种形势和科学技术向各智力、生产力发达地区转移的规律。在现实生活中，正是由于遵从效益规律的作用，使得现代科学技术的转移有三个走向（向贸易发达、自然资源发达、生产力和智力发达地区转移）和两种基本形式（梯度推移和跨梯度的超越转移）。科学技术的三个走向、两种形式在实际生活中不是可以截然分开的，而是相互联系，在一定条件下又可以相互转化、相互独立的几个方面。[2]

梯度和反梯度并存论

有的学者认为技术的梯度转移是在生产力不发达的条件下起作用的，其原型在古代社会中存在。随着社会的发展，科学技术和经济条件的变化使技术的梯度转移产生各种变型。少数不发达地区已经形成一定的技术场、资金场和市场场，因而对新技术、新产业的吸引力可能比处于高中梯度地带内的非增长极地区要大。以上两类地区都有可能引进某些新技术，

---

[1] 周起业、刘再兴、祝诚、张可云：《区域经济学》，中国人民大学出版社，1989年，第151页。

[2] 郭凡生主编：《发展战略概论》，《科学管理研究》，1985年，第338、87页。

开发某些新产品，实现有限度范围的超越发展，即所谓反梯度转移。这种转移，也符合空间转移规律，只是从总体上看，这种局部的反梯度转移并不占主导地位。当前国际、国内的技术转移是技术推移和跳跃发展共同起作用的混合模式。①

梯度主导论

有的学者指出，这种观点和并存论的不同之处，在于起主导作用的是梯度推移。反梯度推移的现象只是空间推移的一种特殊现象，它的作用范围和程度不能与常规的梯度转移并论。

从理论上说，技术推移之所以能进行，一方面是扩散地区有其内在动力和外来压力，愿意扩散出去；另一方面，更由于接受地区存在着接受扩散的引力场。推移方向的选择，主要看接受地区引力场的状况。所谓引力场，是指劳动力场、资源场、区位场、市场场、技术场和资金场。由于种种原因，这六个引力场的引力强度不同。其中，资金场、技术场，由于新技术的开发、新产业的建立，耗资较多，对技术要求高，因此，这两个引力场引力很大，而且有递增的趋势。这种情况，通常出现在发达和较发达地区。而在不发达地区，通常只能以其资源场、劳动力场或区位场来吸引较低层次的技术。②

梯度论的作用与局限性

上述关于梯度论的讨论，作者概括起来有以下几点认识：

第一，通过讨论加深了对梯度论内涵的认识。它的精髓是工业生产生命循环阶段理论，并由此而涉及产业结构的调整，从而为梯度论奠定了科学基础。

第二，梯度论的研讨对国家制定经济发展战略具有现实意义。从"六

---

① 魏世恩、郭志仪主编：《中国沿海与内地经济发展关系》，兰州大学出版社，1992 年，第339 页。

② 周起业、刘再兴、祝诚、张可云：《区域经济学》，中国人民大学出版社，1989 年，第143－151 页。

五"计划开始，我国按照东、中、西三个地带的划分协调发展地区经济获得了明显效果。

第三，讨论中引申出来的反梯度论、梯度和反梯度并存论，以及梯度主导论，把梯度论问题推向深入。应该说，经济技术梯度转移是一种客观规律，正如江河流水总是从高处向低处流。关键是对反梯度含意要有严格界定，否则会影响结论的科学性。

第四，由于时代的变化，以及科学技术的进步和各国国情的不同，原先的梯度论内容已经不够了，应有所补充有所发展。现简要分析如下：

首先，经济全球化已经是不可阻挡的大趋势，给经济技术的梯度转移带来新的契机和新的动力，出现了经济技术转移的新格局。每一个区域都有机会与外界广泛接触和联系，跨国高新技术集团有可能对众多区域进行考察和选择，从而在最有利的区域投资，设立分支机构，使经济技术快速转移到各地区。因此，甲乙两个区域之间不仅有一个引力场和一个斥力场，而且会产生错综复杂的力场关系；不仅有一个扩散效应和一个极化效应，而且会产生更多的功能不同的效应，从而使梯度转移问题更加复杂化、多样化。

信息社会和知识经济的到来将大大改变技术传递的时间和方式，让资源丰富而加工能力较弱地区有更多的机遇通过以信息科技、生命科技为前导的高新科技来改变贫穷落后的面貌，从而改变了以往单纯被动地靠发达地区产业结构调整转移来的经济技术。当然，现在还不能说所有不发达地区都会走这条路，不过会有更多不发达地区是可能选择这条路的，可是，还要受很多条件的限制，目前还只能看成一种局部现象。

其次，从梯度论的内涵中看到，经济技术梯度转移的理论基础是工业生产生命循环阶段理论，这是毋庸置疑的。但是，从社会的整体看，政治制度和生产关系对经济技术转移的作用也是至关重要的。最近，江泽民同志关于社会主义初级阶段理论的多次讲话精神告诉我们，我国现在处于并将长期处于社会主义初级阶段，我们已经完成了现代化建设的第一步、第二步战略目标，现在起要进行部署，完成第三步目标。从新世纪开始，我国将进入全面建设小康社会并加快推进现代化新的发展阶段，要把提高人民收入水平和生活质量提到重要位置。为此，我们要在新的起点上，继续推进经济增长方式和经济体制的转变，要积极推进经济结构的战略性调整，以信息化带动工业化，实现生产力跨越式发展。要坚持基本经济制度，为各类企业发展创造平等竞争的环境。要坚持对外开放的基本国策，使我国对外开放达到一个新的水平。要坚定不移地实施科教兴国战略，建设一支宏大的高素质的人才队伍。要把人民收入水平和生活质量提高到重要位置，保证人民更好地安居乐业。为此，还要缩小各地区发展水平的差距，发达地区要帮助欠发达地区发展经济技术，达到共同富裕的目标。

以上内容，直接关系到各个区域的发展和经济技术的转移。所以，社会主义初级阶段的理论和政策，应该是区域经济技术转移的重要指导思想。以上这些方针政策都是区域经济技术发展和转移中必须遵守执行的。当然，在这里我们毫无责难梯度论的意思，因为梯度论并不包含区域发展政策问题，它只是说明经济技术梯度推移的规律。但是，作者感到，热心的学者之所以引进梯度论，不可能仅仅让读者单纯了解它的内涵，而是期望推动我国区域经济技术的转移和发展。既然是这样，涉及梯度转移的实施问题理所当然也应具有积极意义。

再次，要从相关学科中综合研究经济技术转移问题。这里重点谈谈区域经济学和发展经济学。

区域经济学。这门学科是在 20 世纪 50 年代适应国际与各国内部区域分工的深化，并针对当时国家之间、地区之间经济非均衡发展的加剧，从经济学与生产布局学中分离出来的一门新学科。目前，西方的区域经济学虽已建立了一套理论体系与研究方法，但总的来看还不够成熟。国内学者周起业等合著的《区域经济学》，在框架与体系上重点放在系统阐述西方区域经济学的理论与实践上，兼容了苏联特色的区域理论，还竭力阐述了我国在区域经济研究中已经获得的重要成果。其主要内容安排了国土开发与国土规划、经济区划、经济发展梯度转移、区域特征分析、区域发展目标系统与相应政策的制订，以及区域产业结构、地区比例与区际联系等。该书第 5 章专述区域经济发展梯度理论，同时探讨了梯度理论在我国的运用和发展。

发展经济学，这是第二次世界大战结束后从当代经济学分出的一个分支，其主要内容是研究一个不发达的经济如何"起飞"并最终转变为稳定增长的发达经济。20 世纪 70 年代以来，对经济发展的研究发生了一个新的变化，即更多地和实际政策相结合。我国改革开放以来，随着国家工作重点的转变，国家及各地区经济发展研究的氛围日益浓厚。学者刘国光主编的《中国经济发展战略问题研究》的出版，不仅标志着我国经济学界对经济发展问题的关心，而且说明发展经济学已经引起我国经济界的关注。作为发展经济学重要内容的"资本和技术转移"问题，集中反映了产业、资本、技术、人才向发展中国家的流动趋势。这种转移主要是通过援助、贸易、投资等三种渠道进行的。发展经济学与区域经济学的一个重要区别是，前者以国家为主要对象，后者则以区域为主要对象。但是，经济技术转移的理论与方法很多是可以互为借鉴的。

此外，生产布局学、经济地理学、国土经济学、生产力经济学、工业经济学、世界经济学等有关内容，对深入掌握梯度转移的理论与方法也有助益。

经济技术梯度转移在我国的发展

前面说到，在梯度论讨论中，有人认为梯度论只是阐明一种规律，本身并未涉及实施问题。即使它的确没有涉及实施问题，但人们可以通过实践检验这个理论的科学性，总结经济技术实际转移中的经验与问题。

我国相关文件中并未明确提出梯度论，但在实施环节中颇有相似的精神。我国在"七五"计划时，把全国划为东、中、西三个地带，这相当于全国范围内的梯位划分。三个地带存在着经济技术水平的明显差别。《新疆社会科学》1984 年第 4 期中，有作者根据索洛模型计算了我国 20 世纪 80 年代初期三个地带的技术水平呈递减趋势。以东、中、西（其中陕西计入中部）三个地带为序，1980 年初期，平均技术水平为 1.4574、1.0206、0.7088；城市技术水平为 1.60、1.31、0.87。1987 年，东、中、西三个地带人均国民收入依次为 1130 元、741 元、583 元。1998 年，工业总产值占全国工业总产值比重，三个地带依次为 61.97、26.24、11.79；工业企业利税总额占全国的比重依次为 58.91、27.03、14.60。从工农业区位商（相对专业化程度主要指标，衡量区域产业部门相对专业化程度，如果 >1，说明产业化程度较高；<1，则较低）看，1988 年东、中、西三个地带在全国工业区位商依次为 1.1、0.9、0.8，农业区位商依次为 0.8、1.2、1.4。可见，东部工业专业化水平高于中、西部。东部是我国工业产品的

主要生产和输出基地，中、西部则是我国农副产品和矿产品生产和输出基地。从工业内部看，1988年东部重工业区位商为0.93，轻工业为1.06，轻工业是东部地区的相对专业化的部门。中、西部的重工业、轻工业的区位商分别为1.09和0.88、1.08和0.91，重工业是这两个地带的相对专业化的部门。[①]

列入东部的主要是沿海地区。近代，中国沿海大城市是旧中国半殖民地的典型，这里的生产力水平一般高于内陆地区，是旧中国的主要工业基地。特别是改革开放后，沿海中心城市除了具有一般区域中心城市功能外，还具有其他特殊的功能。沿海中心城市贴近港、澳、台地区，海路通航各大洲，交通便捷，处于对外开放的前沿，在经济上将在更大程度上参与国际产业分工和国际市场竞争，技术上可以更快更有效地接受境外发达国家和地区的辐射和转移。沿海地区与内陆地区客观上存在经济技术发展程度的势差，需因势利导地促进生产要素在沿海与内地之间合理充分地流动，使其成为国际与国内两个市场的枢纽。以上粗略分析可见，把我国划分东、中、西三个地带是符合国情的。

兼顾效益与公平是区域发展的重要原则。讲效益，首先是整体利益。要充分发挥高梯位区域的优势，以最少的投入获得最大的效果，为国家积累更多的资金。在讲求效益的同时，要尽量做到公平，使各个区域都能得到充分发展，互利互惠，共同迈向富裕。

改革开放以来，我国国民经济取得举世瞩目的成就，国内生产总值从1978年的3624.1亿元发展到1998年的79395.7亿元。1998年，国内生产总值指数为1978年的638.2，国内生产总值人均指数为1978年的490.8。在产业结构中，以1978年为100，一、二、三次产业的指数，1985年分别为155.4、197.9、231.9，1998年分别为263.1、916.8、738.9，二、三次产业得到更快的发展，国家工业化进程突飞猛进。全国每万元国内生产总值消耗的能源逐年下降，1985年为8.6，1990年为5.2，1995年为2.2，1998年为1.7，经济增长方式的质量正在提高。1978年全国人均国内生产总值379元，1998年达到6392元。1978年全国农村居民人均消费水平138

---

① 魏世恩、郭志仪主编：《中国沿海与内地经济发展关系》，兰州大学出版社，1992年，第41－43页。

元，1998 年达到 1895 元。1978 年全国城镇居民消费水平 405 元，1998 年达到 6182 元。

以上说明，20 年来我国国民经济取得了显著成就，不仅发展数量明显地增加，而且增长的质量也有改善；不仅生产水平有了长足的提高，而且人民生活水平有了明显的提高。这些成绩的获得，是全国人民在党中央领导下艰苦奋斗的结果，也是和正确的区域发展战略，以及充分发挥东、中、西三个地带的积极作用分不开的。

三个地带的发展差距由来已久，20 世纪 80 年代初期的差距前已述及。以前一年国内生产总值为 100，1996、1997、1998 年东部发展水平指数依次为 119.6、112.2、107.0；中部为 120.8、112.9、106.8；西部为 103.5、111.5、107.6。

由上可见：（1）1996—1998 年三个地带发展速度，东部、中部递减，西部先增后减。（2）从三个地带逐年对比看，第一年中部指数最高，东部比中部低 1.2 个百分点，高于西部 16.1 个百分点。第二年中部还是最高，但西部赶了上来。第三年，三个地带指数相当，西部略高。在三个地带中，东部趋势和全国比较一致，1996 年经济软着陆后，银根紧缩，需求疲软，直到 1999 年才开始回升。中部趋势基本与此相同，但 1996 年以前连续快增，1996 年以后降幅稍大。西部则因 1997 年涨幅较大，1998 年也降下来了。从最后一年看，三地带指数基本持平。

三个地带在最后一年虽然差距基本持平，但仅从相对差距看是不够的，还要从绝对差距看。1998 年东、中、西部国内生产总值分别为48114.54 亿元、23313.66 亿元、115052.05 亿元，人均国内生产总值分别为 9482 元、5417 元、4052 元。以东部为 100，中、西部人均国内生产总值分别为 75 和 34，说明绝对差距还很大。下面用增长内含指数分析1996—1998 年三个地带的绝对差距。国内生产总值增长内含指数是报告期国内生产总值减基期国内生产总值后，除以基期至报告期国内生产总值增长率。计算后，东、中、西部国内生产总值指数依次为 131.36、66.86、17.99。东中部差距是 1.96，东西部差距是 7.30。再从实际消费水平看，1998 年，全国居民人均消费 2972 元，其中农村居民 1895 元，城镇居民6182 元。东部地区 12 个省区市中，河北、山东、广西、海南 4 省区未达到全国人均消费水平，占 12 省区市的 33.3%。中部地区 9 个省区市中，山西、内蒙古、安徽、江西、河南、湖北、湖南等 7 个省区未达到全国水平，占 9 个省区的 77.7%。西部地区 10 个省区市均未达到全国水平。

东部沿海地区和内地之间历史上就存在差距，随着沿海更快地发展，绝对差距愈来愈大。这不是沿海的发展带来的消极结果，而是区域发展中必然产生的不平衡现象。但是，我们不能让这种差距长期存在下去。我们是社会主义国家，共同富裕是我们的目标。国家经过长期的积累，现在已经有条件来解决，问题在于什么时候开始解决。美国学者赫希曼在 20 世纪 50 年代研究市场经济条件下，提出区域发展中的极化效应和涓滴效应著名原理。他把有利于发达区域不断成长的作用称为极化效应，而把有利于欠发达区域成长的作用谓之涓滴效应。当涓滴效应小于极化效应时，区域差距不断扩大，政府就应采取相应措施，帮助不发达区域发展经济。美国学者菲尔兹认为，相对不平等与人均国民生产总值之间的关系存在着一种"倒 U"型趋向，即不平等经济在发展的早期阶段上升，到了经济发展中期及以后的阶段则降下来。美国另一位学者阿鲁瓦利亚在对众多国家的经济发展的定量研究中也证实了这种"倒 U"型的规律，而且对中后期转变的转折点的量化也做了研究，通过回归方程绘出两个曲线，找到了两个曲线中转折点分别为人均国民收入 468.0 美元和 371.1 美元（1970 年美元价格）。

1996 年 3 月全国八届人大四次会议关于"九五"计划和 2010 年远景目标纲要的报告中明确提出"在'九五'期间，要更加重视支持中西部地区的发展，积极朝着缩小差距的方向努力"，并在大会通过的《纲要》中，把促进区域经济协调发展确定下来。在我国，实现社会主义现代化建设分"三步走"。第一步，实现国民生产总值比 1980 年翻一番，解决人民的温饱问题。第二步，到本世纪末，使国民生产总值再增长一倍，人民生活达到小康水平。最近据权威部门测算，到 2000 年年底，我国人均国内生产总值将达到 8.6 万亿元，按现汇折算为 1 万多亿美元。人均国内生产总值将超过 800 美元。这表明，我国全面完成了第二步战略部署。国家可用更多的财力、物力、人力投入西部建设。西部还将从东部沿海及中部地区得到支持和帮助。目前，国家正在有计划有步骤地部署和实施西部大开发。按照党的十五大对我国第三步战略部署要求，21 世纪第一个十年，将实现国民生产总值比 2000 年翻一番，第二个十年使国民经济更加发展。到 21 世纪中叶，基本实现现代化，建成富强民主文明的社会主义国家。从"九五"计划开始调整东西部经济技术发展差距，到第三步战略部署的完成，还有 50 年时间，经过几代人的努力，未来的区域发展差距必将得到根本改善。

（原载于《福建论坛（经济社会版）》，2001 年第 1 期）

部门投资倾斜与地区投资适度倾斜相结合

　　建设资金的投放是关系部门和地区发展的重大问题。过去的十年，国家投放了大量的建设资金，动员全社会力量进行大规模的建设，沿海地区发生了显著的变化，内地也获得了很大的发展，为20世纪90年代各地区经济与社会的发展奠定了良好的基础。但在获得成就的同时，也出现了急于求成、投资过热、地区之间发展差距悬殊、地区发展与主要经济部门发展不够协调等问题。为此，本文着重探讨投资的倾斜与发展的差距、地区发展与部门发展的协调、沿海投资与内地投资的趋势等几个问题，以期对部门和地区投资的协调有所裨益。

投资的倾斜与发展的差距

　　我国沿海与中、西部地区经济发展中的差距是有其历史渊源的，一个时期以来这个差距呈不断扩大的趋势。按"七五"期间划分的东、中、西三个经济地带的社会总产值、国民收入、人均国民收入三项指标计算，以东部为1，其中社会总产值的比例：1952年比例分别为1：0.71：0.34，1979年为1：0.56：0.29，1985年为1：0.50：0.25，1988年为1：0.48：0.24；国民收入的比例，1952年为1：0.60：0.35，1979年为1：0.60：0.32，1985年为1：0.57：0.28，1988年为1：0.55：0.29；人均国民收入的比例，1952年为1：0.72：0.65，1979年为1：0.69：0.56，1985年为1：0.66：0.52，1988年为1：0.65：0.52。三项指标中，东、中、西地带的绝对值均呈递增趋势，尤其是1985年至1988年，上升幅度最大，但从三个地带的发展差距看，却在不断扩大。1952年到1988年，中、西部的三项指标和东部相比呈递减趋势。

沿海与中、西部地区发展过程中差距拉大的原因是多方面的，既有历史原因，也有现实的原因；既有自然环境的差异，也有社会条件的差别；既有宏观调控，也有区域操作性问题；既有经济基础差别，也有机遇因素。在诸多因素中，建设资金的投入与使用是个关键的问题。"一五""二五""三五"时期，国家建设重点由沿海转移到内地，建设资金也向内地倾斜。全民所有制基本建设投资，以中、西部地区为1，中、西部地区与沿海的比例分别为1：0.87、1：0.79、1：0.48。这个时期，由于沿海经济基础比较雄厚，因而仍能发挥其"后劲"作用。"五五"以后，随着沿海地区率先开放和沿海发展战略的实施，国家增加了对沿海的投资。"五五""六五"时期，国家对沿海和内地全民所有制基本建设投资的比例分别为1：0.84 和1：1.02，"七五"中1986 年为1：1.15，1989 年为1：1.38。如果从全社会固定资产投资看，则更能反映问题。1989 年，沿海地区固定资产投资占全国的57.53%，内地只占38.67%，再按每省（市、自治区）的平均份额看，沿海省（市、自治区）均投资占总额的4.79%，内地省（市、自治区）均只占2.15%（中部2.70%，西部1.59%），沿海各省（市、自治区）份额高于内地一倍。可见，固定资产投资是倾斜于沿海的，其次是中部，西部最少。

对这样的地区投资结构怎样评估？笔者认为，不能简单地加以肯定或否定。要从投资宏观效益、区域利益协调、产业部门结构、区域发展机遇等方面综合分析。这里着重从产业部门结构这一侧面来剖析。

农业、交通运输业、能源工业、原材料工业既是我国产业结构中的基础部门，又是薄弱部门。虽在"七五"中做了初步调整，但远未消除发展薄弱所带来的矛盾。从1986—1989 年基本建设投资实际完成额看，虽然这四大部门的基建投资都超出"七五"计划，但增长速度均低于基本建设投资总额的增长速度，投资比重也大都低于"七五"计划水平。如农业累计完成270.8 亿元，虽超出计划7.5%，但其占投资总额比重比"七五"计划减少了0.2%；运输邮电业投资854.20 亿元，超出"七五"计划的32.1%，其比重比"七五"计划仅增2.3%；能源工业投资1318.5 亿元，超出"七五"计划4.7%，但其比重却比"七五"计划减少1.8%；原材料工业投资845.30 亿元，比原计划还减少了1.1%，比重比"七五"计划也减少2.1%（刘鲁军，《计划经济研究》1990 年第9 期）。下面着重分析基础工业投资状况。为了研究能源生产量的增长与国民经济（这里用国民收入指标）之间的关系，采用能源生产弹性系数指标。能源生产弹性系数＝能源生产总量年平均增长速度÷国民经济年平均增长速度。同时，为了研究电力生产量的增长与国民经济之间的关系，采用电力生产弹性系数指标。电力生产弹性系数＝电力生产量年平均增长速度÷国民经济年平均增长速度。计算结果如表1：

表1　能源生产弹性系数

年份 \ 指数	能源生产比上年增长（%）	电力生产比上年增长（%）	国民收入比上年增长（%）	能源生产弹性系数	电力生产弹性系数
1980	− 1.3	6.6	6.4	—	1.03
1981	− 0.8	2.9	4.9	—	0.59
1982	5.6	6.0	8.2	0.68	0.73
1983	6.7	7.3	10.0	0.67	0.73
1984	9.2	7.3	13.6	0.68	0.54
1985	9.9	8.9	13.5	0.73	0.66
1986	3.0	9.5	7.7	0.39	1.33
1987	3.6	10.6	10.2	0.35	1.04
1988	5.0	9.6	11.3	0.44	0.85
1989	6.1	7.3	3.3	1.85	2.21

注：① 国民收入增长速度按可比价格计算；

　② 1989 年为初步统计数。

资料来源：国家统计局编：《中国统计年鉴》，中国统计出版社，1990 年，第 502 页。

从表 1 可以看出，1980—1988 年我国能源生产同国民经济的发展是不够协调的，能源成了制约经济发展的"瓶颈"。

原材料工业增长速度与加工工业增长速度之比，由 1978 年的 1∶0.96 上升到 1988 年的 1∶1.67。成品钢材产量增长速度与工业增长速度之比，由"六五"时期的 0.56 降到了 1988 年的 0.40（隽宋平，《陕西投资》1990 年第 6 期）。

1989 年，由于治理整顿方针的贯彻实施，情况已有了改变。但是，通过投资调整部门产业结构，不是一朝一夕就能见效的。1989 年，加工工业产值占工业总产值的比重为 46.90%，仍比 1988 年上升 0.4 个百分点。特别是在全国新增产值中，加工工业占 52.3%，基础产业仅占 20.40%。可见，对基础产业投资比重偏低、投资结构不合理的现象仍十分严重（刘鲁军，《计划经济研究》1990 年第 6 期）。

分析可见，随着国家对外开放和沿海地区经济发展战略的实施，建设资金在一定程度向沿海倾斜是必要的，但这种倾斜如果超过一定限度，则会加剧历史上早已形成的沿海与中、西部地区发展中的差距。同时，也应看到，这个时期建设资金在主要经济部门中的投放也是不够协调的，加上其他方面的原因，导致了产业结构不合理。为此，在探讨地区投资对沿海与内地的相互关系时，要尽可能把地区投资与部门投资有机地结合起来，坚持地区发展与部门发展相协调的根本原则，弄清过去投资倾斜的主要原因，以及今后是否还有必要保持适度的倾斜。

地区发展与部门发展相协调

部门发展与地区发展是国民经济发展的两项基本内容。社会化生产是按产业部门建立起来的，部门之间按照社会劳动分工组合，是互为依存、彼此联结、相互制约的关系。部门之间的关系如果失调了，就会引起连锁反应。各部门由于产品使用价值的差异，决定了各自在国民经济中的位置和作用。基础产业和基础设施是国民经济的支柱，国家的产业政策要优先予以扶植。最近发布的《十年规划和五年计划》纲要中，明确规定加强对农业、能源、交通、通信、重要原材料和水利等基础工业与基础设施的建设，对主要经济部门实行倾斜投资，使基础工业和基础设施同加工工业长期失调的状况基本扭转过来，这是完全正确的。国家经济建设资金的投放，先要在经济部门之间按照轻重缓急进行安排。在大力提高经济效益和优化经济结构的基础上，使基本建设、更新改造等资金的投入保证各主要经济部门的增长速度，实现国民生产总值等发展目标。

产业部门分布于各个区域，部门发展任务和投资对策确定的同时，必须和地区的发展与投资对策联系起来。部门倾斜投资虽然能够加快"瓶颈"产业部门的发展，使国民经济各部门能够有序地协调起来，但是，还难以解决先进地区和落后地区之间的差异、民族地区之间的关系、城乡之间的协调、中心地带和边远地区的关系。作为一个地区，要根据全国国民经济发展任务的要求，结合地区的资源和产业优势，以及对宏观经济的专业化贡献程度，提出地区经济发展任务和投资对策。各个产业部门的分布不同，使得不同地区形成不同类型的经种其他类型为辅的第二层区域。

各地区应根据自身类型的特点，建立起各具特色的、规模效益高的、能发挥地区优势的产业结构。显然，作为基础工业和基础设施所在地区，由于部门投资倾斜的缘故，该地区的投资水平自然会高于一般地区，形成地区投资倾斜。在这种地区，由于极化效应的作用，有可能在那里形成比较发达的城市，使其人口密度、经济实力和技术水平均有迅速增长和提高。在发达地区和不发达地区，都可以出现这种极化现象。不同地区都可以依托这些增长极，促进全地区的发展。发达国家为了保持其优势地位，发展中国家为了赶上先进水平，先后建立了一批技术园区和高新技术开发区，把科研、生产和教育融为一体，以加速创新发展进程。在这些区域，建设资金投放必须相对集中。

一个开放型的发展中国家，必定要面向世界，和别的国家与地区发生密切的经济联系。邻国和周边地区的发展情况，对这个国家的经济发展至关密切。如果他们的发展水平高于本国，而且交通方便、贸易互补、民间往来密切，则会在经济、技术、资金等方面对这个国家带来重大的影响。邻国和周边地区在经济和技术上占有优势，但随着时间的推移，他们的产业结构与技术水平都会老化，于是，需要不断创新，逐步淘汰那些已经老化的劳动密集型的产业、设备与技术，建立资金技术密集型的新产业，采用新技术新设备。发展中国家应当抓住这个机遇，大力引进国外资金和技术，有选择地发展一些产业，在人口密集区可多办一些劳动密集型产业。但这不是说发展中国家永远跟在别人后面，保持一个老化的产业结构。发展中国家可以从不同层次上引进国外技术，除了劳动密集型外，也要引进一些资金技术密集型的，从不同梯度向上攀登。因此，发展中国家除了按照部门结构倾斜投资于基础产业、基础设施外，还应考虑在条件优越的前沿地区进行适度的地区倾斜投资，加快这些地区基础设施的建设，改善投资环境，为积极筹措外资创造良好的投资环境。

这样，地区投资的格局是：一方面随着对基础产业基础设施的倾斜投资，形成了若干倾斜投资的地区；另一方面，由于前沿地区开放发展的需要，又形成对这些地区的倾斜投资。所以，部门倾斜投资和地区倾斜投资相结合，构成了投资对策的基本架构。

地区投资倾斜的两个重点（一在基础工业投资区，一在前沿投资区）产生了两种效应：一种是非偏在性的能源、原材料区域极化效应。投资的结果使这些地区出现在城市中心，其经济实力和技术水平远比一般地区强，基本建设规模不断扩大。于是，重点地区和一般地区之间、城乡之间的差距拉大了。另一种是临近发达国家和地区的前沿地区的扩展效应。通过技术、资金的引进，促进了成片地带的繁荣发展，然后逐步向内地转移、扩散。于是，产生了前沿与内地经济技术发展上的差距。

显然，两种效应的趋势都是非均衡发展，在发展中，前沿的一片和内地的极点都处于高势位，而其他地区处于低势位。均衡发展和非均衡发展是两种不同的发展方式。新中国成立后，我们经过了非均衡——均衡——新的非均衡发展的过程。从发展中国家看，均衡发展是不可能的。虽然有些时候用均衡思想指导发展，但实际上仍然还是非均衡的，绝对均衡是不可能的。有的同志根据社会主义国民经济有计划按比例发展规律的要求，力图说明均衡发展是社会主义经济发展特征，非均衡发展是资本主义经济发展特征，这无疑是一种曲解。现阶段发展中国家除了极个别城市国家外，都是非均衡发展的。问题在于怎样加强政府的作用，在非均衡发展中注意协调，不要使发展差距拉得过于悬殊。

效益和公平是地区发展中面临的又一个问题。这里有三种对策可供选择：一种是把效益当作唯一的衡量标准；一种是强调公平；再一种是兼顾效益和公平。资金集中于极化地区和前沿地区，无疑会带来更大的宏观效益，但后果是两极分化加剧。特别在多民族国家中，民族和睦与社会安定应作为社会发展目标去实现。但是，如果一味强调公平，把建设资金平均投入各个地区，结果是效益很差，积累率很低，影响了经济的发展速度。所以，妥善的办法便是兼顾效益与公平，既要获得较大效益，又要保证社会稳定。

沿海投资与内地投资的趋势

正确处理沿海与内陆地区发展和投资中的关系，首先要对各自的条件，包括资源丰度、经济实力、产业特征、专业化贡献、人口密度、人员素质、技术水平、资金状况等做出科学评估，并根据国家对该地区提出的要求与任务、国际市场的动向，合理确定地区发展目标和方向，最大限度地发挥地区的优势。应特别注意沿海与中、西部地区间的优势互补、协调发展，既要客观地承认两个地区的差距，又不能使差距无限拉大。

沿海地区共有 12 个省、市、自治区，土地面积占全国总面积的 13.74%，人口约占全国总人口的 41.13%。沿海地区地处西太平洋中间地带，地理位置优越，经济基础较好，科技文化发达，城市规模、城市密度较大，城镇化水平较高。其比较尖锐的问题是：能源不足，局部淡水资源紧缺，工业布局集中程度高，特大城市过于膨胀。

沿海地区有着良好的发展机遇。从 20 世纪 80 年代跨入 90 年代后，世界经济增长速度在放慢，但是亚太地区却发展得较快。继日本之后，亚洲"四小龙"已经崛起，现在东盟四国正在奋起直追。这个以日本为首的"雁阵"，对我们既是机遇，又是挑战。如能搞好开放，对我们是促进；否则，将相形见绌。所以，发挥沿海海外侨胞、港澳台胞多的优势和利用良好的投资环境搞好对外开放，势在必行。要进一步办好经济特区、开放城市、经济技术开发区、外商投资区和沿海开放地区。

沿海地区能源和交通运输建设十分紧迫。为了解决能源不足的问题，我国已在浙、广地区兴建了两个核电站。沿海铁路、高速公路、民航、邮电通信也将有较大发展。沿海水运建设重点是南北海上运输主通道的枢纽港，特别是煤炭、集装箱和客运等专业运输系统的码头。这些建设任务繁重，投资较大。

沿海地区的传统企业面临繁重的技术改造任务。如上海的许多老企业，建厂时间早，新中国成立后又面临国家建设重点内移，资金匮乏，设备老化。因此，必须追加投资，加快技术进步，大力调整结构，提高产品质量，开发新产品，打入国际市场。

根据地区产业分工要求，沿海地区要大力发展高、精、尖、新等层次较高的产业和产品。一批高新技术产业将在高新技术开发区拔地而起。沿海的机械电子工业、轻纺工业有较大优势，"八五"计划要求积极生产在国内外市场上有竞争力的机电、轻纺产品。以上都要求相应的资金投入。

沿海是我国对外开放的前沿地带，应充分发挥其优势，以技术、资金支援内地，加强同内地的横向联合，发挥其外引内联的双向辐射作用；还要处理好外向与内向的关系，在面向国际市场的同时，积极开拓国内市场，推动沿海地区商品经济的发展。

内陆地区共有 19 个省、自治区，土地面积占全国总面积的 86.26%，人口占全国总人口的 58.87%。工业资源丰富，矿种种类多、储量大，为我国能源和原材料工业的主要基地，是我国经济发展的强大源泉。有了内陆地区丰富的能源和原材料，沿海地区的发展才有可靠的源泉与强大的后劲。内陆地区的弱点是其西部经济技术较落后，经济规模小、效益低，外资渠道欠畅，交通运输不方便。内陆地区的中部煤炭运力不足，江河水系开发利用深度不够，也是一个突出的问题。

内陆地区是我国重要的原材料基地，西部的铜、铅、锌、镍、铂、钢铁、锡、黄磷、盐化工、煤化、石油化工、建材等基地已具相当规模；东部建立了一批加工工业和原材料工业。卷烟、苎麻亚麻纺织、甜菜制糖、原煤、钨、锑、氧化铅、铁合金、汽车制造等在全国居于较高水平；炼焦、钢铁、电力、化肥、重型机械、拖拉机、制茶、肉类加工、棉纺织等也都形成相当的基础。20 世纪 90 年代，这些工业必须更新改造和扩建，充分发挥其作用，为沿海的发展提供强大的物质力量。此外，还要重点发展电子工业、汽车制造业、航天航空工业，以及交通运输、邮电通信等，因此将要投入相当数量的资金。

以上说明今后十年内，国家需要在内陆地区进行投资建设，使内陆地区经济得到新的活力，发挥其资源丰富的优势，加快能源、原材料工业建设和农牧业发展。特别要发展本地区具有特殊资源优势和面向市场的行业和产品，把沿海发展和内地发展密切结合起来。

总之，合理安排部门投资，把它和地区投资结合起来，是固定资产投资一项重要的原则。今后五年到十年，沿海与内陆地区能完成多少固定资产投资额还难以预计，因为可变因素太多。科学的使命是探索可能出现的格局与趋势。下面按不同所有制对固定资产投资来源做进一步分析（根据 1990 年《中国统计年鉴》、1989 年《固定资产投资统计年报》整理）。

1989 年，全社会固定资产投资完成 4137.73 亿元，其中沿海 1322.9 亿元，内陆地区 1055.47 亿元，部分地区 157.0945 元。沿海省（市、自治区）平均完成 193.38 亿元，内陆地区省（自治区）平均完成 88.89 亿元，沿海为内陆地区 2.17 倍。全民所有制单位固定资产投资 2535.48 亿元，其中国家预算内投资 338.71 亿元，占 13.36%。比重虽不大，但投资对象主要是国民经济的主体，如国营大型工矿企业、交通运输设施等。其中，沿海 138.09 亿元，省（市、自治区）平均 11.51 亿元；内陆地区 148.38 亿元，省（自治区）平均 8.24 亿元。由于今后五至十年内将以部门倾斜为主，因而内陆地区份额可望有所增加。国内贷款共 528 亿元，其中沿海 261.99 亿元，省（市、自治区）平均 21.83 亿元；内陆地区 220.52 亿元，省（自治区）平均 12.23 亿元。

上述国内预算和贷款共占全民所有制固定资产总投资的 34.2%。此外，利用外资 257.41 亿元，占总投资的 10.15%；自筹资金 1070.52 亿元，占总投资的 42.22%。两项相加，达 52.37%。在利用外资问题上，沿海仍有其优势。1989 年，沿海利用外资 185.47 亿元，内陆地区 65.86 亿元。沿海省（市、自治区）平均 15.46 亿元，内地省（自治区）平均 3.66 亿元，沿海平均为内陆地区的 4.22 倍。随着沿海的进一步开放，引进外资的机会一定会比内陆地区多。再说自筹资金，企业自筹（含中央和地方企业）因企业投资只负盈不负亏，一般有增加投资的欲望；部门自筹（主要是中央部门）视发展任务与经济实力而定，利润大的部门投资欲望更强。1989 年，沿海自筹 576.43 亿元，省（市、自治区）平均 48.04 亿元；内陆地区自筹 494.09 亿元，省（自治区）平均 27.45 亿元，沿海平均为内地的 1.75 倍。两个地区自筹资金即使以相近速度增长，沿海比内陆地区的投资优势仍很明显。

1989 年，城镇集体所有制单位、农村集体所有制单位和农村个人固定资产等投资共 1106.04 亿元，占全社会固定资产投资的 26.73%。在城镇集体所有制单位投资中，沿海 125.36 亿元，省（市、自治区）平均 10.45 亿元；内陆地区 60.27 亿元，省（自治区）平均 3.35 亿元，沿海平均为内陆地区的 3.12 倍。农村集体所有制单位投资 186.35 亿元，其中沿海 145.69 亿元，省（市、自治区）平均 12.14 亿元；内陆地区 40.6645 元，省（自治区）平均 2.26 亿元，沿海平均为内陆地区的 5.37 倍。个人固定资产投资 734.06 亿元，其中沿海 454.8 亿元，内陆地区 279.24 亿元，沿海省（市、自治区）平均为内陆地区的 2.44 倍。沿海侨、港、澳、台胞多，利用外资机会多，自增长能力强，今后继续比内陆地区更多地在城镇集体所有制、农村集体所有制、个人方面投资是完全可能的。

总之，20 世纪 90 年代部门投资倾斜得以强化，地区投资适度倾斜将呈现惯性。国家对内陆地区能源、原材料基地和基础设施的建设会有大的动作；沿海新开发区、特区、基础设施、深加工工业也有新的安排。沿海地区引进外资的条件得天独厚，地方自筹颇有实力。部门投资倾斜和地区投资适度倾斜结合，部门发展与地区发展协调，将是 20 世纪 90 年代我国社会主义现代化建设中的一个特色。

（原载于《福建论坛》，1991 年第 8 期，第 8－13 页）

论闽赣粤毗邻地区的联合^①

闽西南、赣东南、粤东三个地区（以下简称三区）在地理位置上相邻，在经济上具有互补优势，在互利互惠的基础上通过开展投资、贸易和技术转让进行合作，可以发挥区域经济的整体优势，促进各区经济发展，形成经济增长"新三角"。

由于相邻的地理位置与相近的社会文化结构，三区的经济与社会文化交往渊源已久，但主要处于一种民间性的边界贸易，直至 20 世纪 80 年代末，三区的经济协作才具有一定的规模。三区本着互补互惠的原则，在扩大开放开发、发挥区域经济的整体优势、促进经济繁荣与社会安定等方面取得了一定的成绩。但是，由于横向经济联合与协作涉及面广、难度大，且协作中还缺乏必要的手段，因而，这项工作还处在发展阶段，还没有被社会上更多的人所认识。

一、新的联合是跨世纪区域经济发展的要求

（一）新的联合是社会主义市场经济条件下资源配置的必然选择。市场经济的主要作用就在于资源的合理配置。区域间资源条件、人口分布、产业结构、经济总量的差异，要求实行优势互补，优化资源配置。这种区域性的多边协作与联合，既是各地自身经济发展的需要，也是区域间经济协调发展的需要。通过联合与协作，调整和协调区域经济关系，形成合理的地区产业结构，建立合理的地区分工体系、合理布局的地区生产力。同时，鼓励有条件的地方到沿海开放地区办企业，建立"窗口"。充分利用

---

① 魏世恩执笔，与吴肇光合作。

沿海地区的条件和优惠政策发展山区经济，着眼于本地的长远利益，以丰富的资源为沿海地区提供物资保证，成为沿海地区发展外向型经济的腹地和依托；主动接受沿海地区资金、技术及开发项目的二次转移，增加本地区资源加工的附加值，提高技术水平和产品档次，从物资、资金、技术、人才联合向项目联合纵深发展，鼓励条件比较成熟的企业开展地区之间、省际的重点项目合作；利用两个特区的"窗口"作用，可直接参与国际分工和合作，广泛吸引国内外人才、资金、技术，发展对外经济联系，同时，协作区内各区之间的合作与交流的日益深入，能激发各区原有的潜在优势，实现资源优势向商品优势的转变，成为经济发展的又一新的增长点。

（二）新的联合是适应生产力布局的要求。工程巨大的京九铁路将通过江西赣州南下到九龙，这条大动脉的兴建必然促进龙（岩）—梅（州）、龙（岩）—赣（州）铁路的修建和广（州）—梅（州）—汕（头）铁路的修建进度，加强闽、赣、粤的省际交往，还将促进福建沿海铁路的兴建，填补我国部分沿海铁路的空白地段，完善铁路沿线及其周围地区的生产力布局。这个铁路网的形成，必将彻底打破区域封锁、条块分割，为区域经济大联合开拓新的途径。因此，闽、赣、粤三地区的联合将在这个背景的影响下在祖国东南一隅扮演引人注目的角色。

（三）新的联合呼唤与台湾地区开展新一轮的经贸往来。闽赣粤协作区位居祖国东南，是完成祖国统一大业的前沿地带；厦、漳、汕、潮、梅、揭、汕尾地区又是我国著名的侨乡，尤其厦、漳一带是台湾同胞的祖籍地，和台湾岛仅一水之隔，血缘相亲，习俗相近，语言相通；同时距香港地区近，是开展两岸经济交流与合作的重要依托。所以，加强三区协作，山海协作，优势互补，繁荣经济，稳定社会，将对两岸交流与合作做出重大贡献。

（四）三区的发展也是三省繁荣的需要。从福建看，闽东南是福建重点发展地区。十多年来，闽东南地区在发展外向型经济、引进外资、建立台商投资区、创办经济技术开发区和高科技园区等方面获得了很大成就。1993年，闽东南地区国民生产总值770.21亿元，占全省的73.7%；地方财政收入70.5亿元，占全省的68.1%。正是由于闽东南经济的崛起有力地促进了全省经济的发展，才使福建经济实力在全国的排位逐年上升。由于闽东南和台湾地区一水之隔的不可替代的区位优势和经济成就，因而受到中央的重视。福建要进一步发挥侨乡和靠近台湾地区的优势，加快闽东南的开发开放，使它成为带动整个福建经济发展的龙头。今后，厦、漳的崛起必将裨益于闽东南的繁荣；龙岩的开发也直接使福建内地得以伸展。

二、新联合的重要特征

（一）沿海与内地的有机结合。三区十地（市）粗略划分为沿海六地（市）与内地四（地）市，这种状况从协作的潜力上看具有长远的意义，它能使沿海的资源环境优势和全方位对外开放的政策条件与内地能源丰富和土地利用潜力大的开发条件有机地结合起来，充分发挥沿海内地的横向协作，在培育区域统一市场、开展区域间对口支援、联合开展国土整治、资源开发、基础设施等项目上取得新的突破。

（二）多领域、多层次、多渠道、全方位的协作格局。三区经济经历了起步、探索、发展、巩固与提高的过程，逐步确立了新联合的协作格局：由单一生产或生产经营型的联合向高层次的联合发展，由单一产品的联合向产品系列化、多元化方向发展，由一般通用技术的联合向高新技术开发的应用方向发展，由一、二产业的联合向第三产业各个领域的联合发展，由分散型的联合向联合起来搞联合的方向发展，由没有区域规划指导下的联合向有区域规划指导下的联合方向发展，由不完善、不规范的联合向完善的、规范化的方向发展，等等。

（三）地区发展的梯度性。由于沿海与内地政策和经济实力的差别，以及现行出口经营权、价格体制等的梯度差，因而在协作发展中不可避免地会发生一些利益冲突。这些都是影响协作的重要因素，如不加以妥善解决，将制约沿海与内地各自经济资源优势的发挥，影响区域内资源配置与生产力布局的合理性。因此，在短期内，我们必须正视当前追求经济效率目标大于追求均衡目标这一问题。但在区域经济整体实力增强时，可通过采用各种调整区域经济增量投入和收入分配的措施，加大对内地的投入，逐步缩小沿海与内地区域的经济差距，使区域经济走上分工合理、布局优化、增长协调、共同发展的良性轨道。

（四）形成"Y"字形综合开发的框架。以区域内主要交通干线为骨架的"Y"字形综合开发的框架对促进区域经济发展与优化布局具有积极的影响。京九铁路在赣州形成枢纽，成为通向全国的重要口岸，形成鹰厦、龙梅、龙赣及广梅汕铁路，以及厦门、汕头、东山等港口门户；以龙赣铁路为线，可以解决赣东南、闽西长期存在的交通不便等问题；以龙梅、龙厦铁路为主轴线，形成向外伸展的"喇叭口"，从而可以促进其资源加工型与外向型经济的发展。这个框架要求向海外伸展，发挥港口海运优势，发展转口贸易型经济，突出对外开放，是一个多层次有重点的"点、线、面"结合的构架，集中了十地（市）主要城市和重点开发区，符合区域经济发展的总体趋势。

（五）龙头——两个经济特区。厦门背靠漳州、泉州平原，濒临台湾海峡，东南毗连广东的潮汕地区，是东南沿海重要的港口城市。位于厦门西面、九龙江口北岸的海沧投资区近来异军突起，和海沧投资区南北相望，位于九龙江口南岸的漳州港尾开发区近期已完成 3.5 万吨深水码头和疏港公路 16 公里，可以预计，以厦门为首的厦门、海沧（及其延伸的角美开发区）、港尾将成为九龙江口强大的经济开发区。

汕头东北距厦门 143 海里；西南距香港 188 海里；东与台湾省高雄市隔海相望，相距 214 海里；南可通东南亚各港口，优越的地理位置成为促进汕头经济特区发展的有利条件。与汕头毗邻的潮汕平原是闻名全国的粮食和果蔬之乡，是华南沿海重要的外贸港口，向有"华南之要冲，粤东之门户"之称。

随着海湾大桥、广梅汕头铁路、汕厦调整高速公路、深汕汽车专用公路、珠江深水港区、广澳湾深水港口、60 万千瓦水电站的落成，以及规模宏大的汕头国际机场的起步，汕头经济特区的基础设施进一步配套完善，可为外商提供更加良好的投资环境。无疑，汕头将与厦门一起成为闽赣粤三省协作区的龙头。

三、协作区的几个关键性问题

第一，解放思想，提高认识。几年来，闽赣粤部分地区在联合协作中取得明显成绩，但是，联合协作的内涵与意义还未被人们深刻理解及广泛接受；地区封锁，部门分割，怕资源外流、别人先富的观念尚未消除；争夺原料，重复建设，小本经营，追求"小全"、小富则安，小进则满的现象仍属常见，不甘于"我们办基地，人家做生意"的不承认现实的思想仍然存在。打破行政区界，实行联合协作，发挥整体优势，建设区域经济，走向全国，面向世界，是 20 世纪 90 年代我国经济发展大趋势。在社会主义市场经济条件下按照扬长避短、形式多样、互惠互利、共同富裕的原则，开创闽赣粤区域合作的新局面是当前我们面临的重要课题。要在各级领导干部和广大群众中广泛进行宣传和教育。解放思想是区域联合的基础，要打破狭隘的地方主义和本位主义观念，树立整体观念。干部思想弄通了，才能率领群众去干。

第二，学习政策，用活用足。改革开放以来，中央给三省制定了许多政策，基本包括了三省发展中所需要的内容，我们要认真学习用活用足。但是为了鼓励三区协作，还要向中央申请把出口配额"切"一块给协作区，另外下放一点经营权灵活掌握，等等。在办协作区过程中，要相互学习执行政策中的好经验，同时还要结合本地的状况具体执行，不要照搬硬套。执行政策出了些问题，领导干部要高姿态，勇于承担责任，不要层层推卸责任，以保护群众的积极性。

第三，统筹规划，协调发展。闽赣粤边界联合地域大、范围广，各地自然条件、经济发展水平、社会状况各有特点，各自的构思也不尽相同，必须有一个统筹的规划，以免各唱各的调、各吹各的号。建议区域规划也要纳入省、地、市规划中去，在这个基础上，按照因地制宜、合理分工、各展所长、优势互补、共同发展的原则，制订一个三省边界联合发展的规划，促进区域经济合理布局和持续快速、健康发展。

第四，建立机构，统一协调。顾名思义协作区是一个特定的区域，因而不能太松散。协作是三个区域间经济贸易交流与合作的活动，有许多实际工作要做，需要建立一个工作实体全盘负责协作中的各项工作。这个实体由九个地区派出代表产生，最好是以协作委员会形式出现，可以由三省轮流担任执行主任。委员会下面分设机构另议。

（原载于《发展研究》，1995 年第 5 期）

后　记[*]

本集收入文章 30 多篇，其中西北地区和与福建相关的文章约各占一半。两地工作的主要体会是组织人力乃提高成果质量的有效保障。笔者在此谈些在兰州大学西北开发综合研究所从事六年专职科研工作的体会。该所由兰州大学校长胡之德兼任所长，助力全所科研工作，获得了很好成绩。以下引用笔者的一次发言：

兰州大学西北开发综合研究所自 1984 年成立以来，先后完成 30 多个部级、省级科研项目，产生了 470 多篇论文和调查报告，其中有十多项获国家部级科研成果奖，为我国西北开发与地区经济振兴做出了一定的贡献。我们主要的工作体会是：

一、坚持走多学科交叉联合攻关的道路

过去，高校科研多以基础理论为主，按单一学科进行。在科研与教学体制改革的新形势下，学校为适应新形势，开创新局面，以不同学科、不同专业、自愿结合、联合攻关为宗旨成立了西北开发综合研究所。多学科交叉联合攻关大大节省了人力、物力，缩短了科研周期，提高了科研水平。在短短几年时间里，以研究所为龙头，以各系科研力量为后盾，联合攻关，完成了对西北开发建设有较高价值的综合性科技项目 30 多项，其中有不少获奖，有不少收到明显的社会与经济效益。

研究所的实践证明，多学科联合攻关是现代化科技发展的方向，它有很大的灵活性与优越性，是一种先进的科研组织方式，它为最大限度地发挥本校乃至西北各省的科技能力提供了一种适宜与可行的方法。例如，我

---

* 代后记，原载于《甘肃社联通讯》，1988 年第 5 期，第 20 - 22 页。

们完成的国家级大型软科学课题——"西北五省区 2000 年科学技术发展战略与对策"，就是联合了西北五省乃至全国有关的科研力量，500 多名专家学者参加，用了三年多时间完成，并通过国家评审验收的，已正式出版发行。这是联合攻关取得的又一项成果。

二、发挥基础研究的优势，面向西北实际，致力于应用研究和技术开发

几年来，我们改变了过去高校科研工作以基础为主要内容、以撰写理论论文为主要方式的科研形式，致力于应用研究与技术开发，使科研成果尽快转化为生产力，为西北地区经济开发服务。我们采取了走出校门、深入实际、发现课题、提供技术的方式，科研人员经常深入西北各地区、州县，解决当地提出的实际问题，把科研转化为生产力，收到显著的成果。

三、"走出去、请进来"，加强科研队伍建设，改革科研体制，为搞活科研提供保障

打破封闭的高校科研体制，畅通校内外人才交流，是加强科研队伍力量、增强科研实力的又一措施。研究所对科研人员实行"走出去、请进来"的灵活办法，所内人员可以在本校及校外兼职，外系、校外的人员也可以聘为本所兼职研究人员。几年来，研究所聘请了包括西北、西南、北京等地的各类兼职人员 100 多人，大大扩大了联系面，借助社会力量，增强了自身科研实力。

四、以改革促发展，向建立全新的、有独特风格的科研模式迈出更大的步伐

在十一届三中全会以来党的改革开放政策的引导下，我们在建立科研体制的目标模式上做了大胆的尝试，基本形成了自己以开发西北为立足点，以灵活多样的多学科交叉联合攻关为主要科研方式，以应用研究与技术开发为特色的科研新模式。1987 年以来，我们迈出了更大的步伐，作为学校独立核算单位（不包括工资），打破"大锅饭"模式，多劳多得，从而调动了科研人员的积极性，并着重加强经营意识，主动面向社会争取课题与经费，走独立自主的科研道路。